LEGENDÄRE STÄTTEN
DER MENSCHHEIT

Mont-St-Michel, Frankreich

LEGENDÄRE STÄTTEN DER MENSCHHEIT

JAMES HARPUR
JENNIFER WESTWOOD

VA
VILLA
ARCENO

Inhalt

Die Deutsche Bibliothek – CIP-Einheitsaufnahme
Legendäre Stätten der Menschheit/James Harpur; Jennifer Westwood. [Übers.: Ingrid Hampel]. – München: Frederking und Thaler, 1996
Einheitssacht.: The atlas of legendary places <dt.>
ISBN 3-89405-500-6
NE: Harpur, James; Westwood, Jennifer; Hampel, Ingrid [Übers.]; EST

Originaltitel: The Atlas of Legendary Places

veröffentlicht in der Edition "Villa Arceno"
Zuerst erschienen im Verlag Herder Freiburg im Breisgau 1991
Übersetzung: Ingrid Hampel
Titelfoto: The Image Bank Bildagentur GmbH
Abbildungen hinten: Fujiyama, Japan (Robert Harding Picture Library), Glastonbury Tor, England (Simon McBride), Serpent Mound, USA (Shostal Associates), Alhambra, Spanien (David Paterson), Oberammergau, Deutschland (Bavaria-Verlag)
Umschlaggestaltung: 2005 Werbung, München
Satz: F. X. Stückle, Ettenheim
Druck und Bindung: Mohndruck Graphische Betriebe GmbH, Gütersloh
Printed in Germany
ISBN: 3-89405-500-6

Umwelthinweis:
Das Buch wurde auf chlorfrei gebleichtem Papier gedruckt.
Die Einschrumpffolie – zum Schutz vor Verschmutzung – ist aus umweltfreundlicher und recyclingfähiger PE-Folie.

Einleitung

Wünschelrute

Schläft ein Lied in allen Dingen,
die da träumen fort und fort,
und die Welt hebt an zu singen,
triffst du nur das Zauberwort.

Joseph Freiherr von Eichendorff (1788 – 1857)

Überall auf der Welt gibt es Orte, deren Schönheit und mystischer Zauber eine besondere, magische Atmosphäre schaffen. Um viele ranken sich von alters her Mythen und Legenden, andere haben die menschliche Phantasie aufgrund eines historischen Ereignisses angeregt. Manche sind von so großer natürlicher Erhabenheit, daß sie Volkssagen und Märchen magnetisch anzogen. Andere wurden zu heiligen Stätten, weil Pilger sie zum Wallfahrtsort oder Poeten zum Gegenstand ihrer Dichtung erwählten.

Auch ein dramatisches Ereignis oder eine herausragende Persönlichkeit können Anlaß zur Legendenbildung sein. Assisi wird z. B. als die Heimat des hl. Franziskus verehrt, dessen Güte und mystische Naturverbundenheit legendär geworden sind.

Das vorliegende Buch stellt eine persönliche Auswahl von Orten auf der ganzen Welt vor, die Legendenbildung ausgelöst haben: ewige Reiche, deren Fabelexistenz Dichter, Maler und Gelehrte anregte; Landschaften, die gleichsam göttlicher Hauch umweht; Überreste sakraler Stätten in eindrucksvoller Umgebung; Bauwerke, die der Mensch dank seiner kreativen Phantasie geschaffen hat, und Heiligtümer, die seine beharrliche Frömmigkeit bezeugen.

In unserer so kurzlebigen „schönen neuen Welt" bedeutet es ein Atemholen, wenn wir an Stätten gelangen, die seit Jahrhunderten verehrt werden und immer noch jeden Gast willkommen heißen, der sich für ihr Geheimnis öffnen will.

Die Karte zeigt die Lage der in diesem Buch behandelten Stätten.

1 Serpent Mound (USA)
2 Shenandoah Valley (USA)
3 Tikal (GUATEMALA)
4 Haleakala-Krater (HAWAII)
5 Machu Picchu (PERU)
6 Italienische Kapelle (ORKNEY, SCHOTTLAND)
7 Kathedrale von Coventry (ENGLAND)
8 Tintern Abbey (WALES)
9 Glastonbury (Avalon?) (ENGLAND)
10 Cadbury Castle (Camelot?) (ENGLAND)
11 Altamira (SPANIEN)
12 Alhambra (GRANADA, SPANIEN)
13 Stonehenge (ENGLAND)
14 Mt-St-Michel (FRANKREICH)
15 Gotland (SCHWEDEN)
16 Helsingör (SCHWEDEN)
17 Neuschwanstein (BAYERN)
18 Oberammergau (BAYERN)
19 Assisi (ITALIEN)
20 Delphi (GRIECHENLAND)
21 Thera (Atlantis?) (GRIECHENLAND)
22 Kloster Arkadi (KRETA, GRIECHENLAND)
23 Grab Tutanchamuns (ÄGYPTEN)
24 Nil (AFRIKA)
25 Petra (JORDANIEN)
26 Kappadokien (TÜRKEI)
27 Hagia Sophia (ISTANBUL, TÜRKEI)
28 Ararat (TÜRKEI)
29 Tadsch Mahal (AGRA, INDIEN)
30 Ganges (INDIEN)
31 Himalaya (ASIEN)
32 Potala (LHASA, TIBET)
33 Shwedagon-Pagode (RANGUN, BIRMA)
34 Verbotene Stadt (PEKING, CHINA)
35 Fujiyama (JAPAN)
36 Ayers Rock (Uluru) (AUSTRALIEN)

Ewige Reiche

„Meine Seele, es gibt ein Land
Weit jenseits aller Sterne ...“

Henry Vaughan (1622 – 1695)

„In uns tragen wir all die Wunder,
die wir draußen suchen.“

Sir Thomas Browne (1605 – 1682)

In der Genesis wird beschrieben, wie Gott den Garten Eden schuf, eine üppige Idylle, reich an Pflanzen und fruchttragenden Bäumen, in der die ersten Menschen in Einklang mit den Tieren lebten. Solche Visionen irdischer Paradiese und Orte wundersamer Wonne finden sich auch in den Mythen anderer Kulturen. So beschrieb der griechische Philosoph Plato als erster die Insel Atlantis, deren Bewohner ein Goldenes Zeitalter des Luxus und Wohlbehagens durchlebten. In derselben Tradition steht Avalon, eine Insel mythischen Zaubers, auf der Magierinnen die Wunden der zu ihnen Kommenden heilen.

Die genaue Lage dieser Reiche verschweigen die Legenden – Atlantis lag irgendwo hinter den „Säulen des Herakles" (Straße von Gibraltar), Avalon „jenseits der westlichen Wasser" – doch haben Forscher und Gelehrte immer wieder versucht, sie zu lokalisieren. So wurde Camelot, der Hof König Artus', in einer Befestigungsanlage auf einem Hügel in Südengland gesehen. Doch wie Atlantis und Avalon ist Camelot eher eine *Idee* als ein tatsächlicher Ort, in diesem Fall das Sinnbild für Harmonie und Ordnung. Raum und Zeit überschreitend, haben ewige Reiche Schriftsteller, Dichter und Künstler zu Visionen einer besseren Welt inspiriert.

Der Garten Eden

„Darauf pflanzte Gott der Herr einen Garten in Eden gen Osten und setzte den Menschen hinein, den er gebildet hatte."

(Genesis 2, 8)

Im zweiten Kapitel der Genesis, dem ersten Buch der Bibel, erschafft Gott den forthin berühmtesten Garten der Welt, einen idyllischen, wasserreichen Ort mit Nahrung im Überfluß, und darin den ersten Menschen, Adam. Laut Genesis bewässert ein Strom den Garten und teilt sich dann in vier Hauptflüsse: Pischon, Gihon, Euphrat und Tigris. Um Adams willen formt Gott „alle Tiere des Feldes und alle Vögel des Himmels" und dann am sechsten Schöpfungstag eine Frau namens Eva ihm zur Gefährtin.

Doch das friedliche Leben der Eltern der Menschheit nimmt ein jähes Ende, als Eva, von der Schlange verführt, Gottes Gebot mißachtet und von den Früchten des Baums der Erkenntnis von Gut und Böse ißt. Auch Adam läßt sich dazu überreden. Wegen ihres Ungehorsams und damit sie nicht auch noch vom Lebensbaum essen, vertreibt Gott Adam und Eva aus dem Garten. In ihrer Verbannung können sie nicht mehr im Schatten der Bäume wandeln, Früchte pflücken und dem Glitzern des Flusses zusehen. Jetzt müssen sie ihre Nahrung unter Mühsal zwischen Disteln und Dornen anbauen.

Das verlorene Paradies

Der Garten, den Adam und Eva verlassen mußten, hat Juden und Christen, Theologen, Schriftsteller und Künstler seit jeher fasziniert. Doch erfahren wir aus der Genesis kaum etwas über seine Beschaffenheit: Form, Größe und genaue Lage sind der Interpretation überlassen. Der einzig erkenntliche Baum ist der Feigenbaum, obwohl in der späteren Überlieferung der Lebensbaum mit der Palme und der Baum der Erkenntnis mit dem Bananenstrauch gleichgesetzt wurden.

Oft wird der Garten als umschlossen dargestellt, vielleicht weil das griechische Wort *paradeisos* für „Garten Eden" aus dem Persischen abgeleitet ist und dort ein „umschlossenes Stück Land" bezeichnet. Das Bild erscheint auch im Hohenlied Salomos (4, 12) zur Beschreibung der besungenen Geliebten: „Ein verschlossener Garten ist meine Schwester Braut, eine verschlossene Tür, ein versiegelter Quell."

Trotz der wenig detaillierten Beschreibungen der Bibel haben Gelehrte, Kommentatoren, Dichter und Maler immer ein reiches Bild des Gartens Eden gezeichnet und dabei auch aus anderen Überlieferungen geschöpft. Eines der ältesten solcher irdischen Paradiese mit Dilmun, das Paradies der Sumerer Mesopotamiens, die im 3. Jahrtausend v. Chr. eine

Der Garten Eden regt seit Jahrhunderten die Phantasie von Schriftstellern und bildenden Künstlern an. In der Genesis werden kaum Einzelheiten über sein Aussehen genannt, doch wird er traditionsgemäß als idyllischer, wasserreicher Ort dargestellt, an dem Adam und Eva in Einklang mit den Tieren leben, so auch (oben) *in dem Gemälde des niederländischen Künstlers Hieronymus Bosch (?1450 – 1516).*
Die Geschichte von Ungehorsam und Vertreibung Adams und Evas aus dem Garten wird (rechts) *in einer französischen Handschrift (15. Jh.) dargestellt. Eva ißt von der verbotenen Frucht des Baums der Erkenntnis von Gut und Böse und überredet auch Adam dazu. Gott tadelt sie und verweist sie des Gartens. Die Umzäunungsmauer ist ein traditionelles Element, das aus der Genesis nicht hervorgeht.*

Der Garten Eden

Blumen und fruchttragende Bäume in Fülle kennzeichnen diese Illustration des Gartens Eden aus Paradisi in sole *(1629) von John Parkinson. Als Baumart erkennbar ist die Palme, traditionell mit dem Lebensbaum gleichgesetzt. Höchst interessant ist die Darstellung des skythischen Lamms* (Hintergrund, Mitte), *das irgendwo in Asien gelebt haben soll, einer Hybridform aus einem schlanken, baumartigen Stamm und dem darauf sitzenden Körper eines Lamms. Es ernährte sich vom Gras um seinen Stamm herum.*
Der Glaube an die Existenz eines solchen Lammes entsprang der Notwendigkeit, ein Verbindungsglied zwischen Pflanzen- und Tierwelt zu schaffen, denn damals herrschte noch der altgriechische Glaube, daß alle Lebensformen, angefangen von den Steinen über die Pflanzen, Tiere und Menschen bis hinauf zu den Engeln, in einer großen Seinskette miteinander verbunden seien.

Der griechische Sagenheld Herkules besiegt den Drachen, der die goldenen Äpfel im Garten der Hesperiden bewacht (unten). *Wie Elysium und die Inseln der Seligen lag dieser „am Ende der Welt". Herkules erfüllt damit die vorletzte von zwölf ihm von Eurystheos, dem König von Argos, auferlegten Arbeiten.*

Die Verführung Evas durch die Schlange (links) *in einem Holzschnitt Albrecht Dürers (1471 bis 1528). Wir finden hier ähnliche Motive wie in der Herkulessage* (oben), *doch ist der Ausgang anders: bei Herkules sind die Früchte das erfolgreiche Ziel einer Suche; bei Adam und Eva hingegen führen sie zur Vertreibung aus einem Zustand der Sorglosigkeit und des Überflusses.*

blühende Kultur hatten. Am Sonnenaufgang gelegen, war Dilmun die Wohnstatt der Götter, „wo des Raben Schrei nicht gehört wurde" und es weder Krankheit, Leid noch Alter gab.

Im sumerischen *Gilgamesch-Epos* wird noch genauer von einem wundersamen Garten erzählt. Der Held Gilgamesch reist zu dem auf einem Berg gelegenen „Garten der Götter", in dem die Büsche von Edelsteinen erstrahlen mit Früchten aus Karneol und Blättern aus Lapislazuli. Wenn sich dieser Garten äußerlich auch vom Garten Eden der Genesis unterscheidet, so erinnert er doch sehr stark an den „Garten Gottes" aus dem Buch Ezechiel, denn auch er glitzert prachtvoll von Edelsteinen, Diamanten, Saphiren und Smaragden.

Der Ort am „Ende der Welt"

Stärksten Einfluß auf die christliche Darstellung des irdischen Paradieses hatten neben der Bibel die Dichter der Antike. Der große griechische Dichter Homer (ca. 8. Jh. v. Chr.) beschrieb einen Ort namens Elysium, auch „Elyseische Felder" genannt, der am „Ende der Welt" liegen sollte, wo weder Schnee fällt noch Wind weht, nur eine „milde, erfrischende Brise vom Ozean".

Hesiod, wahrscheinlich ein Zeitgenosse Homers, besingt in *Werke und Tage* ein längst vergangenes Goldenes Zeitalter, in dem die Menschen glücklich und zufrieden lebten, nie alterten und frei von Mühsal waren, da sie sich wie Adam und Eva von den Früchten des Feldes ernähren konnten. Hesiod erwähnt auch die Inseln der Seligen, Wohnstatt der Helden, die dort ein sorgloses Leben führen, denn die fruchtbare Erde versorgt sie mit allem, was sie brauchen. Wie Homers Elysium lagen diese Inseln „am Ende der Welt", weshalb spätere Dichter beide Orte miteinander gleichsetzten.

Homer und Hesiod sowie andere antike Autoren wie die Römer Virgil und Ovid beeinflußten die christliche Vorstellung vom Garten Eden bis in die Renaissance hinein. Dies trifft insbesondere auf den großen englischen Dichter John Milton (1608 – 74) zu, in dessen Epos *Das verlorene Paradies* der Garten Eden genauestens beschrieben wird.

Miltons Paradies ist ein ummauertes Plateau auf einem felsigen, bewaldeten Berg. Von seinem Garten stürzen Flüsse zu Tal, und ein steiler Pfad führt zu seinem bewachten Tor hinauf. Die Luft ist erfüllt vom Gesang der Vögel und dem Duft von Rosen, Myrthen, Myrrhe, Balsam, Jasmin, Veilchen und Hyazinthen. Palmen, Zedern und Pinien spenden Schatten. Milton hat in seiner detaillierten Beschreibung traditionelle Elemente aus der Bibel und anderen Quellen vereint. Süße Düfte, Brunnen, ewiger Frühling und die fruchtbare Erde erinnern z.B. an das antike Elysium.

Wie Miltons Garten spricht auch das Paradies des Islam die Sinne stark an, doch ist es, anders als der Garten Eden, ein himmlischer Ort. Dem Koran zufolge werden gottesfürchtige Moslems nach dem Tod durch Gärten mit Brunnen und sprudelnden Quellen, schatten-

Nach islamischer Überlieferung ist das Paradies viergeteilt, wie diese Darstellung aus einer indischen Handschrift (18. Jh.) schön zeigt (rechte Seite).
Islamische Gärten weisen traditionsgemäß diese Vierteilung auf, so der Garten von Fin, Iran (unten), *aber auch botanische Gärten im Okzident, z. B. der von Oxford* (ganz unten).

spendenden Bäumen, darunter Palme und Granatapfel, und weichen Ruhekissen belohnt. In prächtige grüne Seidengewänder gehüllt werden die Seligen aus silbernen Gefäßen speisen, umsorgt von Jungfrauen „so rein wie Rubine und Korallen."
Islamische Gärten mit ihren klaren Wasserbecken, in denen sich das Blau des Himmels spiegelt, ihren murmelnden Quellen, duftenden Blumen und schattenspendenden Bäumen sind ein Abbild des Paradieses im Koran. Sie sind, ob im Iran, in Indien, im maurischen Spanien oder anderswo, traditionell rechteckig und von vier sich in der Mitte vereinenden Wasserläufen durchteilt, Symbol für die vier Flüsse des Lebens.

Die Suche nach dem Garten Eden

Während die Moslems das himmlische Paradies in Gärten erstehen ließen, befaßten sich die Christen bis ins 16. Jh. mit der Frage, ob es das irdische Eden wirklich gebe, und wo es zu finden sei, wobei die Genesis von den Kirchenmännern wörtlich genommen wurde.

Die einen meinten, Eden müsse in der großen Sintflut zerstört worden sein, die anderen glaubten, es sei durch seine Hügellage davor verschont geblieben. Es gab auch Spekulationen, daß es irgendwo im Osten, jenseits des Reichs des legendären christlichen Priesterkönigs Johannes (dessen Lage man auch nicht kannte) befinde, oder auf einer Insel, insbesondere dem heutigen Sri Lanka.

Im 15. und 16. Jh., der Zeit der großen Entdeckungen, hoffte man den Garten Eden östlich des Ozeans zu finden, oder im Westen, in der Neuen Welt. Und Kolumbus (1451 bis 1506) hatte nach seiner dritten Reise die Vorstellung von der Erde als einer rundlichen Birne, auf deren Stiel der Garten Eden liege, „wohin kein Mensch gehen kann, außer mit Gottes Erlaubnis".

Obwohl die Erde immer vollständiger kartiert wurde, konnte kein schlüssiger Beweis für ein noch bestehendes irdisches Paradies oder die frühere Lage des zerstörten Gartens Eden erbracht werden. Da Angaben darüber nur in der Genesis zu finden waren, mußten sich Gelehrte und Schriftsteller damit begnügen, ihre Bibel auf Hinweise zu untersuchen. Mesopotamien schien die richtige Gegend zu sein, da Euphrat und Tigris in der Genesis ausdrücklich erwähnt werden. Doch Mesopotamien war groß, und die beiden anderen biblischen Füsse, Pischon und Gihon, waren nicht auszumachen.

Andere Kommentatoren glaubten, daß „in Eden gen Osten" eine Gegend östlich Judäas bezeichne, d.h. Syrien. Jerusalem selbst und Golgatha, der Ort an dem Jesus gekreuzigt wurde, wurden ebenfalls mit dem Garten gleichgesetzt. Da Jesus oft als zweiter Adam angesehen wurde, brachte man den Tod Jesu mit dem Ort der Vertreibung Adams in Verbindung.

Die Nachbildung des Gartens Eden

Man hat den Garten Eden nie gefunden, doch hat das archetypische Bild vom Goldenen

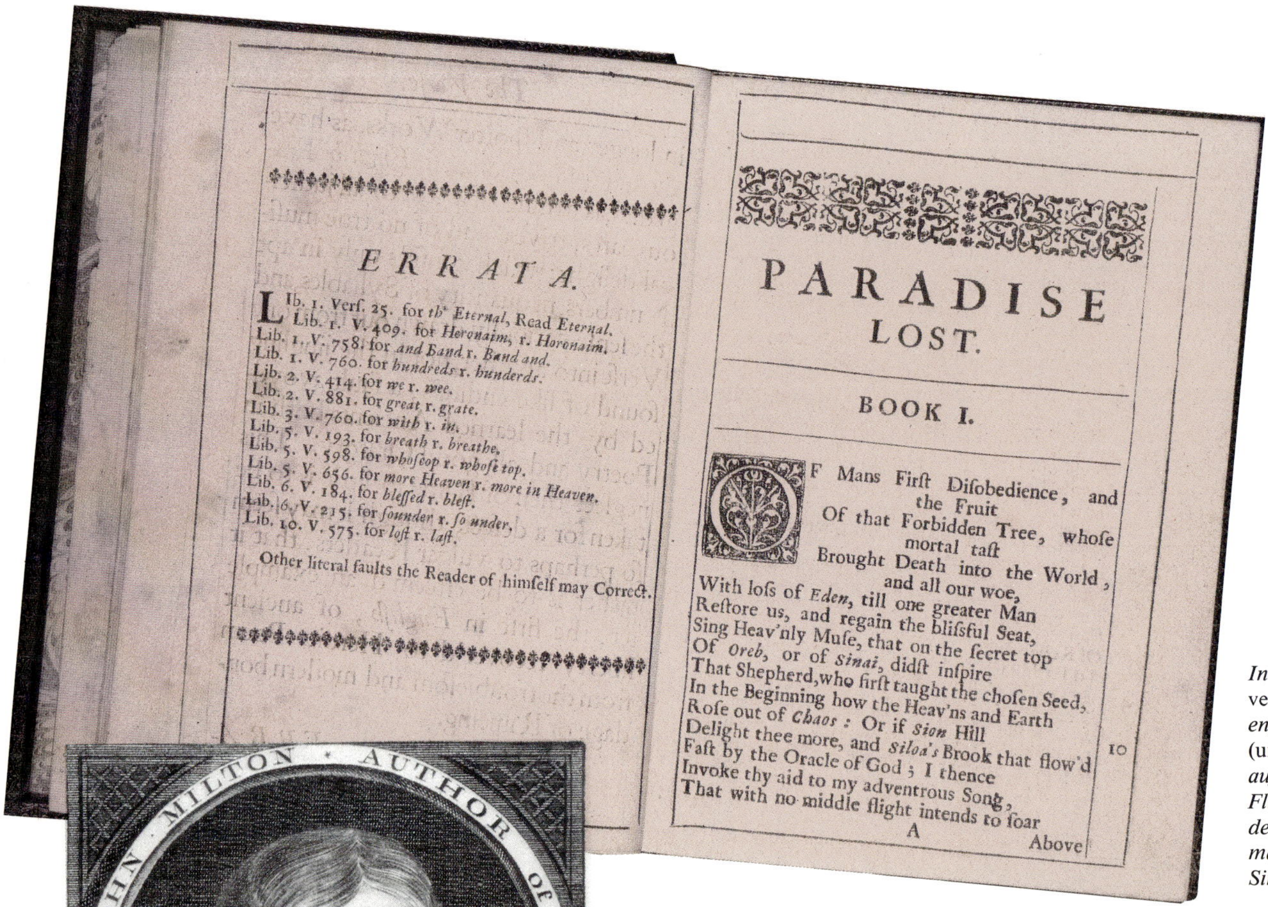
ERRATA.

Lib. 1. Verf. 25. for th' Eternal, Read Eternal.
Lib. 1. V. 409. for Heronaim, r. Horonaim.
Lib. 1. V. 758. for and Band r. Band and.
Lib. 1. V. 760. for hundreds r. hunderds.
Lib. 2. V. 414. for we r. wee.
Lib. 2. V. 881. for great r. grate.
Lib. 3. V. 760. for with r. in.
Lib. 5. V. 193. for breath r. breathe.
Lib. 5. V. 598. for whofeop r. whofe top.
Lib. 5. V. 656. for more Heaven r. more in Heaven.
Lib. 6. V. 184. for bleffed r. bleft.
Lib. 6. V. 215. for founder r. fo under,
Lib. 10. V. 575. for loft r. laft.
Other literal faults the Reader of himfelf may Correct.

PARADISE LOST.

BOOK I.

Of Mans Firft Difobedience, and the Fruit
Of that Forbidden Tree, whofe mortal taft
Brought Death into the World, and all our woe,
With lofs of Eden, till one greater Man
Reftore us, and regain the blisfful Seat,
Sing Heav'nly Mufe, that on the fecret top
Of Oreb, or of Sinai, didft infpire
That Shepherd, who firft taught the chofen Seed,
In the Beginning how the Heav'ns and Earth
Rofe out of Chaos: Or if Sion Hill
Delight thee more, and Siloa's Brook that flow'd
Faft by the Oracle of God; I thence
Invoke thy aid to my adventrous Song,
That with no middle flight intends to foar

A Above

In seinem großen Epos Das verlorene Paradies *verlegt der englische Dichter John Milton* (unten links) *den Garten Eden auf einen Berg. Zu Tal stürzende Flüsse, Palmen und Zedern und der Duft von Rosen und Jasmin machen den Garten zu einem Sinnenparadies.*

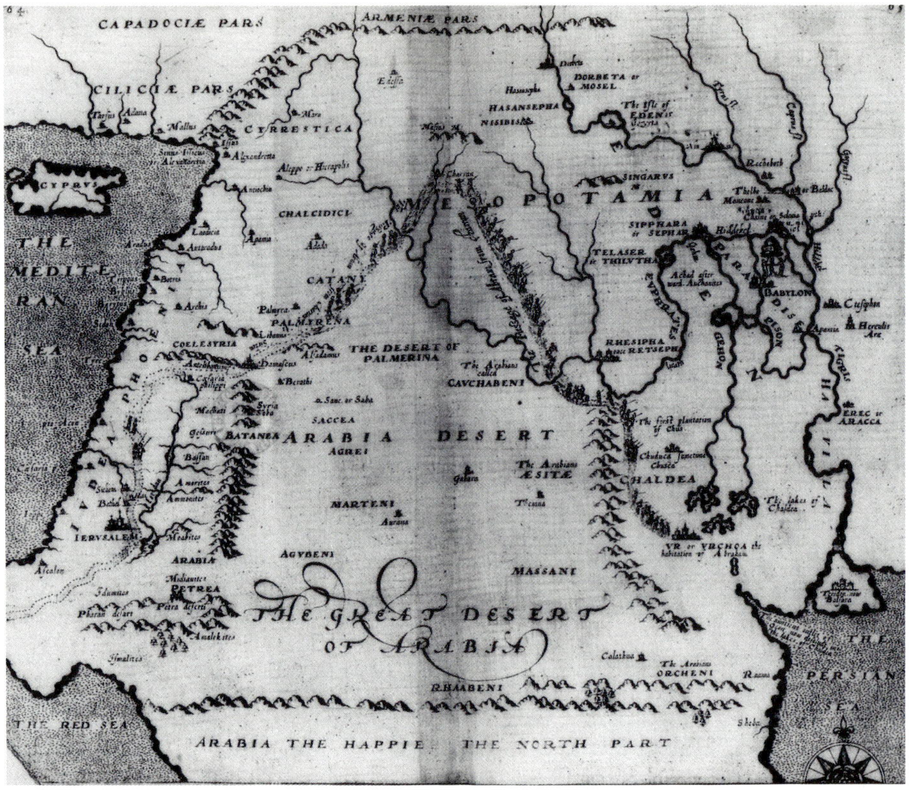

Die bevorzugte Lage für den Garten Eden sah man in Mesopotamien, hier (oben) *auf einer Landkarte aus der* Weltgeschichte *des englischen Seefahrers Sir Walter Raleigh (?1552 – 1618). Das Paradies liegt zwischen den vier in der Genesis genannten Flüssen.*

Zeitalter, in dem Adam und Eva lebten, unzählige Schriftsteller und Weltentdecker inspiriert und motiviert.

Der englische Historiker John Prest stellte die These auf, daß vielleicht das Scheitern der Suche nach dem irdischen Paradies der Ursprung der botanischen Gärten sei. Im 16. und 17. Jh. entwarf man solche Gärten als Nachbildung Edens in Padua, Paris, Oxford und anderswo.

In Anlehnung an den im Hohenlied besungenen Garten waren sie ummauert und meist quadratisch. Büsche, Blumen und Bäume wurden zur Erzeugung visueller Harmonie in oft komplizierten symmetrischen Mustern angelegt.

Meist waren die botanischen Gärten durch sich in der Mitte kreuzende Wege in vier gleiche Segmente geteilt, Symbol für die vier Ecken der Erde bzw. die vier Kontinente Europa, Asien, Afrika und das neu entdeckte Amerika. Man wollte hier die weit verstreuten Samenkörner der Schöpfung Gottes zu einer lebenden Enzyklopädie vereinen. Wenn der Mensch schon den Garten Gottes nicht finden konnte, so wollte er wenigstens einen nach dessen Bild erschaffen.

Der Grundriß des botanischen Gartens von Oxford (unten), *angelegt 1621, zeigt die Vierteilung, die die vier Flüsse des Lebens und die vier Kontinente Europa, Asien, Afrika und Amerika symbolisiert. Mit den botanischen Gärten wollte man den Garten Eden nachbilden und an einem Ort Blumen, Stauden und Kräuter aus der ganzen Welt vereinen.*

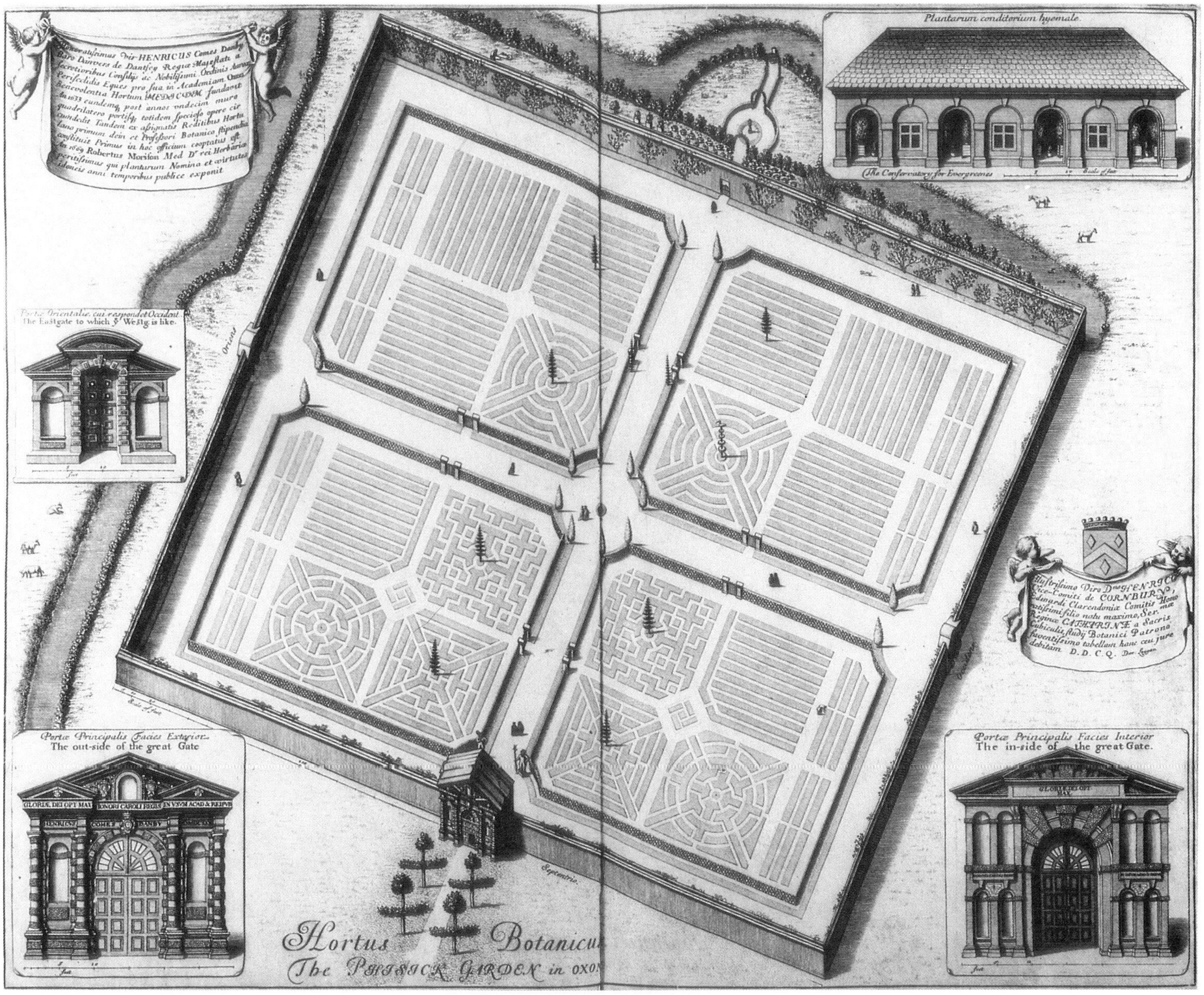

Atlantis

„Die Insel Atlantis ... größer als Libyen und Asien zusammengenommen ... wurde vom Meer verschlungen und ward nie mehr gesehen ...“

Plato, griechischer Philosoph (ca. 428 – 347 v. Chr.)

Ein idyllisches Goldenes Zeitalter, ein riesiger Kontinent – versunken in den Tiefen des Meeres; ein stolzes und machtvolles Reich – ausgelöscht in einer verheerenden Katastrophe. Der Bericht des griechischen Philosophen Plato über Aufstieg und Fall von Atlantis beschäftigt schon seit mehr als zwei Jahrtausenden immer wieder die Menschen der westlichen Welt. Platos Dialoge *Timaeus* und *Critias* sind das erste schriftliche Zeugnis von dieser legendären Inselzivilisation. Er beschreibt Atlantis als eine große Seefahrernation von sagenhaftem Reichtum jenseits der „Säulen des Herakles“, der Straße von Gibraltar, die das Mittelmeer bis hin nach Ägypten und Etrurien beherrschte.

Es war ein Land, reich an Naturschätzen: wertvolle Hölzer, edle Metalle und kostbare Steine gab es in gleicher Fülle wie Obstbäume, Gemüse und Kräuter. Herrliche Berge boten Schutz vor den Nordwinden, und viele wilde sowie zahme Tiere, darunter sogar Elefanten, strichen über Wiesen, durch Flüsse und Seen. Zehn Könige, allesamt Nachfahren Poseidons, herrschten in schöner Eintracht über die zehn Regionen dieser paradiesischen Insel.

Atlantis, so berichtet Plato, war bei der Aufteilung der Welt Poseidon, dem Gott des Meeres und der Erdbeben, zugefallen. Er hatte dort Cleito, ein sterbliches Weib, vorgefunden, das auf einer Anhöhe lebte. Dieses Weib nahm er zur Frau und befestigte ihre Wohnstatt in konzentrischen Ringen, zwei aus Land, drei aus Wasser.

Auf dem Berg selbst errichteten sie den Königspalast und in dessen Mitte den Tempel des Poseidon. Er war von einer goldenen Mauer umgeben, mit Silber verkleidet und mit Zinnen aus purem Gold geschmückt. In seinem Inneren befand sich ein goldenes Standbild des Gottes in seinem mit sechs geflügelten Rössern bespannten Wagen. Unweit davon speisten eine heiße und eine kalte Quelle Zisternen und Bäder.

Der Untergang der Insel

Doch Atlantis und all ihr Glanz wurden von innen her zersetzt durch die Verderbtheit ihrer Bewohner. Ursprünglich edel und unschuldig, wurden die Atlanter mit der Zeit zu machthungrigen Eroberern, die die umliegenden Landstriche zu unterjochen trachteten. Schließlich wurden sie jedoch von den Athenern geschlagen, und die Insel fiel der Zerstörung durch Naturgewalten anheim.

Plato, der 347 v. Chr. starb, behauptete, die Priester von Saïs, der Hauptstadt Unterägyp-

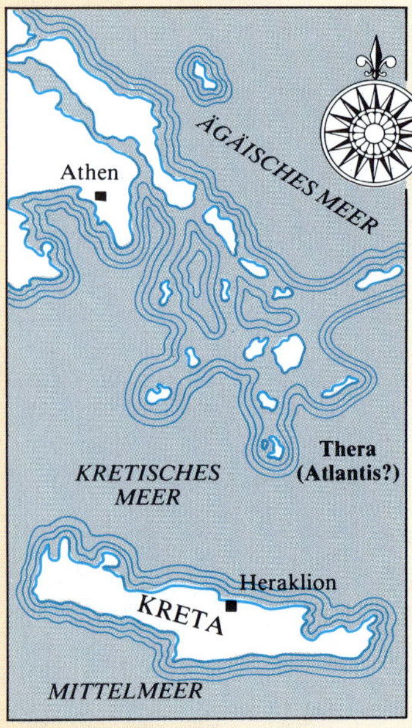

Die Insel Atlantis ging der Legende zufolge in einer gewaltigen Naturkatastrophe zugrunde. Einige Wissenschaftler vertreten die Ansicht, es habe sich um die griechische Insel Thera gehandelt, die um 1500 v. Chr. in einem Vulkanausbruch zerstört wurde. Der ringförmige Kraterrand auf Thera ist auf dem Luftbild deutlich zu sehen (oben).

Steil abfallende Vulkanklippen legen Zeugnis ab von der schrecklichen Naturkatastrophe, die über Thera hereinbrach. Als die Insel, die auch unter dem Namen Santorin bekannt ist, vor ca. 3500 Jahren in einem Vulkanausbruch völlig zerstört wurde, war sie von Menschen der minoischen Kultur bewohnt. Waren sie die Atlanter, von denen Plato spricht?

Die Bewohner von Atlantis, hier (oben) *ein Gemälde des späten Sir Gerald Hargreaves aus seinem Buch* Atalanta *(1949), genossen den Wohlstand eines Goldenen Zeitalters. Plato berichtet von prachtvollen Gärten, Parkanlagen und Brunnen und von gold- und silberverzierten Gebäuden. Es gab auch Reitgelände und eine Rennbahn.*

tens, hätten diese „wahre Geschichte“ 200 Jahre vor seiner Zeit dem Athener Solon erzählt. Seitdem wurde sie mündlich weitergegeben und erreichte schließlich auch Plato, der unsere alleinige antike Quelle ist. Er präsentiert die Geschichte als Tatsache; Aristoteles, Platos berühmtester Schüler, glaubte allerdings nicht an ihren Wahrheitsgehalt.

Der griechische Philosoph Plato, hier dargestellt mit seinem Schüler Aristoteles zu seiner Linken, war der erste, der Atlantis beschrieb. Plato behauptete, seine Schilderung sei wahr, doch Aristoteles glaubte zum Beispiel nicht daran. Dennoch gehen zahlreiche Bücher und Theorien, die seit Platos Zeiten verfaßt worden sind, auf diese Legende zurück.

Seit Jahrhunderten versuchen nun Gelehrte und Mystiker, das Geheimnis von Atlantis zu lüften und herauszufinden, ob es dieses Inselreich tatsächlich einmal gegeben hat und, wenn ja, wo. Im 16. Jh. stellte Dr. John Dee, der Astrologe Königin Elisabeths I., die These auf, das damals entdeckte Amerika sei Atlantis. Und im darauf folgenden Jahrhundert meinte der Schwede Olof Rudbeck den großen versunkenen Kontinent in seinem eigenen Land gefunden zu haben. So wurde Atlantis in den unterschiedlichsten Gebieten der Erde gesehen, angefangen von Australien über Brasilien und Malta bis hin zu Großbritannien und Grönland.

In jüngster Zeit prophezeite der amerikanische Hellseher Edgar Cayce (1877 – 1945), daß man im Jahre 1968 oder 69 bei Bimini (Bahamas) Tempel von Atlantis entdecken werde. Tatsächlich stieß 1968 ein einheimischer Taucher auf dem Meeresgrund vor Bimini auf etwas, das aussah wie ein mächtiger Steinpfad. Man hat aber bis heute noch nicht mit Sicherheit feststellen können, ob diese „Straße“ von Menschenhand geschaffen wurde oder natürlich entstanden ist.

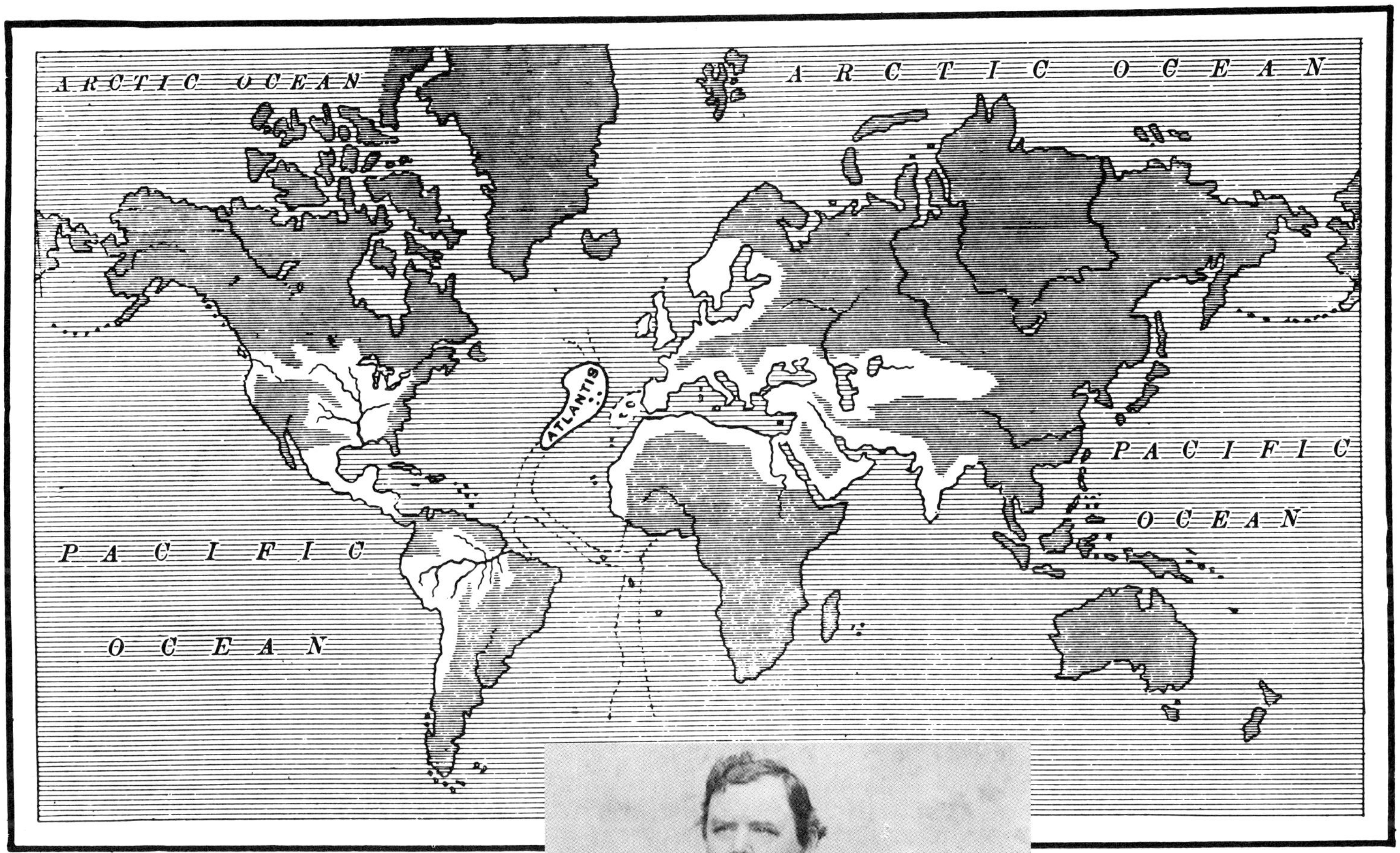

Ignatius Donnelly (1831 – 1901), amerikanischer Gelehrter und Politiker, veröffentlichte 1882 ein Buch über Atlantis, das für die, die an die Existenz der Insel glaubten, zum Klassiker wurde. Auf seiner Karte (oben) *liegt sie wie bei Plato im Atlantik jenseits der Säulen des Herakles.*

Viele Atlantissucher sind immer noch fest davon überzeugt, daß die Insel – wie von Plato beschrieben – jenseits der Straße von Gibraltar lag. Andere glauben, daß die Beschreibung von Atlantis Übereinstimmungen aufweist mit jener blühenden Kultur, die sich bekanntermaßen auf der griechischen Insel Thera entwickelt hatte und etwa 1500 v. Chr. in einer gewaltigen Vulkaneruption fast völlig zerstört wurde. Gefäße und Fresken, die man bei Ausgrabungen fand, haben Ähnlichkeit mit denen der minoischen Kultur auf Kreta.

Atlantis und die Minoer

Möglicherweise zerriß die Eruption nicht nur die Insel, sondern beschleunigte auch den Untergang des minoischen Kreta, der sich ca. 1450 v. Chr. vollzog. Ist das vielleicht der Stoff für Platos Erzählung?

Wie die Atlanter waren die Minoer Inselbewohner mit Werften, mächtigen Flotten und florierendem Seehandel. Sie hatten schöne Häuser und edle Geräte, waren geschickte Baumeister und Konstrukteure – genau wie die Atlanter. Wie in Atlantis spielte der Stier, das dem Erderschütterer Poseidon geweihte Tier, eine wichtige Rolle in den minoischen Riten. Und auch diese Zivilisation scheint ein jähes Ende genommen zu haben. Streicht man von Platos Datierung, 9000 Jahre vor Solon, eine Null ab (vielleicht ein Schreibfehler oder die Übertreibung eines Erzählers), so kommt man in die Zeit der minoischen Kultur.

Trotzdem bleiben Rätsel bestehen, z. B. die Lokalisierung jenseits der Säulen des Herakles, und so wird man weiter nach Platos Utopia suchen, denn diese Insel war so schön und ihre Bewohner „aufrichtigen Herzens“.

Camelot

„Dies ist eine verzauberte Stadt, gebaut von Märchenkönigen ... Herr, solche Städte gibt es nicht, ein Trugbild ist's."

Camelot in Lord Tennysons Gedicht „Gareth and Lynette"

In der mittelalterlichen Dichtung ist Camelot der glanzvolle Hof und Herrschersitz des heldenhaften britannischen Königs Artus, der umgeben war von seinen Rittern der Tafelrunde, darunter Gawein, Parzival, Lanzelot und Galahad. Erstmals wird Camelot als Artus' Residenz in der zweiten Hälfte des 12. Jh. bei dem französischen Dichter Chrétien de Troyes erwähnt. Allgemeine Bekanntheit erlangten dieser Schauplatz und seine berühmte Tafelrunde durch die französischen Versromane des 13. Jh.

De Troyes' Camelot liegt in einem zeitlosen Land mit verzauberten Wäldern und geheimnisvollen Burgen, wo täglich Wunder geschehen. Hier regiert Artus mit seiner Gemahlin Ginover an der Spitze einer höfischen Ritterschaft, Abbild des französischen Rittertums im frühen Mittelalter. Die Ritter gehen auf Kriegszüge, kämpfen mit Ungeheuern, retten edle Fräulein aus den Klauen böser Zauberer oder verfallen verführerischen Damen, die sich dann als Feen entpuppen. Sie müssen natürliche und übernatürliche Gefahren bestehen, doch A und O aller Abenteuer ist Camelot, der Mittelpunkt ihrer Welt.

In den Versromanen wird Camelot als mittelalterliche Burg über einer Stadt beschrieben, seine genaue Lage wird aber nie ganz deutlich. Sir Thomas Malory setzte es im 15. Jh. mit Winchester in Südengland gleich, dem Regierungssitz der Sachsenkönige von Alfred dem Großen (849 – 99) bis zur normannischen Eroberung (1066). Doch widerspricht er sich an anderer Stelle und verlegt Camelot in die Gegend von Carlisle in Nordengland.

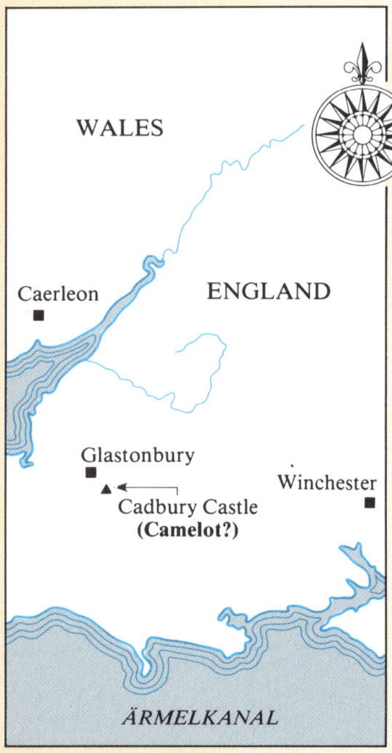

Ein Symbol der Ordnung

Camelot ist nirgendwo und überall, weniger ein historischer Ort als ein idealisierter. Seit dem Mittelalter gilt es als Symbol für Ordnung inmitten von Chaos, als idealer Staat gegenüber der Anarchie, als Zivilisation gegenüber dem Barbarentum. In Artus hat es Anfang und Ende: keiner vor ihm regierte dort, und nach seinem Tod wurde es von König Mark von Cornwall zerstört, doch wie Artus selbst ist es unvergänglich.

Der englische Schriftsteller Geoffrey of Monmouth (12. Jh.) liefert das erste richtige Bild von Artus' Hof, verlegt ihn aber nach Caerleon in Südwales, wo einst ein großes Legionslager der Römer war, woran das vielleicht schönste Amphitheater auf britischem Boden heute noch erinnert. Zu Geoffreys Zeiten waren die Überreste von Bädern und

Cadbury Castle, eine auf einem Hügel gelegene Befestigungsanlage in South Cadbury, Somerset, wird spätestens seit dem 16. Jh. mit Camelot, König Artus' legendärer Burg, identifiziert. Einer jüngeren Volkssage zufolge reiten König Artus und seine Ritter jedes Jahr an Weihnachten und am Johannisabend über den Hügel zu einer Quelle im nahegelegenen Dorf Sutton Montis hinunter, um ihre Pferde zu tränken.
Cadbury wurde von Kelten noch vor unserer Zeitrechnung begründet und gegen Ende des 6. Jh. n. Chr. zu einer ausgedehnten Anlage ausgebaut, was auf einen mächtigen Herrscher schließen läßt. Wissenschaftler meinen, der historische Artus habe zu jener Zeit gelebt.

König Artus' berühmte Tafelrunde befand sich nach Angaben mittelalterlicher Schriften in Camelot. Der englische Dichter Layamon (12. Jh.) meinte, der König habe einen runden Tisch gewählt, um Rangstreitigkeiten unter seinen Rittern zu vermeiden. Es ist aber unwahrscheinlich, daß daran 1600 Männer, wie Layamon behauptet, oder auch nur 140, nach niedrigster Schätzung, Platz gefunden haben sollen.
Im Mittelalter wurde der Tisch manchmal als Ring dargestellt, wie in dieser Handschrift aus dem 14. Jh., in dessen Mitte der Heilige Gral als Vision erscheint. Wie Camelot wurde der Gral zum Symbol. Er repräsentierte die Einheit der Ritter, Grundlage der Reichsordnung. Als sie zerbrach, verdrängte die Anarchie die ideale Herrschaft.

Thermen noch zu sehen. Vielleicht wählte er Caerleon einfach, weil er es gut kannte und es in seiner früheren Pracht Artus' Hof hätte sein können.

Geoffrey erzählt, wie Artus dort das Pfingstfest in einer viertägigen Feier beging, bei der er seine Krone trug und seine Unterkönige, Adeligen und Bischöfe um sich scharte, ganz wie die normannischen Könige seiner Zeit. Von den Rittern waren Bediver und Kay anwesend, und man verbrachte die vier Tage mit Tournierspielen und anderer Unterhaltung.

Geoffrey zufolge liegt Caerleon am Usk, der „an einer Seite der Stadt vorbeifloß und auf dem Könige und Fürsten, die übers Meer kamen, in einer Flotte herangetragen werden konnten. Auf der anderen Seite lagen Wiesen und Haine. Dort zierten königliche Paläste das Weichbild der Stadt, die mit ihren vergoldeten Giebeln Rom an Schönheit nicht nachstand". Seine Beschreibung Caerleons nahmen Schriftsteller, Illustratoren und Regisseure bis in unsere Zeit zur Grundlage ihrer Darstellung von Camelot, wenn man es heute auch meist als spätmittelalterliche Burg mit Zinnen und wehenden Fähnchen sieht.

Die Befestigungsanlage von Cadbury

Oft wurde Camelot mit Orten mit ähnlich klingendem Namen in Verbindung gebracht. So mit dem römischen Camulodunum, dem heutigen Colchester in Essex; oder mit Artus' angeblichem Geburtsort Tintagel unweit des Flüßchens Camel in Cornwall. Den stärksten Anspruch, das „wahre" Camelot zu sein, erhebt Cadbury Castle in South Cadbury, Somerset, in der Nähe des Dorfes von Königin Camel und am Cam gelegen.

Erstes schriftliches Zeugnis davon legt der kgl. Altertumsforscher John Leland 1542 ab: „Südwärts der Kirche von South-Cadbyri steht Camallate, einst berühmte Stadt oder Feste ..." Die Bewohner der Gegend schienen davon jedoch nur wenig zu wissen, und vielleicht schloß Leland einfach wegen des Dorfnamens Camel darauf, daß es Camelot sei. Vielleicht hatte man ihm aber auch eine jahrhundertealte mündliche Überlieferung zugetragen.

Denn wenn es je einen historischen Artus gegeben hat, so war er wahrscheinlich ein britannischer Heerführer des 5. Jh., gleich nach der römischen Besatzung. Cadbury wird heute als die größte und stärkste uns bekannte britannische Festung der damaligen Zeit angesehen und als das Hauptquartier eines Königs, der mächtiger war als alle anderen.

Artus ist nicht tot, besagt eine Legende, er schläft nur unter den Eildon Hills im Schottischen Grenzland (linke Seite). *Ein alter Mann, wahrscheinlich der Zauberer Merlin, versammelt Pferde für den Augenblick seines Erwachens. Hier eine Darstellung Merlins von Aubrey Beardsley (19. Jh.).*

Türmchen und Zinnen schmücken Artus' Feste in Caerleon, Südwales, in dieser Darstellung des französischen Malers Gustave Doré (19. Jh.).

Anders als die mittelalterlichen Burgen war Cadbury einfach ein Hügel, den Kelten in den letzten vorchristlichen Jahrhunderten durch Erdwälle und Gräben befestigt hatten. Ausgrabungen haben gezeigt, daß das Fort von der römischen Besatzung Südbritanniens (ab 43 n. Chr.) unberührt blieb, zwei Jahrzehnte später jedoch von den Römern gestürmt und eingenommen wurde. 400 Jahre lang stand es dann mehr oder weniger leer. Als die Legionen sich zurückzogen, nahm ein recht wohlhabender heimischer Fürst die Anlage in Besitz.

Ende des 6. Jh. wurde ein Holzgebäude auf dem Hügelplateau errichtet und der obere Wall sehr aufwendig neu bewehrt. Doch wem standen damals die vielen dafür nötigen Arbeitskräfte zur Verfügung? War es vielleicht Artus?

Nach Leland wurde Artus vielfach mit Cadbury in Verbindung gebracht. Eine Stelle auf dem Hügel in der Nähe der Überreste des Holzgebäudes bezeichnete man Ende des 16. Jh. sogar als „King Arthur's Palace".

Die entscheidende Schlacht

Vor vielen Jahren fand ein Bauer beim Pflügen in der Nähe des Cam einen Haufen Skelette in seinem Acker. Dies hielten viele für einen Beweis dafür, daß South Cadbury nicht nur Camelot, sondern auch Schauplatz Artus' letzter Schlacht sei. In den *Annalen von Wales (Annales Cambriae)* aus dem 10. Jh. findet sich der historische Beleg für diese Schlacht unter dem Datum A. D. 539 mit dem Eintrag „Die Schlacht am Camlann, in der Artus und Medraut den Tod fanden".

König Artus als eine der Neun Berühmtheiten auf einem französischen Wandteppich (links) *um 1385, wahrscheinlich von Nicolas Bataille aus Paris. Zu den Berühmtheiten zählen der Überlieferung nach 3 heidnische, 3 jüdische und 3 christliche Helden, darunter Alexander der Große, Julius Caesar, Judas Makkabäus und Karl der Große.*

Zu Pferde und in Begleitung seiner Ritter kehrt Artus in dieser flämischen Handschrift (spätes 15. Jh.) nach Camelot zurück. In der volkstümlichen Vorstellung ist Camelot ein Märchenschloß mit Zinnen und wehenden Fähnchen. Hier ist es eine befestigte Stadt der damaligen Zeit, in die man durch einen hohen Torbogen gelangt.

Diese Information wurde wahrscheinlich aus Annalen des 6. Jh. übernommen und ist wohl der glaubhafteste Beleg für Artus' Existenz, den seine Verfechter haben. Der Name Camlann scheint auf *Camboglanna* zurückzugehen, was soviel heißt wie „sich windendes Ufer". Deswegen wurde oft die These vertreten, daß die entscheidende Schlacht am römischen Fort Camboglanna am Hadrianswall stattgefunden habe, was das heutige Birdoswald am sich schlängelnden Irving sein könnte.

Spuren in der Landschaft

Als Geoffrey of Monmouth die Geschichte der Schlacht erzählte, wußte er, daß in der walisischen Überlieferung von einem Camlann in oder bei Cornwall die Rede war, also wählte er den Camel in jener Grafschaft. Im 16. Jh. glaubte man, eine Flußaue in der Nähe der Slaughter Bridge, der „Schlachtbrücke", die etwa eine Meile oberhalb von Camelford den Camel überspannt, sei das Schlachtfeld gewesen. Stromaufwärts ist heute noch am Ufer König Artus' „Grabmal" zu sehen, eine flache Steinplatte, auf der Einheimische im 16. Jh. Artus' Namen zu lesen glaubten, und deshalb sein Grab dort vermuteten. Malory wiederum verlegt die letzte Schlacht in „eine Niederung bei Salisbury" unweit *seines* Camelot, der Stadt Winchester.

In der Tat war man über die Jahrhunderte so von der Artussage beeindruckt, daß jede Region ihn für sich beanspruchen wollte, weshalb viele Landschaftsformationen mit ihm in Verbindung gebracht wurden. Hier steht nicht der höfische, sondern der titanenhafte Artus im Vordergrund, der die „Arthur's Quoits" benannten Ringe warf – prähistorische Grabkammern, von denen neun allein in Wales zu finden sind – oder auf „Arthur's Seat" saß, dem großen Vulkanfelsen über Edinburgh.

Artus' letzte Schlacht, dargestellt in einer Handschrift des 14. Jh. (oben). *Der tödlich verwundete Artus wird in einem Wagen aus dem Gefecht geführt. Vor ihm reitet ein Ritter, wahrscheinlich Sir Bediver, mit Artus' legendärem Schwert Exkalibur.*

Dieser Artus ist nicht tot, er schläft nur, umgeben von seinen Rittern, an einem geheimnisvollen, unterirdischen Ort. So bergen ihn mehrere „Arthur's Caves" in Wales sowie mehr als ein Dutzend Burgen und Hügel in Nordengland und Schottland, darunter Sewingshields Castle, einst am Hadrianswall gelegen, und die Eildon Hills im Schottischen Grenzland.

Im Süden ruht er in einem durch eherne Tore verschlossenen Gewölbe unter Cadbury Castle. Einmal im Jahr, so will es die Sage, stehen sie offen und er ist dahinter zu sehen. Offensichtlich hielt sich hier der feste Glaube, daß Artus nie gestorben sei, trotz der Nähe zu Glastonbury (wo man 1191 angeblich Artus' „offizielles" Grab fand) bis ins 19. Jh.: damals soll ein Dörfler eine Gruppe von Altertumsforschern, die nach Cadbury gekommen waren, um Camelot aufzusuchen, ängstlich gefragt haben, ob sie den König herausnehmen wollten. Auch wenn es Camelot und Artus nie gegeben hat, so haben sie doch wahre Unsterblichkeit erlangt.

Dozmary Pool im Bodmin Moor, Cornwall (unten), *ist nach jüngerer Überlieferung der See, in den Sir Bediver auf Bitten des tödlich verwundeten Artus dessen Schwert Exkalibur warf.*
Diese niederländische Handschrift (14. Jh.) zeigt, wie die Hand der Dame vom See das Schwert auffängt und unter Wasser zieht. Artus sitzt traurig am Ufer.

ra · Car sans sūt merueille ne se
ra ele pas perdue · En si q gyfles re
gardoit le main qui issoit hors du
lac qui prist lespee le roy artu ·

Quant gyfles voit que
faire li couient · si re
uient arriere la ou les
pee estoit si la prent & la recome
ce a regarder & a plaindre mlt
durement & dist tot en plorant ·
ha! espee bone & bele plus que nu
le autre tant est grāt damages
de vos · quant vne chaes es mains
de preudome · lors la lance el lac
al plus pfont quil puet · et main
tenant q̄ le aprocha del augue ·
si vit gyfles vne main qui issi del

Eine verwitterte Inschrift auf dieser Steinplatte am Ufer des Camel in der Nähe der Slaughter Bridge führte zu Spekulationen, daß hier König Artus' Grab sei.
Nach einer Überlieferung aus dem 12. Jh. soll er seine letzte Schlacht an diesem Fluß gekämpft haben. Im 16. Jh. wurde eine nahegelegene Wiese oberhalb von Camelford als Ort des Geschehens ausgemacht. Genauere Untersuchungen haben aber ergeben, daß die Platte die Inschrift Latinus trägt.

Avalon

*„... das Inseltal von Avilion;
Wo weder Hagel, Schnee
noch Regen fällt ...“*

Lord Tennyson in seinem Gedicht „The Passing of Arthur“

Ein Paradies, wo ewiger Frühling herrschte und niemand alt wurde, wo immer Frieden währte und es keine Mühsal gab, denn der Boden trug reiche Frucht: das war Avalon. Es erinnert an andere mythische Reiche und wurde bekannt als der Ort, an den König Artus nach seiner letzten Schlacht am Camlann zur Heilung seiner Wunden entrückt wurde.

Der englische Schriftsteller Geoffrey de Monmouth (12. Jh.) verbreitete diese Verbindung von Artus und Avalon in seiner erfindungsreichen, im Mittelalter begeistert gelesenen *Geschichte der Könige Britanniens (Historia regum Britanniae)*. In seinem späteren Werk über das Leben Merlins beschreibt Geoffrey Avalon als eine Insel: „Es wird die Glücksinsel genannt ... Korn und Trauben wachsen ohne menschliches Dazutun, Apfelbäume stehen überall im niedrigen Gras. Die Erde bringt von selbst großen Überfluß hervor ...“ Sechs Magierinnen wohnten auf der von der Fee Morgana (Morgan le Fay), ihrer Anführerin, regierten Insel. Sie versprach, Artus zu heilen, wenn er dort bliebe.

1191, als die Artussage allgemein bekannt war, erhielt die Geschichte seines Verbleibs eine neue Wende; die Mönche von Glastonbury, einer Stadt in Westengland, verkündeten, sie hätten seine sterblichen Überreste aus dem Friedhof ihrer früheren Abtei exhumiert, zusammen mit einem Bleikreuz mit der lateinischen Inschrift: „Hier ruht der berühmte König Artus mit Ginover, seiner zweiten Frau, auf der Insel Avalon.“

König Artus' Grab?

Offensichtlich hatten die Mönche *jemanden* exhumiert (Archäologen fanden Spuren ihrer Grabungen), aber war es wirklich König Artus? Was die „Entdeckung“ der Mönche so zweifelhaft macht, ist die Tatsache, daß sie sich kurz nach der Zerstörung des ältesten und ehrwürdigsten Teils der Abteikirche durch einen furchtbaren Brand ereignete. Dieser Teil, die „Old Church“, war eine sehr alte, kleine Lehmkirche. Mit der „Alten Kirche“ gingen auch die Schätze der Abtei verloren, darunter Reliquien, die ihr Ansehen und Einkünfte gebracht hatten. Es lag nahe, mit neuen Ideen wieder Pilger anzulocken.

Die Insel Avalon, wohin der verwundete Artus entrückt wurde, sah man in Glastonbury, Somerset, seit 1191 Mönche bei der dortigen Abtei angeblich sein Grab entdeckt hatten. Den Hügel Glastonbury Tor (rechts), *der aus dem sumpfigen Land aufragt, hielt man früher für eine Insel.*

Im Mittelalter rankten sich um Glastonbury so einige Märchen und Legenden, wahrscheinlich wegen seines geheimnisvollen Hügels, allem Anschein nach einer sehr alten, heidnischen Kultstätte, deren Ursprung bereits in Vergessenheit geraten war, und seiner Abteikirche (unten).
Diese geheimnisumwobene, doch sehr weihevolle Stätte brachte man wegen des alten, auf die Anfänge des Christentums in Britannien zurückgehenden Friedhofs mit dem Jenseits in Verbindung. Hier lagen bereits Könige und Heilige, also eine für Artus bestens geeignete letzte Ruhestätte.

Die Entdeckung kam auch den anglonormannischen Herrschern verdächtig gelegen. Zwei oder drei Jahre später schreibt der Chronist Gerald of Wales, daß Heinrich II. die Mönche zu ihrer Suche nach Artus' Grab ermuntert habe: „Man erzählt viele Geschichten ... über König Artus und sein geheimnisvolles Ende ... Jetzt ist es vorbei mit den Märchen ..." Das hätte Heinrichs Absicht genau entsprochen.

Alle frühen Verweise auf Artus' Tod besagen, daß sein Grab unbekannt sei. Der Historiker William von Malmesbury brachte das Problem 1125 auf den Punkt, als er schrieb: „Artus' Grab ist nirgendwo zu sehen, weshalb alte Verse fabulieren, er werde wiederkehren." Da es keinen Beweis für seinen Tod gab, ersehnten die Kelten in Bretagne, Cornwall und Wales seine Wiederkehr, damit er sie vom Joch der Herrschaft der normannischen Könige befreie.

Heinrich, der zu beiden Seiten des Kanals regierte, hatte schon Probleme mit den Bretonen und den Walisern gehabt, also lag es in seinem Interesse, ein für allemal klarzumachen, daß Artus tot sei. Sein Grab auf englischem Boden zu haben, wäre ein politischer Triumph gewesen.

Kirche und Staat hatten also gemeinsame Interessen. Artus' „Grab" wurde überall bekannt gemacht und Glastonbury, um Übereinstimmung mit Geoffreys *Historia* zu erzielen, mit Avalon gleichgesetzt.

Dies wurde dadurch erleichtert, daß Glastonbury von „einer unterschwelligen Andersartigkeit", wie es der Artus-Experte Geoffrey

Ein Bleikreuz, das später verlorenging, soll 1191 bei Ausgrabungen in Glastonbury, die angeblich Artus' Grab zutage förderten, entdeckt worden sein. Eine Zeichnung (unten) *aus William Camdens* Britannia *in der Ausgabe von 1607 zeigt deutlich die lateinische Inschrift: „Hier ruht begraben der berühmte König Artus auf der Insel Avalon.“*

Ashe nannte, erfüllt war und noch ist. Durchdrungen von 1000 Jahren christlichen Gebets und vielleicht ebensovielen Jahren heidnischen Kultes davor, entsprach es der allgemeinen Vorstellung von Avalon. Außerdem war es inmitten von Sumpfland, das oft unter Wasser stand, mit seinem aus der weiten Landschaft emporragenden Hügel praktisch eine Insel.

Artus und „Riothamus“

Ashe meint, hinter der Gestalt des Artus könne sich der „Riothamus“, genannt „König der Britannier“, der historischen Quellen verbergen. Im Jahre 468 führte Riothamus seine Truppen nach Gallien und kämpfte dort im Namen des Römischen Reichs. In einer entscheidenden Schlacht wurde er geschlagen. Er floh mit den Überresten seiner Armee auf burgundisches Gebiet, und keiner hat mehr von ihm gehört.

„Riothamus“ scheint kein Name, sondern die englische Form des Titels *Rigotamus,* „oberster König“, zu sein. Sein Lebensweg ähnelt dem des Artus, und der historische Artus könnte in dieser Zeit gelebt haben, denn wenn es ihn je gegeben hat, so muß er ein britannischer Feldherr direkt nach der Römerzeit gewesen sein. Riothamus' Rückzug verlief auch in Richtung der burgundischen Stadt Avallon, was allerdings keine Insel war. Die Idee geht vielleicht auf den antiken Geographen Pomponius Mela (1. Jh. n. Chr.) zurück, der sagt, die Insel Sein vor der bretonischen Küste sei ein heiliger Ort, an dem alle

Die Kelten glaubten, die Toten lebten auf einer fernen Insel – Avalon gehört in diese Tradition – und begruben sie wohl deshalb auf Inseln. Ein byzantinischer Geschichtsschreiber des 6. Jh. berichtet, ganz Britannien sei so ein Ort, und Tote aus dem Frankenreich würden dorthin gebracht. Ein anderer war Bardsey (rechts) *vor der Küste von Nordwales; dort sollen 20000 Heiligengräber gewesen sein. Glastonbury, praktisch eine Insel, mit seinem alten Friedhof wurde vielleicht auch als Toteninsel betrachtet.*

Wunden geheilt würden. Auch hier lebten neun Magierinnen, die alle Hilfesuchenden heilten.

Paradiesische Inseln

Geoffreys Avalon steht in der Reihe der paradiesischen Inseln irgendwo im Westen. Dazu zählen auch Atlantis, der Garten der Hesperiden mit seinen goldenen Äpfeln, die Glücksinseln der Griechen und die in der *Reise des hl. Brendan (Navigatio Brendani,* 9. Jh.) beschriebene Insel mit ihrem dichten Apfelbaumbestand. Indem Geoffrey Avalon als Glücksinsel bezeichnete, reihte er es unter die mit Äpfeln assoziierten mythologischen Inseln ein. Der Apfel galt wie in anderen Bereichen auch in der keltischen Mythologie als Frucht der Unsterblichkeit.

Wenn Heinrich II. wirklich den Glauben an Artus' Weiterleben ausrotten wollte, so hatte er damit wenig Erfolg. 1190 schrieb der englische Dichter Layamon: „Die Britannier glauben immer noch, daß er am Leben ist und mit den holdesten Elfen auf Avalun weilt." Die verwandte Vorstellung, daß Artus inmitten seiner Ritter in einer Höhle oder unter einem Hügel schlafe, hat sich bis ins 19. Jh. erhalten.

Wie Camelot ist Avalon überall und nirgendwo – es wäre unsinnig, es eindeutig lokalisieren zu wollen. Es gehört in die Welt des Mythos, wo die Wahrheit viele Gesichter hat. Der historische Artus wurde vielleicht in Glastonbury begraben, doch der wirkliche Artus wartet an einem Ort, an dem „Heilung nicht ausbleibt" – dem Ort, den Geoffrey Avalon nannte.

Artus' Tod (links), *dargestellt von James Archer (19. Jh.). Nach Sir Thomas Malory (15. Jh.) wurde Artus in einem geheimnisvollen Boot von Frauen in schwarzen Roben, darunter drei Königinnen, nach Avalon geführt.*

Avalon steht in der langen Tradition von paradiesischen Inseln, „irgendwo im Westen". Eine davon war St. Brendans Insel, angeblich im Atlantik in der Nähe der Azoren, nach der zum letzten Mal ernsthaft im 18. Jh. gesucht wurde. Sie wird in der Navigatio Brendani (wahrsch. 9. Jh.) beschrieben (rechts). *Brendan war ein irischer Mönch, der von 565 bis 573 auf eine Seereise ging, in deren Verlauf er wohl Iona und Westschottland besuchte. Brendan hat mit Sicherheit gelebt, doch ein Großteil seiner Reisebeschreibungen ist legendär. Sie ist die christliche Version eines irischen Genres, dem* Immram, *in dem immer auch der Besuch von Inseln im Jenseits vorkam.*

Zeitlose Landschaften

„Alles ist voller Götter."

Thales (ca. 636 – ca. 546 v. Chr.)

„Golden liegen die Auen; golden strömen die Flüsse;
rotgold sind die Kiefernstämme.
Die Sonne steigt auf die Erde herab
und wandert über Felder und Gewässer."

George Meredith (1828 – 1909)

Unsere natürliche Umgebung versetzt uns oft in ehrfürchtiges Staunen, sie ist Schauplatz der Geschichte und Quelle von Legenden. Einst von Helden und Göttern geheiligte Berge, Flüsse und Täler ziehen immer noch Reisende und Pilger an. Der Himalaya, mächtigster Gebirgsstock der Erde, ist gemäß hinduistischer und buddhistischer Überlieferung die Wohnstatt der Götter. Der riesige Haleakala-Krater wird mit dem polynesischen Gott Maui verknüpft, der die Strahlen der Sonne mit seinem Lasso einfing, als sie über den Kraterrand kamen. Erst als die Sonne versprach, langsamer durchs Firmament zu ziehen, ließ er sie wieder frei.

Die großen Ströme der Erde sind Zentren geistiger Kraft. Der Ganges, heiliger Fluß der Hindus, gilt als Verkörperung Gangas, der Göttin der Reinigung; der Nil, die Lebensader Ägyptens, ist Urgrund der Fruchtbarkeit und Stärkung für Körper und Geist.

In unserer sich immer schneller wandelnden Welt erfrischen diese zeitlos erscheinenden, kostbaren Landschaften den menschlichen Geist durch ihre Schönheit. Paläste, Tempel und anderes Menschenwerk zerfallen mit der Zeit zu Staub, doch die großartige Natur überdauert.

Der Ararat

„Im siebten Monat, am 17. Tage des Monats, ruhte die Arche auf dem Gebirge von Ararat."

Genesis, 8,4.

In der Osttürkei, unweit der Grenze zu Iran und UdSSR, ragt ein schneebedeckter Gipfel über die Wolken: der 5 156 m hohe Ağri Daği, der aus der Bibel bekannte Berg Ararat. Er erhebt sich jäh aus einer staubigen, zerfurchten Ebene, wodurch die Eleganz seiner Pyramide noch besser zur Geltung kommt. Auf dem Gipfel dieses Riesen liegt ewiger Schnee, „eine silbergleißende Haube", auf der die Arche Noah niedergegangen sein soll.

Jahrhundertelang waren die hier ansässigen Armenier und Perser überzeugt von der Unbezwingbarkeit des Ararat. Zum einen wegen seiner Höhe und einschüchternden Schneehaube, zum anderen wegen seiner fast mystischen Aura. Als z. B. der britische Diplomat und Weltreisende James Morier Anfang des 19. Jh. das Gebiet besuchte, erzählte man ihm, daß der Berg von kleinen weißen Schneewürmern bewohnt sei, so kalt, daß sie „eine große Schüssel Sorbet ohne weiteres kühlen" könnten.

Außer mit Fabelwesen müsse man noch mit gefährlichen wilden Tieren fertig werden, darunter Giftschlangen, Spinnen, Luchse, Leoparden, Bären und Wildschweine. Man berichtete auch, daß fahrende Händler von einem Drachen und von Räubern und Banditen bedroht würden. Doch all diese Gefahren konnten Morier nicht daran hindern, die ehrwürdige Schönheit und den Zauber des Ararat zu preisen: „Er ist in jeder Hinsicht vollkommen, nichts Hartes oder Grobes ... alles ist Harmonie."

Die große Sintflut

Heute ist es trotz Lawinengefahr und wilder Hunde durchaus möglich, den Ararat zu besteigen und das schon zu biblischen Zeiten bestehende Panorama von Tälern, Ebenen und fernen Bergen zu genießen. In der Genesis steht der Ararat mit der Arche Noah in Verbindung. Demnach war Gott so entsetzt über die Bosheit der Menschen, daß er beschloß, sie in einer großen Sintflut auszulöschen. Nur Noah sollte verschont bleiben. Gott hieß ihn, eine Arche zu bauen für sich und seine Familie und ein Paar jeder Tierart.

Dann regnete es 40 Tage und 40 Nächte, bis die ganze Erde überflutet war. Schließlich sanken die Wasser, und die Arche ließ sich im

Der Ararat, Ruhehafen der Arche Noah, wurde schon in vorchristlicher Zeit im türkischen Berg Ağri Daği gesehen, dessen beeindruckender schneebedeckter Gipfel sich 5 165 m über eine zerfurchte Ebene in der Osttürkei erhebt.

Gebirge von Ararat nieder. Noah und seine Familie sowie die Tiere kamen schließlich heraus und begannen, die Erde von neuem zu bevölkern.

Die Bibel sagt nicht, auf welchem Berg des alten Landes Ararat die Arche landete, es scheint aber nur natürlich, daß die Armenier schon in vorchristlicher Zeit glaubten, es sei der Ağrı Dağı gewesen.

Morier schreibt: „Keiner kann seit der Sintflut auf dem Berg gewesen sein, denn die steilen, schneebedeckten Gipfelwände hätten jeden Versuch vereitelt.“ Friedrich Parrot, ein 37jähriger deutscher Professor, hat Morier als erster widerlegt.

Im September 1829 erreichte der Deutsche mit fünf Begleitern, darunter ein russischer Soldat, der zur Feier des Anlasses seine Galauniform unter dem Mantel trug, im dritten Versuch den Gipfel. Es war ein wunderbarer Augenblick. Parrot überlegte, wo genau die Arche gelandet sein könnte, während er faszi-

„Nach 40 Tagen tat Noah das Fenster der von ihm gebauten Arche auf. ... Danach ließ er eine Taube hinaus, um zu sehen, ob der Wasserspiegel auf der Erdoberfläche gesunken sei.“ Die Genesis beschreibt das Aussenden der Taube, (rechts) *dargestellt von dem französischen Maler Gustave Doré (19. Jh.).*
In der Genesis kehrt die Taube wieder in die Arche zurück, da die Erde noch überflutet ist. Sieben Tage später wird sie erneut ausgeschickt und kommt mit einem Ölblatt im Schnabel zurück. Weitere sieben Tage später schickt Noah die Taube wieder aus, und diesmal kehrt sie nicht zurück, Zeichen für Noah, seine Familie und die Tiere, daß das Land trocken genug ist, um die Arche zu verlassen und die Erde wiederzubevölkern.

niert über das Arax-Tal mit der nun nur handtellergroß erscheinenden Stadt Eriwan blickte. Die Erstbesteiger errichteten ein Holzkreuz und gedachten bei einem Schluck Wein Noahs, des Vaters des Weinbaus.

Die Suche nach der verschwundenen Arche

Viele wollten nicht glauben, daß Parrot den Gipfel des Ararat erklommen habe. In der Folgezeit bestiegen noch eine Handvoll anderer Gruppen den Berg, darunter 1876 eine unter der Leitung des britischen Historikers und Staatsmannes James Bryce. Er war einer der ersten, die einen möglichen Überrest der Arche entdeckten: er fand weit oberhalb der Baumgrenze ein bearbeitetes Stück Holz.

Über die Jahre glaubten noch andere, die Arche oder Teile von ihr gesehen zu haben, darunter 1893 ein nestorianischer Kirchenmann, 1916 ein russischer Pilot und 1955 ein französischer Industrieller. Radiokarbonuntersuchungen ergaben aber, daß keines der Holzfragmente aus Noahs Zeit stammen kann. Möglicherweise handelt es sich um Erzeugnisse (vielleicht Reste einer Modellarche) mittelalterlicher Mönche, die zum Ararat pilgerten. Man kann weder beweisen noch widerlegen, daß es die Arche wirklich gegeben hat, jedenfalls wäre der Ararat ein geeigneter Ausgangspunkt für die zweite Entstehung der Menschheit.

James Bryce (links), *britischer Historiker und Staatsmann, leitete 1876 eine Expedition zum Gipfel des Ararat, wie* (links unten) *auf dem Titelbild seines Buches* Transcaucasia and Ararat *zu sehen ist. In der Spätsommerhitze brach er mit einer Begleitmannschaft von Kosaken auf, angelockt von dem „Anblick des in der Höhe schimmernden Gipfels, der jetzt wie eine fernöstliche Schönheit den Schleier der Mittagswolken über sein Antlitz zog ...". Das letzte Stück ging er ohne Begleitung und stand schließlich allein auf dem Gipfel. Danach schrieb er über dieses einzigartige Erlebnis: „Hat wirklich hier der Mensch wieder seinen Fuß auf die unbevölkerte Erde gesetzt, so kann man sich vorstellen, wie sich die große Ausbreitung der Arten von diesen heiligen Höhen über die großen Flüsse bis hin zum Schwarzen und zum Kaspischen Meer vollzog ... Einen überzeugenderen Mittelpunkt der Welt kann man sich nicht denken."*

Der Nil

„Im heißesten Sommer, wenn Griechenlands Bäche versiegen, erreicht der wunderbare Strom seinen höchsten Wasserstand.“

Der griechische Geschichtsschreiber Herodot (ca. 490 – ca. 430 v. Chr.)

Der Nil, bei den alten Ägyptern Symbol der Wiedergeburt und des ewigen Lebens, ist die Lebensader Ägyptens. Aus der Vogelperspektive betrachtet, schlängelt er sich mit seinen Ufern wie ein langes grünes Band der Fruchtbarkeit durch die karge Wüste. Dieses Band *ist* Ägypten: der Wasserreichtum des Nils hat es entstehen lassen und damit den Aufstieg einer der größten Kulturen der Welt ermöglicht.

Von seinem äußersten Ursprung an gerechnet, ist der Nil 6671 km lang und damit längster Strom der Erde. Seine beiden Quellen liegen tief in Afrika: der Weiße Nil speist sich aus dem Zufluß des Victoriasees und vereinigt sich im Sudan nördlich von Khartum mit dem kürzeren, aber gewaltigeren Blauen Nil. Man kann an Ort und Stelle sehen, wie sich das bläuliche Wasser des Blauen mit dem klaren, blaßgrünen des Weißen Nils vermischt.

Von Khartum aus fließt der Strom nach Kairo, wo er sich in zwei Hauptarme teilt, deren einer sich bei Damiette, ca. 60 km von Port Said entfernt, ins Mittelmeer ergießt, der andere bei Raschid, dem früheren Rosette. Hier wurde 1799 der berühmte Stein von Rosette gefunden, der Aufschluß über die ägyptischen Hieroglyphen gab. Zwischen diesen beiden Armen des mächtigen Stroms breitet sich das Nildelta aus, 23 900 km^2 fruchtbaren Schwemmlands.

Das „Geschenk des Nils“

Für die Ägypter war und ist der Nil Mittelpunkt des Lebens. Er macht das Land fruchtbar, liefert Fisch und das kostbare Papyrusgras und kann als Transportweg genutzt werden.

Die Verehrung für den Nil spricht z. B. aus der *Hymne an den Nil,* die wahrscheinlich aus der Zeit des Mittleren Reichs (ca. 2050 bis 1750 v. Chr.) stammt: „Heil Dir, o Nil, der Du der Erde entspringst und kommst, dem Volk der Ägypter Leben zu spenden.“ Der griechische Geschichtsschreiber Herodot faßte die Beziehung zwischen Land und Fluß mit den Worten „Ägypten ist das Geschenk des Nils“ zusammen.

Die alten Ägypter nannten ihr Land ursprünglich „Kemet“, d.h. „schwarz“, we-

Seit Jahrhunderten ist der Nil die Lebensader Ägyptens. Auf dem von seinen Wassern genährten Land entstand die altägyptische Hochkultur mit ihren goldenen Tempeln und Pyramiden. Heute können Touristen zwischen seinen palmengesäumten Ufern Kreuzfahrten in die Vergangenheit unternehmen.

Der Nil war und ist für die Ägypter eine wichtige Wasserstraße. Die eleganten dreieckigen Segel der Feluken (rechts) *sind heute noch wie im 19. Jh. zu sehen, als der englische Maler David Roberts sie vor dem Hintergrund der Ruinen von Luxor darstellte* (unten). *In seinem Tagebuch schreibt er über sie: „Für den Maler gibt es nichts Schöneres als diese Boote, die mit ihren im Wind sich blähenden, schimmernden Segeln über den Fluß gleiten."*

gen des Kontrasts zwischen dem dunklen Schwemmland und der gelblichen Wüste, die sich hinzog, so weit das Auge reichte. Der Nil bestimmte das Denken der Ägypter. So beschreibt die Inschrift einer Königsstele den von Nord nach Süd fließenden großen Strom Mesopotamiens, den Euphrat, als „jenes umgedrehte Wasser, das flußabwärts flußaufwärts fließt". Für sie strömte also jeder dem Nil entgegengesetzte Fluß in die falsche Richtung.

Das beherrschende Merkmal des Nils war für die Ägypter von frühester Zeit bis ins Jahr 1971 die alljährliche Überschwemmung. Dieses Geschenk des Flusses ging auf die afrikanischen Regenfälle und die Schneeschmelze im Äthiopischen Hochland zurück und brachte immense Wassermassen nach Ägypten: der

Fluß überflutete die Uferfelder und überzog sie mit dickem, fruchtbarem Mutterboden. Diese Fruchtbarkeit war die Grundlage der altägyptischen Kultur.

Der römische Schriftsteller Seneca beschreibt, wie willkommen die Überschwemmung der Bevölkerung war: „Es ist herrlich anzusehen, wie der Nil sich auf die Felder ergießt. Die Ebenen verschwinden. Nur die Städte ragen wie Inseln auf. Die einzige Art, sich fortzubewegen, ist in Booten; und je höher die Flut, desto größer die Freude des Volkes.“

Zur Zeit der Pharaonen verdankten Millionen von Menschen an seinem Lauf ihr Leben dem Nil. Es gab natürlich auch schlechte Jahre, in denen die Nilschwemme ausblieb, z. B. während der „sieben mageren Jahre“, von denen die Bibel erzählt und die der Überlieferung nach unter König Djoser in der 3. Dynastie (ca. 28. Jh. v. Chr.) eintraten.

Meist ermöglichte der Fluß seinen Untertanen jedoch ein gutes Leben, zumindest der Oberschicht, wie aus den zur Feier des neuen Pharaonensitzes der 19. Dynastie im nordöstlichen Delta, der biblischen Stadt Ramses, geschriebenen Versen hervorgeht: „Die Residenz bietet ein angenehmes Leben; ihr Feld ist voll von allem Guten; sie ist täglich (voll) von Vorräten und Nahrung, ihre Teiche von Fischen, ihre Seen von Vögeln. Ihre Wiesen grünen von Gras; ihre Ufer tragen Dattelbäume ... Ihre Kornspeicher sind (so) voll von Gerste und Emmer, (daß) sie fast den Himmel berühren. Zwiebeln und Lauch gibt es zu essen, Gartensalat, Granatäpfel, Äpfel und

Die Bewässerung Ägyptens besorgt seit Tausenden von Jahren der Nil. Im Neuen Reich (ca. 1567 – 1085 v. Chr.) wurde der Schaduf (links) *eingeführt: ein Eimer wird eingetaucht und mittels eines Gegengewichts wieder hochgezogen. Dieses primitive Instrument wird noch heute verwendet, besonders in Oberägypten, ist aber nur für kleinräumige Bewässerung geeignet.*

Der Nilgott Hapij (ganz oben) *wurde als Mann mit Bart und Frauenbrüsten, Symbol der Fruchtbarkeit, dargestellt. Dem Volksglauben zufolge spendete er die Wasser für die jährliche Überschwemmung aus seiner Schale ohne Boden.*

Ein ägyptischer Adeliger und seine Frau huldigen Osiris (oben), *einem mit dem Nil verbundenen Gott. Das Zierbecken war wichtiger Bestandteil des Gartens der reichen Ägypter. Das Wasser dafür wurde mit Schadufs aus den Kanälen geschöpft. In den Jahren nach seiner Erfindung weitete sich das Ackerland beträchtlich aus.*

Oliven, Feigen aus dem Obstgarten, Trauben, süßer als Honig ..."

Der Ackerbau hat sich seit jener Zeit weiterentwickelt, z. B. wird das Saatgut nicht mehr von Schafen oder, wie Herodot im 5. Jh. v. Chr. beobachtete, von Schweinen in den Boden gestampft. Einige der alten Werkzeuge sind noch im täglichen Gebrauch, so der im Neuen Reich eingeführte Schaduf, der Schwingbrunnen der ägyptischen Fellachen, mit dem ein Eimer ins Wasser getaucht und mittels eines Gegengewichts wieder emporgezogen wird.

Die einschneidendste Veränderung ergab sich aber 1971 durch den Bau des Assuan-Staudamms und die damit verbundene Bildung des Nassersees, dem größten von Menschenhand geschaffenen See der Welt. Dadurch wurde ganzjährige Bewässerung möglich, doch die große Überschwemmung bleibt nun aus, der Fluß führt viel weniger Wasser, und der Schlamm, der Ägypten jahrhundertelang so zuträglich war, wird zurückgehalten.

Mancherorts breitet sich wieder die Wüste aus: wo einst Dattelhaine kühlen Schatten spendeten, stehen jetzt nur ein paar dürre Wedel auf den vordringenden Dünen, und grüne Felder werden vom Flugsand verschlungen.

Die Götter des Lebens

Das tägliche Leben im alten Ägypten ruhte auf einem Fundament religiöser Bräuche und Rituale. Der Fluß wurde mit einer Reihe von Göttern assoziiert, sein eigentlicher Gott aber war Hapij, der Gott der Vorräte und der Fische. Im Volksglauben spendete Hapij, von Schlangen bewacht in einer Höhle unter den Assuanbergen sitzend, die Wasser für die Überschwemmung aus einer Schale ohne Boden. Jedes Jahr wurden ihm in Gebel Silsila Opfer gebracht, damit er das Gefäß im richtigen Winkel neige: zu viel bedeutete eine Flutkatastrophe, zu wenig aber Dürre und Hunger.

Eine jetzt im vatikanischen Museum in Rom aufbewahrte Statue zeigt Hapij mit 16 Kindern, jedes eine Elle groß, Symbol dafür, daß das Land keine Frucht tragen würde und die Menschen hungern müßten, wenn die Überschwemmung unter 16 Ellen (ca. 7,5 m) bliebe.

Auch Leben und Tod von Osiris, dem Gott der Unterwelt, sind mit dem Nil verknüpft. Seine Geschichte spiegelt die des großen Flusses: als König von Ägypten wird er von seinem bösen Bruder Seth umgebracht, der seine Körperteile im ganzen Land verstreut. Seine Gattin Isis sammelt diese in mühsamer Suche wieder ein und schenkt ihm neues Leben.

Hinter grünen Feldern, dem Stolz des alten Ägypten, die ihre Fruchtbarkeit dem Nil verdanken, ragen die großen Pyramiden von Gizeh bei Kairo empor. Sie wurden Mitte des 3. Jh. v. Chr. erbaut. Die größte davon ist die Cheopspyramide: sie ist 137 m hoch und besteht aus ca. 2,5 Millionen Kalksteinblöcken.

Nach seiner Wiedereinsetzung wird ihnen ein Sohn, der Thronnachfolger und spätere Gott Horus, geboren. Osiris steigt schließlich als Herrscher in die Unterwelt ab.

Osiris' Leben und Tod symbolisieren das jährliche Sterben und Wiedererstehen des Nils. Der böse Seth ist der heiße Wüstensand, der das Wasser verzehrt. Osiris' Tod bedeutet die Austrocknung des Flusses. Wie Osiris Isis begattet und neues Leben erzeugt, so tritt der Fluß über seine Ufer und befruchtet die Felder. Osiris ist der Nil, Isis die Erde: ihre Umarmung ist die immer wiederkehrende fruchtbringende Vereinigung von Wasser und Erde.

Denkmäler der Vergangenheit

Der vom Nil erzeugte Wohlstand erlaubte den Ägyptern, großartige Bauten, Tempel und Gedenkstätten für die alten Götter und Könige an den Ufern des Flusses zu errichten. Heute ergibt sich ein Konflikt zwischen dem Bestreben, Zeugnisse der Vergangenheit zu erhalten, und den Erfordernissen des modernen Fortschritts. Beim Bau des Assuandamms fand man mit internationaler Hilfe eine spektakuläre Lösung zur Rettung der Tempel von Abu Simbel vor drohender Überflutung: sie wurden in einer technischen Meisterleistung (Abschluß: 1966) an einen 64 m höheren Ort verlegt.

Ramses II., dritter König der 19. Dynastie, hatte die Tempel aus dem Fels hauen lassen. Unter seiner langen Herrschaft (1290 – 1224 v. Chr.) entstand fast die Hälfte der heute noch vorhandenen Tempel.

Ramses hinterließ auch weiter flußabwärts seine Spuren. Er umgab die alte Hauptstadt Theben mit großartigen Bauwerken, darunter Karnak, ein besonders ehrfurchtgebietender Tempel, dessen Vorhalle mit ihren riesigen Säulenbündeln für körperlose Riesen gebaut zu sein scheint.

Das gigantische Bauwerk ist dem widderköpfigen Amun geweiht, dem Gott Thebens, der später mit dem Sonnengott Rê zu Amun-Rê verschmolz und der zu Thebens Blütezeit der König der Götter war. Die Ruinen breiten sich mit sphinxgesäumten Prachtstraßen, riesigen Toren, Kultstätten und Tempeln und einem heiligen See uber mehr als 2 ha aus. Unweit Thebens liegt das ebenfalls dem Amun geweihte Luxor und auf der gegenüberliegenden Flußseite das Tal der Könige, wo fast alle Monarchen der 18. Dynastie (ca. 1570 – 1342 v. Chr.) zu Grabe gelegt wurden.

Die berühmtesten Bauwerke Ägyptens befinden sich im Norden, fast an der Öffnung des Deltas: es sind die großen Pyramiden von Gizeh, das einzige noch existierende der Sieben Weltwunder der Antike.

Der Alltag der Menschen am Nil folgt noch dem altgewohnten Rhythmus. An manchen Orten scheint sich seit den Reisebeschreibungen des 19. Jh., vielleicht sogar seit der Zeit der Pharaonen, bis heute nichts verändert zu haben.

Die beiden Tempel von Pharao Ramses II. (1290 – 1224 v. Chr.) (linke Seite und oben) *in Abu Simbel am Westufer des Nils wurden in den 60er Jahren vor der Zerstörung bewahrt. In einer technischen Meisterleistung setzte man sie 64 m höher, damit sie nicht von den Stauwassern des Assuandamms überflutet würden. Dazu wurden sie in 1 060 Teile zerlegt und Block für Block wieder aufgebaut. Die vier Sitzbilder des Königs an der Fassade des größten Tempels, von denen zwei hier zu sehen sind, messen über 20 m, was seine Selbsteinschätzung deutlich macht.*

Ayers Rock (Uluru)

„Mount Olga ist schöner und grotesker; Mount Ayers älter und erhabener."

Ernest Giles, Entdecker, 1874.

Ayers Rock ist einer der größten und berühmtesten Inselberge der Erde, ein riesiger Brocken aus feldspathaltigem Sandstein (Arkose), der 300 km südwestlich von Alice Springs in Zentralaustralien liegt. Der abgerundete, von tiefen Kerben durchzogene Fels ist 348 m hoch und hat einen Umfang von 8 km. Er ist um so beeindruckender, als er unvermittelt aus der nur spärlich bewachsenen, tischebenen Wüste aufragt. Das eigentlich Erstaunliche zeigt sich aber, wenn die Sonne tief steht: dann saugt der Monolith ihre Strahlen gleichsam auf und glüht wie Myriaden von Rubinen.

Ayers Rock wurde 1873 von dem Forschungsreisenden William Gosse und seinem afghanischen Kameltreiber Khamran entdeckt. Gosse benannte ihn nach dem westaustralischen Premier, denn er wußte nicht, daß die Urbevölkerung ihm bereits einen Namen gegeben hatte: Uluru. Für sie war der Ort schon zur „Traumzeit", der Zeit der Ahnen, heilig. Diese wanderten der Überlieferung nach über das Land, und aus ihren Fußspuren und täglichen Handlungen entstanden verschiedene Wahrzeichen wie Felsen, Höhlen, Bäume und Wasserlöcher.

Ein kraftvolles Symbol

Man weiß heute, daß der Uluru für die Pitjantjatjara und Yankuntjatjara auf den „Traumpfaden", die das Land durchziehen, ein bedeutsamer Punkt war. Er ist aber auch, um mit den Worten des australischen Schriftstellers Thomas Keneally zu sprechen, „ein wichtiges, positives nationales Symbol" für die weiße Bevölkerung Australiens geworden. Jahr für Jahr pilgern Tausende zu diesem Steinnabel, um zu erleben, wie er sich bei Sonnenuntergang glutrot verfärbt oder nach einem Gewitter wie ein Wal aus silbernen Fluten auftaucht.

Höhepunkt des Ausflugs ist aber, heute mit Hilfe einer Kette als Handlauf, die Westflanke des Felsbrockens zu erklimmen, die mit ihrer glatten Oberfläche in der Vergangenheit sogar schon mehrere Todesopfer forderte. Steht man auf dem windgepeitschten, von tiefen Löchern und Rinnen zerklüfteten Gipfel, so tun sich rings um einen unendliche Weiten

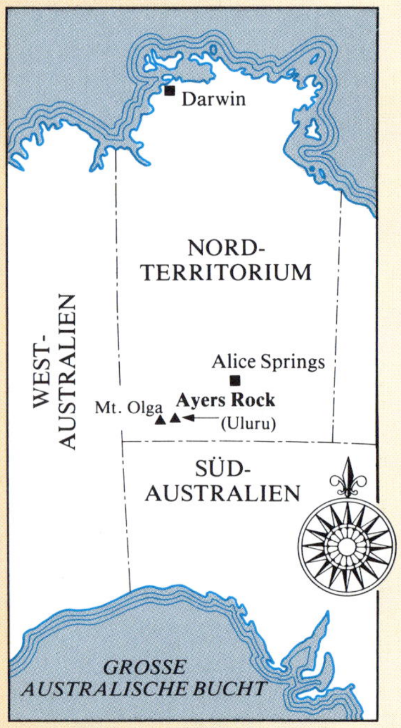

Im Licht der tiefstehenden Sonne färbt sich Ayers Rock, der bei den „Aborigines" Uluru heißt, leuchtend rot. Um diesen Fels von über 300 m Höhe und 8 km Umfang spinnen sich zahlreiche „Traumzeit"-Mythen der australischen Urbevölkerung, doch auch für die Weißen ist er ein wichtiges nationales Symbol.

Ayers Rock (Uluru)

„Der Hügel erwies sich als riesiger Felsbrocken, der jäh aus der Ebene aufragte. Die Löcher, die ich bemerkt hatte, waren vom Wasser verursacht und bildeten stellenweise riesige Höhlen." William Gosse (rechts) *(1842 – 81), schrieb dies nach seiner Entdeckung von Ayers Rock 1873, den er mit seinem afghanischen Kameltreiber Khamran selbst bestieg.*

In die glatten Seitenwände von Ayers Rock hat das Regenwasser Rinnen, Höhlen und Löcher gefressen. Es dringt in die weiche Oberfläche ein, löst Sandkörnchen und zersetzt schließlich den Stein. So entstand an der Nordwand (unten) *eine Struktur, die treffend als „the Brain" (das Gehirn) bezeichnet wird.*

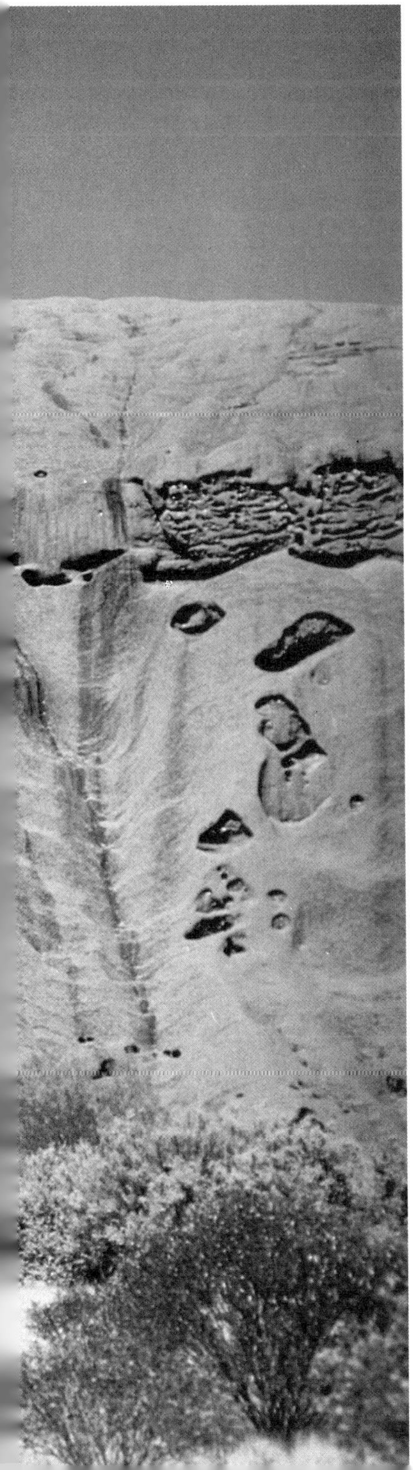

auf, und im Dunst der Ferne bietet sich der unübertreffliche Blick auf die „runden Minarette, gigantischen Kuppeln und monströsen Gewölbedächer“ des 30 km westlich liegenden Mount Olga.

Die Entstehung des Felsens

Geologisch ist Ayers Rock Millionen von Jahren alt. Die vertikalen Felsschichten waren einst horizontale Lager eines früheren Meeresbodens, die durch Verwerfungen der Erdkruste aufgerichtet wurden. Alles andere in der Gegend fiel der Erosion zum Opfer, dieser Brocken verwitterte zwar und bekam Höhlen, Löcher, Kanten und Rillen, er wurde aber nicht völlig zerstört. Durch die permanente Aufspaltung des Sandsteins wird die gesamte Oberfläche gleichmäßig abgeschuppt, so daß der Fels sich wie eine Schlange häutet, seine Form aber beibehält.

Der Uluru ist mehr als nur ein riesiger Steinbrocken. Für die „Aborigines“ ist er ein lebendes Denkmal ihrer Urgeschichte, das bis in Einzelheiten in ihren Mythen erscheint. Das Maggie-Springs-Wasserloch in der Südostwand enthält z.B. das inzwischen zu Wasser gewordene Blut eines sterbenden Kuniakriegers aus der Schlacht der Kunia gegen die Liru, die Erosionslöcher in der Südwand sind die Einschläge der Liruspeere, schwarz gähnende Felslöcher sind schreiende Lirumünder und Gruppen von Wüsteneichen tote Lirukrieger.

Die Eingeborenen halten die Überlieferungen der „Traumzeit“ lebendig und feiern die natürliche Umgebung in einfacher, aber symbolträchtiger Malerei, die am Uluru verschiedentlich zu sehen ist.

Es überrascht nicht, daß dieser völlig alleinstehende, riesige Felsbrocken mit seinen geheimnisvollen, tiefzerfurchten Wänden und unheimlichen Farbveränderungen so sagenumwoben ist. Mythos und Natur verschmelzen hier. So bemerkt der Anthropologe Charles Mountford: „Als ich die Sagen gehört hatte, ... sah ich nicht mehr nur Steilwände, Höhlen oder Farben; alles war durch die Geschichten, die mir die Eingeborenen erzählt hatten, lebendig geworden ...“

Das berühmteste Wasserloch von Ayers Rock ist Maggie Springs (unten) *oder „Mutijula“. Der Sage nach kämpfte hier ein Krieger der Kunia, dem Stamm der Teppichschlangen, gegen den Führer der Liru, dem Stamm der Giftschlangen. Maggie Springs soll das inzwischen zu Wasser gewordene Blut des Kuniakriegers enthalten.*

Die Schlange ist ein wichtiges Totemsymbol in Kunst und Mythologie der australischen Urbevölkerung. Die Rindenzeichnung (rechts) *zeigt den Geist einer Schlange.*

Der Fujiyama

*„O Schnecke, erklimm
des Fujiyama Gipfel,
doch langsam und sacht.“*

Haiku des japanischen Dichters Issa (1763 – 1827)

„Der schönste Anblick in Japan ... ist die ferne Gestalt des Fuji an wolkenlosen Tagen ... der weiße Kegel scheint im Himmel zu hängen ...“ So der amerikanische Schriftsteller Lafcadio Hearn (1850 – 1904), der sich 41jährig in Japan verliebte und japanischer Staatsbürger wurde. Der für seine klassische Symmetrie bekannte Fujiyama ist zu allen Jahreszeiten schön, besonders aber im Frühling, wenn der Gipfel schneebedeckt ist und Pflaumen- und Kirschbäume zwischen den Fuji-Seen an der Nordseite in traumhafter Blüte stehen.

Manchmal nennen die Japaner den Fuji „den Unvergleichlichen“. An klaren Tagen kann man ihn über mehr als 80 km sehen, und von seinem Gipfel hat man einen Blick über fast ganz Honshu. Er ist nicht nur der höchste Berg Japans (3776 m), sondern auch der heiligste.

Der schintoistischen Nationalreligion zufolge leben in allen Erscheinungen der Natur höhere Wesen, *kami,* und dies trifft auf den am meisten verehrten Berg, den Fuji, ganz besonders zu.

Der schlafende Vulkan

Gemäß japanisch-buddhistischer Überlieferung entstand der Fuji im Jahre 286 v. Chr. über Nacht, als sich der Biwasee, Japans größter See, auftat und die Erde aus dem Loch sich zum Berg türmte. Das hat einen wahren Kern: der japanische Archipel wurde fast überall durch tektonische Verwerfungen in Bergketten und Seen aufgebrochen. Die größte dieser Verwerfungen läuft durch die Hauptinsel Honshu, und an ihr reihen sich die Riesen unter Japans 265 bekannten Vulkanen, deren größter der Fuji ist.

Der Vulkan war immer wieder aktiv. In den letzten Jahrhunderten wurden 18 Ausbrüche gezählt. 1707 begrub er die 100 km östlich gelegene Stadt Edo (Tokyo) unter einer dicken Schicht aus Asche und Schlacken. Seither hat wenig auf sein Wiedererwachen hingedeutet, er ist aber nicht tot, sondern schläft nur, noch immer zu einem Erwachen bereit.

Die Ainu, die immer noch auf Hokkaido zu findende Urbevölkerung Japans, benannten den Berg nach ihrer Feuergöttin Fuchi. Die Japaner behielten den Namen bei und verehrten den Berg auch als heilig. Die Buddhisten glaubten, er sei das Tor zu einer anderen Welt, und die Schintoisten erbauten auf ihm der Göttin Sengen-Sama oder Konohana-Sakuyahime („die die Blüten erstrahlen läßt“) Schreine.

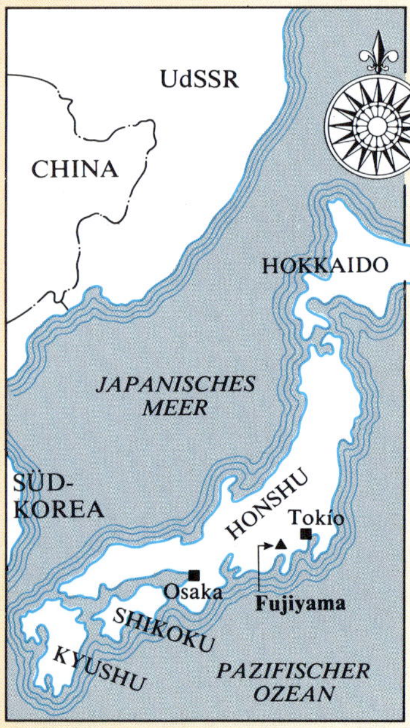

Der Fujiyama erhebt sich elegant und friedvoll über dem Funkeln der Stadt Fuji-Yoshida in den Nachthimmel. Er ist mit 3 776 m Japans höchster Berg, aber auch der heiligste, den Buddhisten und Schintoisten verehren. Viele Dichter und Maler haben sich von ihm inspirieren lassen. Die beiden Holzschnitte (rechts) *entstammen den 1858 veröffentlichten* 36 Ansichten des Berges Fuji *von Ando Hiroshige; am bekanntesten wurden im Westen die Farbholzschnitte von Katsushika Hokusai (1769 – 1849).*

富士三十六景

富士三十六景

Die Reise zur aufgehenden Sonne

Im Schintoismus wurde der Fuji offiziell als heiliger Berg verehrt, und bis zum Ende des 2. Weltkriegs war jeder Gläubige verpflichtet, ihn wenigstens einmal in seinem Leben zu besteigen. Daher pilgerten im Sommer Tausende mit weißen Gewändern, Strohhüten und Sandalen auf den Gipfel. Oft säumten zerschlissene Sandalen den Weg, denn sie waren so dünn, daß man mehrere Paare benötigte.

Während die Frommen sich zum Gipfel quälten, um den gefeierten Sonnenaufgang zu sehen, sangen sie immer wieder „Sei rein ... Bleibe klar, o Du Berg!" In unserem Jahrhundert haben diese Worte einen ganz neuen Sinn bekommen, denn obwohl der Berg wegen des Schnees nur während zweier Monate zugänglich ist, steigen jährlich über 300000 Pilger hinauf, was entsprechenden Schaden anrichtet. Für viele, die sich von dem weißen Gipfel, der aus dem Dunstkranz aufragt oder sich im Ashinokosee spiegelt, angelockt fühlen,

Lafcadio Hearn (links), *der die Schönheit des Fuji pries, ging 1890 nach Japan und blieb bis an sein Lebensende dort. 1895 nahm er mit der japanischen Staatsbürgerschaft den Namen Yakumo Koizimi an.*

Der Schrein auf dem Gipfel des Fuji (unten) *ist Sengen-Sama, der Shinto-Göttin des Berges, geweiht. Nach der Überlieferung wurde sie in einer Wolke über dem Krater schwebend gesehen.*

können die Menschenmassen und das karge Vulkangestein zur Enttäuschung werden.

Eine Quelle der Inspiration

Seit mehr als zwölf Jahrhunderten haben sich Dichter und Maler vom Anblick des fernen Fuji inspirieren lassen. Selbst der hinter Wolken verborgene Berg bewegte den berühmten Dichter Basho (1644–94) zu den Worten: „Auch wenn der Fuji versteckt ist / Im Regen und Dunst des Windes / Birgt so ein Tag / Freude." Wegen seiner Launen haben Künstler den Fuji immer wieder gemalt.

Wie die japanischen Künstler den Fuji berühmt machten, so machte er sie erst zu Künstlern. So schreibt der Forscher Richard Gordon Smith 1899: „Er erfüllte jeden mit Ehrfurcht, und ein in seinem Umkreis Geborener mußte einfach zum Künstler werden und ihn preisen."

Vielleicht kann man den Fuji wie einen Regenbogen am besten aus der Ferne erkennen, wenn sein weißer Kegel vom blauen Himmel eingerahmt wird. Der Berg ist ein natürliches Symbol mit einer Vielzahl von Bedeutungen. Er scheint ewig, ist aber aus dem Feuer geboren und kann darin wieder untergehen; er ist aus Fels, hat aber die zarte Schönheit einer Blume.

Ein Fischerboot gleitet über den unbewegten Wasserspiegel des Shojisees, des kleinsten der Fünf Seen, die sich in weitem Bogen unter der Nordwand des Fuji spannen. Im Frühling erstrahlt die Gegend in der Pracht der Kirsch- und Azaleenblüten, und im Herbst bietet der dichte Urwald zwischen den Seen ein faszinierendes Farbenspiel. Aus dieser Gegend ist der Blick auf den Fuji besonders schön.

Kappadokien

„Ich habe schon viele Reisen unternommen, aber Ähnliches habe ich noch niemals gesehen und auch niemals von so etwas reden gehört."

Sieur Paul Lucas, der im Auftrag Ludwigs XIV. Anatolien erkundete

Als der Franzose Paul Lucas zu Beginn des 18. Jh. einen Bericht über seine Reise in die östliche Zentraltürkei veröffentlichte, konnten seine Leser ihm kaum glauben. Er beschrieb eine seltsame Traumlandschaft mit freistehenden, bewohnten Felskegeln. Doch Lucas hatte das nicht erfunden. Er war im alten Kappadokien gewesen, einer etwa 130 km^2 großen, verblüffenden Mondlandschaft südöstlich von Ankara.

Hier, und besonders in der Umgebung der Städte Göreme, Ürgüp, Nevşehir und Avanos, wurde das weiche Vulkangestein durch Erosion ausgehöhlt, geformt und abgeschliffen. Das Ergebnis ist eine Märchenwelt, in der stufig geschichtete Hauben, Türme, Spitzen, Minarette und Kegel aus Stein in den blauen Himmel ragen.

Mancherorts stehen die Felsen dicht gedrängt wie die Zelte einer Invasionsarmee. Anderswo erinnern sie mit ihrer weichen Linienführung an Schneewehen oder von der Flut überspülte Sandburgen. Die auf- oder untergehende Sonne bringt die zarten Farben – Pastellgelb, Ziegelrot, Aschgrau – zum Erglühen.

Die Felsgebilde sind so bizarr und auffallend, daß Paul Lucas dachte, sie müßten künstlich geschaffen sein.

Eine groteske Szenerie

Geologisch hat Kappadokien vor Millionen von Jahren mit dem Ausbruch der beiden großen Vulkane Hasan Dağı und Erciyas Dağı seinen Anfang genommen. Sie überzogen die ganze Region mit Lava, Asche und Staub, woraus schließlich der weiche, helle Tuffstein entstand. In der Folgezeit fraßen reißende Wasserläufe ein Netzwerk von engen Schluchten, Cañons und Tälern in das Gestein. Durch die Erosionskräfte entstand schließlich die heutige erstaunliche Szenerie von gebündelten und aufgereihten Türmchen, die ihre Form den „Schutzkappen" aus witterungsbeständigem Basalt verdanken.

Von alters her haben die Bewohner von Kappadokien die Tuffkegel wie Waben ausgehöhlt, um Wohn- und Kulträume zu schaffen. Im 4. Jh. n. Chr. begannen griechische Christen, angeregt durch Basilius den Großen, Bischof von Caesarea (Kayseri) und Begründer des östlichen Mönchstums, Eremitagen und kleine Klöster auszumeißeln. So entstanden die heute berühmten Höhlenkirchen. Mit der Zeit wuchs die christliche Gemeinde, so daß im 13. Jh. schon etwa 300 davon dem religiösen Leben dienten.

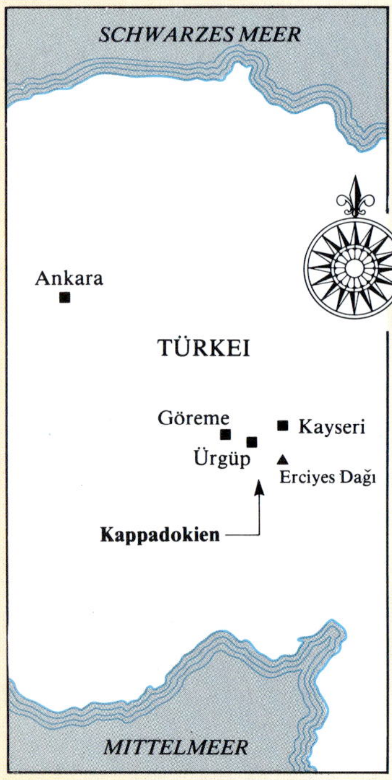

Kappadokien, ein etwa 130 km^2 großes Gebiet südöstlich von Ankara, ist eine der ungewöhnlichsten Gegenden der Welt. Durch Erosion entstanden im weichen Tuffstein seltsame Kegel (oben), *die über die Jahrhunderte von der ansässigen Bevölkerung ausgehöhlt und als Wohnung oder Kultstätte genutzt wurden.*
Ein paar Kilometer nordöstlich von Göreme liegt Zelve (ganz rechts) *am Schnittpunkt zweier Täler. Hier wurden christliche Kirchen und Mönchszellen aus den Felszinnen gemeißelt; einige Wände sind ausgebrochen, wodurch die Innenräume freiliegen. Ebenfalls in Zelve sieht man diese „Feenkamine"* (rechts), *die ihre Form den erosionsbeständigen Basaltkappen verdanken.*

Die Höhlenkirchen von Göreme

Die bekanntesten liegen im Tal von Göreme, ein paar Kilometer nordwestlich von Ürgüp. In der Felsarena dieses „Freilichtmuseums" reihen sich dunkel Tür- und Fensteröffnungen, die in geheimnisvolle Innenräume führen: kleine Kirchen, Refektorien, Küchen, Vorratskammern.

Die christlichen Erbauer imitierten die Innenarchitektur freistehender Kirchen, indem sie Kuppeln, Chornischen, Tonnengewölbe, Säulen, Bögen und sogar Tische und Bänke aus dem gefügigen Stein meißelten. Bei manchen Säulen ist der Fuß vollkommen zerbröckelt, so daß sie jetzt wie Stalaktiten von der Decke hängen, statt diese zu „stützen".

Die Kirchen sind reich mit byzantinischer Wandmalerei ausgestattet, z. T. einfache geometrische Muster, die in rostbrauner Farbe direkt auf den Fels aufgetragen wurden. Besonders vom 10. Jh. an finden sich aber auch polychrome Darstellungen von Szenen aus dem Neuen Testament und Heiligenbilder, die in Blau, Rot, Grün und Weiß auf Putz aufgetragen wurden.

Besonders beeindruckend sind die Elmalı Kılıse („Kirche mit dem Apfel"), unter deren z. T. abgeblätterten Fresken rote Ornamente aus einer früheren Epoche zum Vorschein kommen, die Yılanlı Kılıse („Kirche mit der Schlange") mit ihrer berühmten Darstellung des heiligen Georg, der von seinem Pferd aus den Drachen durchbohrt, und die Karanlık Kılıse („Dunkelheitskirche"), deren Fresken noch frisch und leuchtend sind, da kaum Sonnenlicht eindringt.

Vom 14. Jahrhundert an schmolzen die Christengemeinden in Kappadokien immer stärker zusammen, obwohl die regierenden Türken sie religiös tolerierten. Im Jahr 1922 nahmen sechzehn Jahrhunderte Christentum mit der Vertreibung der griechischen Minderheit aus der Türkei ihr Ende.

Die Kegel werden von der ortsansässigen Bevölkerung immer noch genutzt, und so erhalten Reisende eine Vorstellung davon, wie es ist, wenn man in einem „Wolkenland in Grün und Gelb und sanften Schattierungen, das ganz aus buntem Fels besteht" lebt, wie es der englische Reisende W. J. Childs zu Beginn unseres Jahrhunderts formulierte.

In der St.-Barbara-Kirche (rechts unten) *sieht man, wie kunstvoll die kappadokischen Steinmetze Säulen aus dem gewachsenen Fels schlugen. Einfache geometrische Muster in Rostbraun verzieren Säulen, Bögen und Wände.*

Das „Freilichtmuseum" von Göreme enthält einige schöne in den Fels gehauene Kirchen und Mönchsbehausungen. Die Fassade der Karanlık Kılıse („Dunkelheitskirche") (rechte Seite) *ist eingestürzt, wodurch Einblick in zwei Stockwerke mit Schlaf- und Speisesaal gewährt wird.*

Der französische Forschungsreisende Paul Lucas kam Anfang des 18. Jh. nach Kappadokien. Seinem Bericht, der diesen Stich bewohnter Kegel enthält (oben), *wurde in Frankreich weithin mißtraut. Lucas nahm an, die Felsgebilde seien künstlich geschaffen worden.*

Der Ganges

„Und wenn nur der Knochen eines Menschen das Wasser des Ganges berührt, so wird dieser Mensch in Ehre im Himmel leben."

Aus dem altindischen Epos *Mahabharata*

Aus dem „Kuhmaul", einer Eishöhle im Himalaya, sprudelt das Wasser des Ganges ans Tageslicht. Der in seinem Oberlauf Bhagirati genannte heiligste Fluß Indiens stürzt durch eine Schlucht in den wunderschönen Garwhal-Bergen, vorbei an Kiefern und scharlachroten Rhododendren, hinunter zur Stadt Devprayag, wo er sich strudelnd am Fuß hoher Felsklippen mit dem Alaknanda zum eigentlichen Ganges vereint. Von da an fließt er, ruhiger geworden, fast unentwegt nach Osten, bis er sich schließlich über seine vielen Mündungen in den Golf von Bengalen ergießt.

Der Ganges gehört mit seinen 2700 km nicht zu den längsten Flüssen der Erde, der Nil und der Amazonas sind z.B. mehr als doppelt so lang, doch kein Fluß erfährt größere Verehrung: nur Mekka zieht mehr Pilger an. Die Kranken werden zu seinen Ufern getragen, die Sterbenden in seine Wasser getaucht, die Asche der Toten, und manchmal die Leichen, werden ihm anvertraut. Die vielen Hindus, die zu ihm kommen, glauben an verschiedene Götter, doch welchem Gott ein Pilger auch huldigt, er ist fest überzeugt, daß der Ganges all seine Sünden wegwaschen wird.

Ganga, die Leichtfüßige

Dieser heilige Fluß wirkte über die Grenzen von Indien hinweg. Er wird von Dichtern wie Virgil, Ovid und Dante erwähnt, und Alexander der Große scheint ihn für die Grenze des Universums gehalten zu haben. Der englische Schriftsteller Sir John Mandeville, dessen Reisewerk bis 1400 in alle großen europäischen Sprachen übersetzt worden waren, sagte, der Ganges entspringe im Paradies und habe Gold in seinen Kieseln. In der indischen Mythologie ist er die Fortsetzung der Milchstraße auf Erden.

Für die Hindus ist der Ganges identisch mit Ganga, der „Leichtfüßigen", der Göttin der Reinigung. Der Legende nach wurden König Sagaras 60000 Söhne als Strafe für ihre Überheblichkeit durch den Zornesblick eines Weisen zu Asche verbrannt. Als Bhagirati, ein späterer König, für ihre Verfehlung hoch droben im Himalaya Buße tat, sandte der Gott Shiva Ganga auf die Erde, damit sie mit ihren Wassern die Asche reinige. Um die Erde vor Gangas Aufprall zu schützen, fing Shiva sie in seinem Haar auf und ließ sie durch seine verfilzten Locken in die Fußstapfen Bhagiratis fließen – aus den Bergen durch das Hügelland und dann ostwärts bis zur Insel Sagar in

Der Ganges, Indiens heiligster Fluß, strömt über 2700 km vom Himalaya zum Golf von Bengalen. Die Stadt Benares (Varanasi) (oben) *ist für ihre Ghats berühmt, Steinstufen, von denen aus die Pilger zum Baden in den Fluß steigen.*

„Kein Bazillus mit etwas Selbstachtung würde darin leben wollen", witzelte der amerikanische Schriftsteller Mark Twain. In Wirklichkeit aber trinken in Benares z. B. zahllose Menschen aus dem Ganges, oft sogar in der Nähe von Abwasserrohren, und es scheint ihnen nichts auszumachen.

der heutigen Gangesmündung. Hier reinigte die Göttin die Asche der Söhne Sagaras, und sie gingen ins Paradies ein.

Die Vorstellung von der reinigenden Kraft des Ganges entspringt teilweise seiner kühlenden Wirkung.

Viele Hindu-Bräuche gehen auf die Gleichsetzung von Kraft und Hitze zurück, derzufolge Kühlung andere Kräfte aufheben kann, z. B. die Kraft böser Geister. Außerdem sagt man, das Gangeswasser bleibe frischer als das anderer indischer Flüsse.

Für die Lebenden und die Toten

Alle 12 Jahre, wenn Jupiter ins Haus des Wassermanns tritt, wird in der Stadt Hardwar im Himalayavorland, einem der heiligsten Orte am Ganges, ein großes Kumbh-Mela-Fest veranstaltet. 1986 kamen dazu vier Millionen Pilger. Und jedes Jahr im Frühling strömen mehr als 100000 zur Feier von Gangas Geburtstag hier zusammen. Die Pilger lassen Laubschiffchen schwimmen, auf die sie in *Ghee* (Butterfett) getränkte Blütenblätter von Ringelblumen legen und anzünden: lange nach Einbruch der Dunkelheit kann man die winzigen Flämmchen noch den Fluß hinunterschaukeln sehen.

Die heiligste Stadt am Ganges ist aber wohl Benares. Alte und kranke Pilger hoffen hier zu sterben, denn hier kann der Fluß die Seele so reinigen, daß sie für immer von dem Kreislauf der Wiedergeburt erlöst ist. Hier befinden sich die berühmten Ghats, 6 km lange Steinstufen, die zu den Badeplätzen hinabführen.

Am Manikarnika-Ghat werden die Toten, je nach Reichtum, auf Scheiterhaufen aus Sandel- oder Neemholz verbrannt. Die ganz Armen beschweren ihre Toten mit Steinen und versenken sie im Fluß. Tag und Nacht hüten Männer einer bestimmten Kaste die Feuer. Für gläubige Hindus ist der Anblick verwesender Leichen nichts Abstoßendes, denn sie wissen, daß Ganga die lieben Verstorbenen auf ihren Armen zur Insel Sagar trägt, wo sie mit den Söhnen Sagaras ins Paradies eingehen werden.

In Hardwar (unten) *säumen Pilger beim Kumbh-Mela-Fest, das alle 12 Jahre stattfindet, die Ufer des Ganges. 1986 kamen 4 Millionen hier zusammen, um sich in den heiligen Wassern zu waschen.*

Bei den Felsklippen von Devprayag (oben) vereinigen sich Bhagirati und Alaknanda zum eigentlichen Ganges. An den Ghats sind hier stabile Ketten angebracht, an denen sich die Pilger festhalten können, während sie sich im reißenden Wasser waschen.

Der Ganges entspringt am Rand des Himalaya. Die einsame Ruhe an seinem Oberlauf (rechts) *steht in scharfem Kontrast zum lebhaften Treiben an seinen Ufern in den Städten, die er auf seinem Weg nach Osten durchfließt. Sittiche, Wiedehopfe, Drongas und natürlich auch Aasgeier bevölkern die Ufer.*

Der Haleakala-Krater

„Der Haleakala hat in seiner Schönheit eine wundersame Botschaft für die menschliche Seele, die nicht von einem dritten übermittelt werden kann.“

Der amerikanische Autor und Abenteurer Jack London, der den Krater 1907 besuchte.

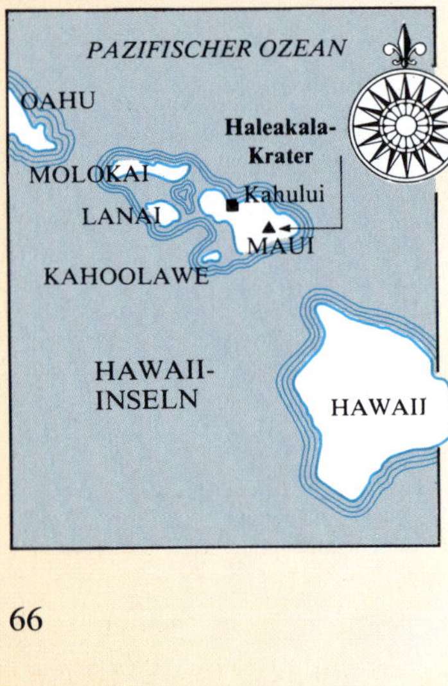

„Eine zunehmende Wärme übergoß den Horizont, und wenig später tauchte die Sonne auf und lugte über die Wolkenlandschaft, wobei sie Strahlen rötlichen Lichts über erglühende Falten und Wellenkämme warf ...“ Als Mark Twain (1835 – 1910) Zeuge dieses Sonnenaufgangs wurde, stand er in 3055 m Höhe auf dem Rand des Haleakala, des riesigen Vulkankraters auf Maui, der diese zweitgrößte Hawaii-Insel beherrscht. Der 31jährige Schriftsteller hatte zwei Tage gebraucht, um das, was der Entdecker James Cook 1778 lapidar als „ein höherer Berg, ... dessen Gipfel über den Wolken lag“ abgetan hatte, zu besteigen.

Twain und seine Begleiter erreichten den Gipfel bei Anbruch der Nacht, machten ein Feuer und erwarteten den Sonnenaufgang. Als die Sonne schließlich hervorbrach und die Wolken gleichsam entzündete, war es für Twain „das erhabenste Schauspiel, das ich je gesehen habe, und das ich wohl nie vergessen werde“.

Das Haus der Sonne

Die Sonne über dem Haleakala (polynesisch „Haus der Sonne“) aufgehen zu sehen ist eine Urerfahrung, die in der heimischen Mythologie mit dem erfindungsreichen Gott Maui verbunden wird. Der Sage nach gab es eine Zeit, wo die Insel nur wenige Stunden Tageslicht bekam, weil die Sonne über den Himmel raste, um sich gleich wieder schlafen legen zu können. Deshalb wurde das Tapa-Tuch nicht trocken, das Mauis Mutter Hina aus geklopfter Baumrinde gemacht hatte.

Heute ist der Haleakala ein Nationalpark. Sein letzter Ausbruch war 1790, aber der 48 km^2 große Krater, in dem ganz Manhatten Platz fände, ist noch nicht erloschen. Die Straße hinauf schlängelt sich friedlich durch Eukalyptushaine und grüne Auen. An klaren Tagen hat man einen Blick über die Zuckerrohrfelder und die inselübersäte See bis zu den Bergen der etwa 130 km entfernten Insel Hawaii.

Oben angekommen, ist man überrascht, keinen Gipfel vorzufinden, sondern ein riesiges Kraterloch, dessen steil abbrechende Wände eine einzigartige Landschaft umschließen.

Der Blick von Kalahuku (Red Hill Overlook) an der Westseite des Kraters in den 900 m tiefen Schlund ist atemberaubend. Manchmal, besonders in den frühen Morgenstunden, ist das große Bassin mit Wolkenstrudeln gefüllt, die durch die riesigen Brüche in

Haleakala, der Riesenkrater auf der Hawaii-Insel Maui, ragt über ein sonnvergoldetes Wolkenmeer. Einer polynesischen Sage zufolge fesselte der Gott Maui die Sonne, als ihre Strahlen über den Kraterrand kamen, und ließ sie erst wieder frei, als sie versprach, langsamer über den Himmel zu wandern.
Die Vulkanlandschaft im Krater ist von gewaltigen Schlackenkegeln durchsetzt (ganz rechts). *Juwelengleich wächst hier der seltene Silberschwertfarn* (rechts).

Der Haleakala-Krater

Der amerikanische Schriftsteller Mark Twain (unten) *kam 1866 nach Hawaii und bestieg den Haleakala, um den Sonnenaufgang zu beobachten. In einem Stich (links) aus seinem Buch* Durch Dick und Dünn *sieht man, wie er und seine Begleiter vom Rand Felsbrocken in den Krater stoßen und beim Hinunterpurzeln beobachten. Er schreibt: „Es war ein herrlicher Spaß, den wir bis zur Erschöpfung trieben.“*

„Wir starrten in einen Ort des Feuers und der Erdbeben. Das Gerüst der Erde lag nackt vor uns.“ Der amerikanische Schriftsteller und Abenteurer Jack London besuchte den Haleakala 1907. Seine Beschreibung beschwört die Urgewalt des Kraters, dessen Form und Größe aus der Karte (rechts) *hervorgeht.*
Auf der Karte sieht man die beiden riesigen Erosionsbrüche Koolau und Kaupo in der Kraterwand, in denen weiße Wolkenschwaden herumwirbeln.

der Nordwest- und Südostwand des Kraters wirbeln.

Sobald die weißen Dunstschichten sich in der Hitze des Tages auflösen, erscheint der Grund des Haleakala in seiner ganzen Pracht: das „Haus der Sonne“ sieht aus wie eine Mondlandschaft. Die von schwarzen Lavaströmen durchzogene Komposition aus Aschgrau, Rostbraun, Ziegelrot und Purpur erstreckt sich über etliche Kilometer. Aus Asche und Staub des Kraterbodens erheben sich symmetrische, kegelförmige Hügel, die bis zu 300 m hoch sein können.

Kreuz und quer durch den Krater laufen 50 km Wege, die den Wanderer auch an einfachen Hütten zum Übernachten vorbeiführen. Auf dem „Sliding Sands Trail“ steigt man von Westen über schütteren Aschen- und Schlackenboden in den Krater hinab. Mit jedem Schritt erheben sich die Kraterwände drohender über einem. Unten ragen ziegelrote oder lehmfarbene Kegel wie Miniaturvulkane aus dem öden Gelände, in dem nichts als das Knirschen des schwarzen Sands unter den Füßen zu hören ist. Nach einer Weile kommt man zu „Pele’s Paint Pot“, einem grau, rot und purpur gefärbten Kegel, der nach der polynesischen Feuergöttin benannt ist.

Glanzpunkt einer solchen Wanderung ist das Entdecken eines Silberschwertfarns, einer nur auf Hawaii oder gar im Haleakala vorkommenden Pflanze. Wie versprengte Sterne funkeln diese leuchtenden Stackelkugeln aus ihrem Universum aus schwarzem Staub. Nach mehreren Jahren treibt der Stock einen kräftigen Stengel mit rötlichen Blüten, der bis zu 3 m hoch werden kann. Nach der Blüte geht die Pflanze ein. Das Silberschwert steht jetzt unter Naturschutz, denn Souvenirjäger und hungrige Ziegen hatten den Bestand schon stark dezimiert.

Für die Hawaiier war der Haleakala schon immer ein besonderer Ort. Früher legten sie in Blätter gewickelte Speisen als Opfergaben in den Krater. Es gibt auch Hinweise darauf, daß der Krater als Grabstätte für Häuptlinge diente.

Was den Krater für den heutigen Besucher so unvergeßlich macht, sind seine dunklen Felswände, die wabernden Wolkengebilde und seine Abgeschiedenheit. Mark Twain war tief beeindruckt von seiner Erhabenheit und fühlte sich wie „der letzte Mensch, der beim Jüngsten Gericht übersehen wurde und als vergessenes Relikt einer verschwundenen Welt in halber Himmelshöhe zurückblieb.“

Den Haleakala besuchte im 19. Jh. auch eine Gruppe von Geistlichen (ganz unten), *die in warmer Kleidung und mit Flinten bewaffnet Jagd auf wilde Ziegen machten. Die unerschrockene Isabella Bird* (unten) *stieg 1873 auf den Haleakala und war wie Jack London ergriffen von seiner Urgewalt: „War er nun Gott näher“, fragt sie, „so weit weg von den Menschen und ihrem nichtigen Treiben?“*

Shenandoah Valley

„Dem Gelobten Land an Fruchtbarkeit gleich, doch an Schönheit ihm weit überlegen.“

Der amerikanische Schriftsteller Washington Irving (1783 – 1859)

Der Fluß, dem die Indianer den Namen Shenandoah („Tochter der Sterne“) gaben, zählt nicht zu den größten der Erde, doch sein Tal ist von besonderer Schönheit und ein bewegter Schauplatz der Geschichte der Vereinigten Staaten.

Das zum großen Appalachental gehörende Shenandoah-Tal ist 240 km lang, wird im Westen durch die Allegheny und Shenandoah Mountains und im Osten durch die Blue Ridge Mountains begrenzt und verläuft entlang der Westgrenze von Virginia. Der Shenandoah besteht eigentlich aus zwei Flüssen, North Fork und South Fork, die am Nordostrand des Tales entlangfließen und zwischen sich den kanuförmigen Bergrücken des Massanutten einschließen. Bei Front Royal vereinigen sie sich und strömen weiter als ein Fluß, der dann bei Harpers Ferry in den Potomac mündet.

Von einer forthin Jefferson's Rock genannten Felsklippe blickte Thomas Jefferson, der spätere Präsident der Vereinigten Staaten, zum Zusammenfluß der beiden Wasserläufe. Er befand den Anblick zerklüfteter Felsen, Hügel und dahineilender Wasser einer „Reise über den Atlantik wert“.

Der Blick hat sich kaum verändert. Weiter südlich hat man von den nebeligen Höhen des Blue Ridge atemberaubende Sicht auf den sich durch das manchmal Luray oder Page Valley genannte Tal windenden South Fork. Südlich von Front Royal, wo die Bäume des George Washington National Forest bis ans Wasser reichen, bietet sich eine idyllische Flußlandschaft. Doch wird der North Fork, der sich nach Fort Royal hineinschlängelt, üblicherweise als *der* Shenandoah angesehen, der schon in einem berühmten Seemannslied als „rolling river“ besungen wurde.

Siedler und Gewehrschüsse

Vor Ankunft der weißen Siedler verlief ein Pfad der Tuscarora- und Shawnee-Indianer, der Valley Pike, inzwischen eine Autobahn, auf dem Talgrund. 1716 führte der Gouverneur von Virginia, Alexander Spotswood, auch in der Hoffnung, sein eigenes Glück zu machen, eine Gruppe von Abenteurern nach Westen. Vom Kamm des Blue Ridge aus erblickten sie den Shenandoah und stießen mit Wein auf ihren Erfolg an.

Das war der Beginn der Eroberung des Hinterlands von Virginia jenseits der Berge. In der Folge ließen sich weiße Siedler, allen voran Schotten, Iren und Pennsylvaniadeutsche, hier nieder, letztere schon ab 1727. Die Deut-

Bei Harpers Ferry, West Virginia, vereinigen sich Shenandoah und Potomac (oben). *Von einer nahegelegenen Anhöhe blickte Thomas Jefferson auf den Zusammenfluß der beiden Wasserläufe und befand, was er sah, einer „Reise über den Atlantik wert“.*

Die erlesene Schönheit des Tals spiegelt sich in seinem Namen: in der Sprache der Indianer heißt Shenandoah „Tochter der Sterne“. Während des Bürgerkriegs wurde das Tal verwüstet, doch heute strahlen seine Auen und Obsthaine wieder eine Atmosphäre zeitloser Ruhe aus.

Philip Sheridan

Stonewall Jackson

schen waren besonders gute Farmer, und unter ihren Händen verwandelte sich das fruchtbare Land bald in Obstgärten, Weiden und Getreidefelder.

Doch die Ruhe des Tals wurde 1862 durch Gewehrschüsse und marschierende Soldaten gestört: der Bürgerkrieg war ausgebrochen. Fortan sollte das Tal mit den Namen zweier Generäle in Verbindung gebracht werden: Philip Sheridan aus dem Norden und dem legendären Stonewall Jackson aus dem Süden.

Verwüstung und Wiederaufbau

Für die Konföderierten war das Tal der „Brotkorb“, lebenswichtige Quelle von Weizen, Vieh, Obst und Gemüse. Es war auch strategisch wichtig, da es Truppen, die nach Norden oder Süden zogen, natürlichen Schutz bot. Im Frühjahr 1862 erlangte Stonewall Jackson hier durch seine „Valley Campaign“ unsterblichen Ruhm, als er und seine schnelle „Fußkavallerie“ die Unionstruppen vernichtend schlugen.

Zwei Jahre später hallte das Tal erneut von Gewehrschüssen wider, doch diesmal sollten die Südstaatler geschlagen und das Tal verwüstet werden. Im Frühjahr 1864 wurden die Unionstruppen dank des heldenhaften Einsatzes jugendlicher Kadetten aus der Militär-

Im Shenandoah-Tal tobten im Bürgerkrieg heftige Schlachten. 1862 erwarb sich der Konföderiertengeneral Stonewall Jackson großen Ruhm durch seine „Valley Campaign“, in der er und seine Truppen, die wegen ihrer Schnelligkeit den Spitznamen „Fußkavallerie“ hatten, der Union fünf Niederlagen in rascher Folge beibrachten: bei McDowell, Front Royal, Winchester, Cross Keys und Port Republic. Doch 1864 verwüstete der Nordstaatengeneral Philip Sheridan das Tal, das der „Brotkorb“ des Südens war, und errang einen entscheidenden Sieg bei Cedar Creek. Der Stich (links) *macht das Chaos deutlich, das ein von George Armstrong Custer befehligter Unionsstoßtrupp anrichtete.*

schule von South Virginia bei New Market geschlagen. Doch noch in demselben Jahr legten Philip Sheridan und seine Mannen das Tal in Schutt und Asche und errangen bei Cedar Creek einen entscheidenden Sieg. Die Unionstruppen verbrannten rücksichtslos Saaten, Mühlen, Kornspeicher, Farmen und Häuser, so daß „eine Krähe, die das Gebiet überfliegen wollte, ihren Proviant mitbringen mußte".

Die 130 km zwischen Harpers Ferry und New Market wurden von Farmern als „wüstengleich" beschrieben. „Wir hatten weder Vieh, noch Schweine, noch Schafe, noch Pferde. ... Die Scheunen waren alle niedergebrannt. Kamine standen ohne Haus und Häuser ohne Dach, Türen und Fenster."

Die Überlebenden des Krieges müssen geglaubt haben, daß das Tal sich nie mehr erholen würde. Doch wie bei den Schlachtfeldern Nordfrankreichs nach dem 2. Weltkrieg konnten die Heilkräfte der Natur, gekoppelt mit harter menschlicher Arbeit und Ausdauer, mit der Zeit eine neue Landschaft erstehen lassen. Heute gibt es wieder üppige Weinfelder, Weiden und Obstgärten, gesäumt von den Wäldern und Wiesenflächen des Shenandoah-Nationalparks. Es ist eine Gegend für Naturfreunde und Geschichtsinteressierte, die auf den Spuren des Bürgerkriegs wandeln. Vergangenheit und Gegenwart fließen hier zusammen, und wenn das Licht eines Wintertags auf die silbernen Windungen der „Tochter der Sterne" fällt, hat man das Gefühl völliger Zeitlosigkeit.

Das Schlachtfeld bei New Market (unten) *war Schauplatz eines aufwühlenden Siegs der Südstaaten über eine überlegene Unionsstreitmacht. In einem entscheidenden Augenblick wurde eine Bresche in die Reihen der Konföderierten geschlagen, und der Untergang schien nahe. Da befahl General John C. Breckinridge junge Kadetten von der Militärschule von Virginia nach vorne: „Stopft die Jungen hinein, und Gott möge mir diesen Befehl vergeben."*
Die Kadetten stürmten unter heftigem Feindbeschuß vor, schlossen die Bresche und ebneten so den Weg für einen Sieg der Konföderierten.

Der Himalaya

„Der Anblick des Schnees tilgt die Sünden der Welt."

Hindu-Sprichwort

„Die Sonne hatte aus einem endlos blauen Himmel niedergebrannt, und das Meer von Schneegipfeln stand scharf in die kristallklare Luft geschnitten ... Unverdorben, unberührbar. Zum Himmel aufstrebend, von vollendeter Schönheit." Die Worte des britischen Bergsteigers Joe Simpson beschwören die Pracht und Reinheit, die den Himalaya („die Wohnstatt des Schnees") zu einer der majestätischsten Landschaften der Erde machen. Wer die Himalayaregion betritt, gelangt in eine Welt des Gigantischen, wo Bergkolosse wie Everest, Nanga Parbat oder Kangchendzönga in den Himmel ragen.

Die Gegend ist von Religion und Mythologie getränkt, denn für Hindus und Buddhisten ist sie die Wohnstatt der Götter. Diese Berge waren die großen Barrieren vor den legendären, an der Seidenstraße gelegenen Städten Samarkand, Bukhara, Kashgar und Kotan, und heute noch beschwört der Himalaya das Bild einer verlorenen, vom menschlichen Fortschritt unberührten Welt herauf, der Heimat des Yeti, dieses gespenstischen Schneemenschen, der fern und tief im Himalaya hausen soll.

Nirgendwo auf der Erde gibt es noch Berge wie die im Herzen Asiens. In einem langen Bogen fließen oberhalb des indischen Subkontinents sechs große Gebirgsketten zusammen. Die größte davon ist der Himalaya, der sich von der kalten, weißen Pyramide des Namche Barwa in den nördlichen Wäldern von Assam über den Rand des Hochlands von Tibet durch Bhutan, Sikkim, Nepal und Ladakh bis zu seinem triumphalen Westpfeiler, dem Nanga Parbat, zieht.

Der Himalaya besteht eigentlich aus drei fast parallelen Gebirgsketten, deren höchste der Große Himalaya mit den Bergriesen des Everest und Kangchendzönga ist. Doch auch Gebirgszüge wie Gandise Shan oder Kailas werden noch dem Himalaya zugeordnet.

Das Land der Götter

Die Namen der Berge zeigen, wie ehrfürchtig ihnen die Menschen von Anfang an gegenübertraten: Tschomolhari, „Göttin des Heiligen Bergs"; Nanda Devi, „die Göttin Nanda"; Annapurna, „die Göttin der Nahrung". Auch

Der Himalaya (Sanskrit für „Wohnstatt der Götter") erstreckt sich über 2400 km zwischen Brahmaputra und Indus. Das Annapurnamassiv, von dem hier (rechts) *ein Ausschnitt zu sehen ist, trägt den Namen einer Göttin, was die Verehrung durch Hindus und Buddhisten deutlich macht.*

der Everest, den die Briten nach dem Leiter der Vermessung Indiens benannten, hat einen tibetischen Namen: Tschomolungma, „Göttinmutter der Berge".

Denn gemäß den ältesten Schriften der Hindus liegt hier Devabhumi, das Land der Götter. Hier, auf dem Gaurishankar, lebten Shankar und seine Frau Gauri, die besser als der große Gott Shiva und seine Gemahlin Durga oder Mahadevi bekannt sind. Shiva,

Sind dies Spuren des Schneemenschen, des unmöglich zu fassenden Yeti, der auf den Hängen des Himalaya hausen soll? Bei der Fährte (links) *könnte es sich um die im schmelzenden Schnee vergrößerten Fußspuren einer Bergziege handeln, doch wie soll man den isolierten Abdruck* (rechts) *erklären? Das Bild wurde 1951 von Eric Shipton aufgenommen und ist immer noch der beste Beweis für die Existenz des Wesens, das die Tibeter den „Dämon des Schnees" nennen. Der britische Bergsteiger Don Whillans sah angeblich im Mondschein eine Gestalt, die sich wie ein Affe über den Schnee bewegte. Und einige Sherpa tragen immer ein spezielles „Yeti-Holz" bei sich, dessen Geruch dem Yeti angeblich unerträglich ist.*

einer der obersten drei Götter des Hinduismus, ist in der frühen Hindumythologie der Gott des Ackerbaus, der im Himalaya wohnt, in dem die großen lebenspendenden Ströme Indiens, Indus, Brahmaputra und Ganges, entspringen.

Der Berg Meru

Shiva und seine Gemahlin waren nicht die einzigen im Himalaya lebenden Gottheiten. Gemäß buddhistischer und hinduistischer Mythologie war der Berg Meru der Mittelpunkt der Welt. Auf ihm wohnten die Götter, und Sonne, Mond und Sterne umkreisten ihn. Die Hindus sahen den Meru im tibetischen Berg Kailas oder Kailasa, auf dem angeblich Kubera, der König der Yaksas und Gott des Reichtums, lebte. Kubera war Herr der Erdschätze, und gemeinsam mit den Yaksas, überirdischen Bergwesen, beherrschte er die Fruchtbarkeit der Erde sowie die in ihr ruhenden Metalle.

Der Meru wurde auch mit Indra in Verbindung gebracht, dem Gott der Atmosphäre und obersten Gott des vedischen (althinduistischen) Pantheon. Die Pandarvas, die Kriegshelden, zogen sich nach gewonnener Schlacht, in der Götter und Menschen Seite an Seite kämpften, in Indras Himmel auf dem Berg zurück. Die Pandarvas werden heute kaum mehr verehrt, außer in Südindien, wo man manchmal fünf Steine, die die fünf Pandarva-Fürsten repräsentieren, zur Bewachung der Felder aufstellt. Im Himalaya werden aber noch viele Orte, an denen die Fürsten einmal waren, in Ehren gehalten.

Die Eroberung der Gipfel

Der Himalaya ist nicht nur der Himmel Indras, sondern auch das Paradies der Bergsteiger, die sich, besonders in unserem Jahrhundert, von den riesigen Gebirgsketten angezogen fühlen. 1852 wurde mit „Gipfel XV" der höchste Berg der Erde entdeckt. Die Inder nennen ihn Sagarmatha, „Gipfel des Himmels", im Westen heißt er „Mount Everest" und ist mit seinen 8848 m *die* Herausforderung für die Bergsteiger. Am 29. Mai 1953 wurde der Traum von seiner Eroberung Wirklichkeit: der Neuseeländer Edmund Hillary und Sherpa Tenzing Norgay bestiegen im Rahmen einer britischen Expedition den Gipfel.

Am Westrand des Himalaya stellt der Nanga Parbat, der fast unmittelbar vom Flußbett des Indus bis in 8125 m Höhe aufsteigt, die größte Herausforderung dar. Von seinem Felsgipfel brechen drei riesige Wände ab, darunter die Rupal-Flanke, die mit über 4500 m wahrscheinlich die höchste Felswand der Welt ist.

Nanga Parbat heißt im Sanskrit „nackter Berg", doch die Bewohner seiner Westhänge nennen ihn „Diamir", „König der Berge". Sein erster Anblick ist atemberaubend: Beim Anmarsch durch die bewaldeten Täler Kashmirs mit ihren steilen Hängen und Wasserfällen weitet sich ganz plötzlich das Gesichtsfeld, und dieser Bergkoloß mit seinen strahlenden Eisfeldern ragt vor einem bis in den Himmel.

Feen und Yetis

Der Berg ist aber für seine Böswilligkeit berüchtigt. In weniger als 100 Jahren forderte er 36 Todesopfer, darunter 17 erfahrene Sherpa. Diese Böswilligkeit findet sich schon in einem Kafir-Märchen aus der Gegend beschrieben. Es erzählt, wie ein Mann, der sich in den Bergen verlaufen hatte, zu einem Palast der Feen vom Nanga Parbat gerät.

Der Palast war aus gleißendem Kristall und

von einem Garten umgeben. In der Mitte stand ein Baum, von dessen Zweigen Perlen hingen. Der Mann pflückte sie und machte sich wieder auf den Weg, als er bemerkte, daß Schlangen ihn verfolgten. Zu Tode erschrokken, ließ er die Perlen fallen und gelangte auch sicher nach Hause, doch vier Tage später war er tot. Die Feen vergeben nämlich keinem, der ihre Geheimnisse lüftet.

Ein anderes gut gehütetes Geheimnis des Himalaya ist das des Yeti, der tief in seinem Inneren hausen soll. Bisher gibt es noch keine verläßliche Fotografie von ihm, obwohl viele ihn selbst oder zumindest seine Fußstapfen schon gesehen haben wollen.

In den 50er Jahren erließ die Regierung von Nepal sogar ein Gesetz, das das Töten oder Verschleppen von Yetis unter Strafe stellt. Bisher ist es noch niemandem gelungen, dagegen zu verstoßen. Möglicherweise ist der Yeti

Sagarmatha, „Gipfel des Himmels", nennen die Inder den höchsten Berg der Erde. Der Gipfel des Everest (8848 m), links im Bild, wurde 1953 von Edmund Hillary und Tenzing Norgay erstmals bestiegen. Oder waren George Mallory und Andrew Irvine, die 1924 auf dem Everest verschwanden, schon vor ihnen da?

nur ein böser Geist, wie die Tibeter glauben, die ihn „Dämon des Schnees“ nennen.

Die großen Berge geben ihre Geheimnisse nicht preis. Sie erheben ihre eisbekrönten Häupter in den Himmel und hüten eine prachtvolle, göttliche Welt, über die ein alter Hindu-Text sagt: „Wie der Tau vor der Sonne, so schwindet alles Niedrige im Angesicht der ewig reinen Wohnstatt des Schnees.“

Überall im Himalaya finden sich Zeichen der Frömmigkeit, wie diese Gebetsfahnen (rechts) *in Nepal. Am Horizont die schneebedeckten Berge.*

Der Berg Meru oder Kailas, die Wohnstatt der Götter, wird hier (unten) *mit Shiva, Parvati und ihren Kindern dargestellt. Parvati, die „Tochter des Berges“, auch „Mahadevi“ genannt, ist das Kind Himavats, der Personifizierung des Himalaya.*

Heilige Stätten

„Dornige Blumen schießen in seinen Palästen auf,
Unkraut und Dornengestrüpp in seinen Kastellen.
Für Schakale wird es ein Wohnsitz,
ein Gehege für Strauße."

Isaias 34, 13

„Die Erde verbirgt nichts,
was die Zeit nicht ans Tageslicht brächte."

Horaz (65 – 8 v. Chr.)

In der Steinzeit verspürten die Menschen erstmals den Drang, ihre Welt bildlich darzustellen. Als Leinwand wählten sie die Wände von Höhlen – wunderbare, von der Natur geformte Galerien. Ähnlich eindrucksvolle Umgebung hat im folgenden Jahrtausend Künstler und Visionäre immer wieder angeregt und inspiriert. So wurde das griechische Apolloheiligtum von Delphi, Sitz des Orakels, am Fuß mächtiger Felsen erbaut mit Blick auf ein schimmerndes Meer von Olivenhainen bis hin zum Golf von Korinth; und die vorgeschichtlichen Bewohner Nordamerikas legten ihren geheiligten Schlangen-Mound auf einer über einem Flußtal gelegenen Anhöhe an. Die natürliche Schönheit der Landschaft ist Bestandteil der Aura von Stonehenge, diesem Steinkreis in der Ebene von Salisbury in Südengland; der Schiffsgräber, die man in abgelegenen Hainen auf der schwedischen Insel Gotland fand; oder von Petra, der einstmaligen Nabatäerstadt, die mitten in der jordanischen Wüste aus rosa Sandstein herausgeschlagen wurde.

All diese Stätten verdanken ihre Schönheit und ihren Zauber dem Zusammenspiel von Natur und Menschenwerk, und sie sind beseelt von einem *spiritus loci,* dem Geist des Ortes. Allein sie zu sehen ist ein erhebendes Erlebnis.

Altamira

„Papa, mira toros pintados!“ („Papa, schau, gemalte Stiere!“)

Maria de Sautuola 1879, als sie den Bison von Altamira entdeckte

Im heißen Sommer von 1879 suchte Don Marcelino Sanz de Sautuola, ein spanischer Adeliger und Amateurarchäologe, in der unter dem Namen Altamira bekannten Höhle in Nordspanien nach prähistorischen Überresten. Ein Jäger hatte die Höhle zufällig 1868 entdeckt, und Sautuola hatte sie sieben Jahre später aufgesucht und interessante Feuersteine und Tierknochen gefunden.

Aber diesmal sollte er in Begleitung seiner 12jährigen Tochter Maria etwas so Außergewöhnliches entdecken, daß die Experten erst 20 Jahre später die Echtheit des Fundes anerkannten. Als er am Eingang der Höhle vor sich hin grub, hörte er einen Ruf aus der Dunkelheit: Maria war in die Höhle hineingegangen und wollte, daß er sich die „toros“ ansehen komme.

Sautuola eilte hinein und fand seine Tochter in einer Nische, die so niedrig war, daß er sich vornüberbeugen mußte. Dann sah auch er im flackernden Licht der Laterne zu seinem Erstaunen einen gemalten Bison über sich an der Höhlendecke. Und je länger er den seltsamen, welligen Felsbaldachin betrachtete, um so mehr kamen rot, braun, gelb und schwarz gefärbte Tiere zum Vorschein.

Ein Kunstwerk aus der Steinzeit

Sautuola hatte ausdrucksvolle Farbgemälde vor sich, die Steinzeitkünstler etwa 13000 Jahre vorher angefertigt hatten. Aber als Sautuola mit seiner Entdeckung an die Öffentlichkeit ging, bezweifelten die meisten Wissenschaftler, daß sie Tausende von Jahren alt seien. Man hatte dergleichen noch nie gesehen, und es schien kaum denkbar, daß Steinzeitmenschen etwas so Vollendetes geschaffen haben sollten. Erst als man zu Beginn dieses Jahrhunderts auch in Südwestfrankreich und den Pyrenäen weitere Höhlenmalereien entdeckte, änderten die Wissenschaftler ihre Meinung, und Altamira galt fortan als eine der wichtigsten Höhlen mit steinzeitlicher Bemalung.

Die Höhle von Altamira, eine steinzeitliche „Gemäldegalerie“, wurde zufällig 1868 entdeckt. Der Boden des Bildersaals (oben) *wurde später abgesenkt, damit man die schön gewellte Decke mit den Tierdarstellungen besser betrachten kann.*

Der mehrfarbige Bison (rechts) *ist eines der 25 an die Decke des Bildersaals gemalten Tiere. Die Farbe besteht aus natürlichen Pigmenten, z. B. Ocker. Der französische Gelehrte Abbé Breuil fertigte eine Kopie des Bisons an* (rechts oben).

Altamira

Don Marcelino Sanz de Sautuola (oben) *entdeckte 1879 mit seiner Tochter die Malereien von Altamira. Als Sautuola seine Entdeckung publik machte, schenkte man ihm in Fachkreisen keinen Glauben. Die Bedeutung von Altamira wurde erst zu Beginn dieses Jahrhunderts erfaßt, nachdem man auch in Südwestfrankreich und den Pyrenäen Höhlenmalereien gefunden hatte. Abbé Breuil, der hier* (unten) *im Eingang des Bildersaals steht, trieb die wissenschaftliche Untersuchung der Höhle voran.*

Die Höhle von Altamira, die in kleinen Gruppen besichtigt werden kann, schraubt sich auf einer Länge von 270 m in den Berg und läuft in einem niedrigen, engen „Schwanz" aus, den man nur auf allen Vieren kriechend betreten kann. Vom Eingang bis zum Ende sind zahllose Tierdarstellungen in die Wände geritzt oder darauf gemalt, besonders Bisons, Hirsche, Wildschweine, Steinböcke, und man sieht verschiedene rätselhafte Symbole und Handumrisse, die man erzielte, indem man durch ein Rohr Farbe um eine an die Wand gepreßte Hand blies.

Der Höhepunkt der Besichtigung ist jedoch der große Bildersaal gleich rechts hinter dem Eingang. Sein Boden wurde abgesenkt, damit man die Malereien in ihrer ganzen Schönheit bewundern kann. Auf der 18 m langen und 9 m breiten Decke tummeln sich 25 Tiere, meist Bisons, aber auch 3 Wildschweine, 3 Hirsche, 2 Pferde und 1 Wolf. Einige Wissenschaftler glauben, es handele sich hier um die Darstellung einer Bisonjagd.

Vielfach wurden ältere, schwarz-rote Bilder übermalt und als Bereicherung in die neue Komposition einbezogen. Unebenheiten des Gesteins machten sich die Künstler ebenfalls geschickt zunutze, um die Tiere plastisch herauszuarbeiten und ihnen große Kraft und Vitalität zu verleihen. Auch Felsrisse wurden in die Bilder integriert.

Die Farbe wurde aus natürlichen Pigmenten gewonnen, z. B. Ocker, Hämatit oder Mangan, woraus sich unterschiedliche Rot-, Braun- und Gelbtöne sowie Schwarz ergaben. Blau oder Grün scheinen die Künstler nicht gehabt zu haben. Die Pigmente wurden zu Pulver zerstoßen und mit einem Bindemittel, z. B. Tierfett, zu einer Paste verrührt. Diese trug man mit den Fingern und möglicherweise mit Pinseln aus Haaren, Moos oder Federn oder mit Stöcken auf die Wand auf.

Jagdzauber

Man nimmt heute an, daß die Höhlenmalerei eine wichtige, vielleicht rituelle oder zeremonielle Rolle im Leben der Steinzeitmenschen spielte. Der französische Forscher Abbé Breuil vertrat die Ansicht, daß die Tierdarstellungen ein Jagdzauber seien und daß die Tiere damit gebannt werden sollten. Dem widerspricht, daß Rentiere, ein wichtiges Nahrungsmittel der Steinzeitmenschen, kaum vorkommen.

Was die Malereien von Altamira für ihre Schöpfer auch bedeutet haben mögen, ihre betörende Schönheit, die auch Pablo Picasso beeindruckte, und ihr hohes Alter ziehen heute viele Besucher an. Ohne an Hypothesen und Theorien zu denken, kann man nachfühlen, warum Maria de Sautuola so verblüfft war, als sie plötzlich den Bison über ihren Kopf stürmen sah.

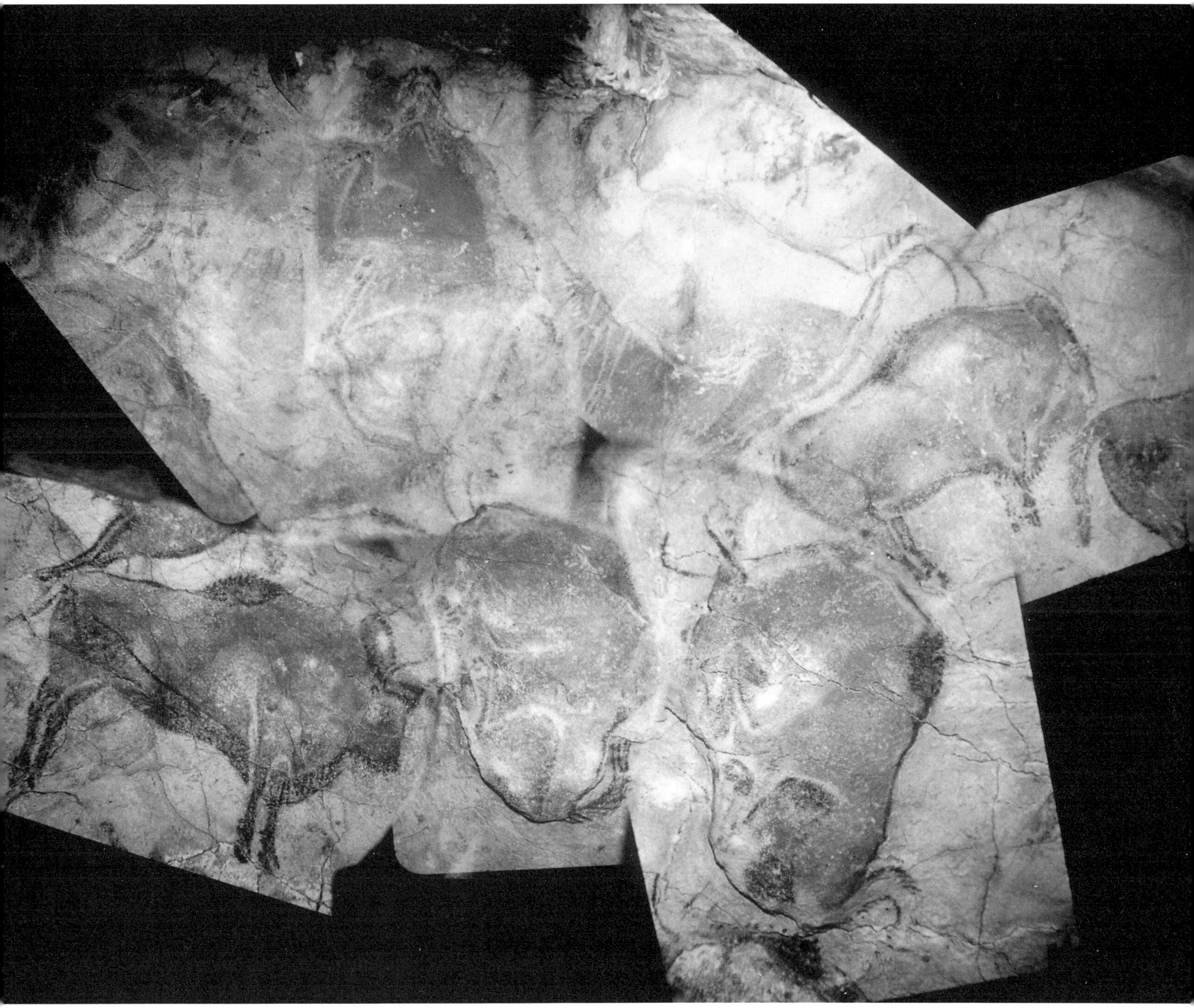

Wie elegant und gekonnt die Steinzeitkünstler arbeiteten, zeigt die Fotomontage (oben) *von Teilen der Decke des Bildersaals. Einige Wissenschaftler halten die Deckenbilder* (links) *für eine geschlossene Komposition, vielleicht die Darstellung einer Bisonjagd.*

Stonehenge

„In der Tat ein erstaunliches Monument."

Der englische Schriftsteller John Evelyn 1654 beim Anblick von Stonehenge

Dem einsamen, grauen Kreis aufrecht stehender Steine mitten in der Kreideebene von Salisbury gaben die Sachsen den Namen „Stonehenge" („Steingalgen"). Sein Ursprung liegt im Dunkel der Geschichte. Dieses rätselhafte Monument war für die Römer schon so alt wie für uns heute die römischen Überreste. Die Steine wurden vor etwa 4000 Jahren aufgestellt, doch hatte man die Örtlichkeit schon 1000 Jahre früher genutzt.

Stonehenge hat Archäologen, Schriftsteller, Künstler und Mystiker fasziniert und zieht Jahr für Jahr Tausende von Neugierigen an. Seine massigen, sorgfältig behauenen und verdübelten, aufrecht stehenden Trilithen ragen eindrucksvoll aus einer Landschaft, die mit Bauernhöfen und prähistorischen Hügelgräbern übersät ist. Die Steine beschwören Bilder von Menschenversammlungen, die zur Sommersonnwende den Sonnenaufgang erwarten, von Druiden in weißen Gewändern und von uralter Astronomie herauf.

Das erste schriftliche Zeugnis von Stonehenge findet sich bei Geoffrey of Monmouth (ca. 1100 – 1154 n. Chr.). Er bezeichnet sie als „Tanz der Riesen", was entweder „von Riesen erbauter Kreis" oder „Kreis aus Riesen" bedeuten kann. Denn in der volkstümlichen Überlieferung heißt es von vielen Steinkreisen, sie seien versteinerte Tänzer, und die großen Trilithen von Stonehenge erinnern in der Tat an tanzende Riesen, die sich an den Schultern fassen.

Die Entstehung von Stonehenge

Geoffrey erzählt, daß der Zauberer Merlin die Steine mit Hilfe von „Maschinen" aus Irland herbeigeschafft habe, um an einem Gemeinschaftsgrab von Britanniern ein Denkmal zu setzen. Daran könnte ein Fünkchen Wahrheit sein, denn von den beiden verwendeten Steinarten, Blausteinen und Sarsen, entstammen erstere dem Prescellygebirge in Südwestwales. Alle 80 Steine, die jeweils ungefähr vier Tonnen wogen, wurden vermutlich auf Rutschen und Rollen zur walisischen Küste befördert, auf Flößen bis in die Severnmündung geschifft und auf anderen Flüssen weiter landeinwärts, und das letzte Stück wiederum über Land gezogen. Dies war der übliche Handelsweg von und nach Irland, was die Geschichte

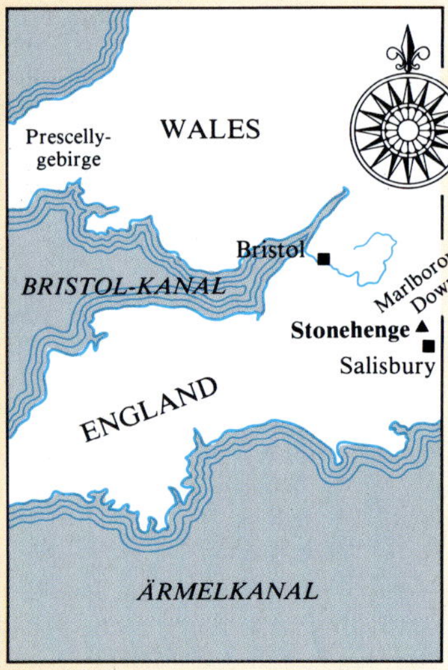

Gewitterwolken und Regenbogen unterstreichen eindrucksvoll den Nimbus von Stonehenge. Einsam und verlassen steht dieser uralte Steinkreis, der älter ist als die ägyptischen Pyramiden, in der Ebene von Salisbury, doch dies war nicht immer so: einst war er Mittelpunkt einer blühenden Gemeinschaft.

Der Zauberer Merlin schaffte die Steine von Stonehenge nach Aussage des mittelalterlichen Schriftstellers Geoffrey of Monmouth in die Ebene von Salisbury. Eine Handschrift aus dem 14. Jh. (links oben) *zeigt, wie er mühelos einen massigen Steinsturz zurechtrückt, wobei zwei Männer ihm erstaunt zusehen.*
Einer anderen volkstümlichen Überlieferung zufolge sollen die Steinkreise verwandelte Riesen sein. Diese Vorstellung mag dem Stich (links oben) *aus der 1660er Ausgabe von William Camdens* Britannia *zugrundeliegen, auf dem die Steine fast menschliche Züge haben.*

von der „irischen" Herkunft der Steine erklären könnte.

Heute nimmt man an, daß Stonehenge der Mittelpunkt eines riesigen Hügelgräberfriedhofs gewesen sei. Bei der Entstehungsgeschichte unterscheidet man drei Hauptperioden: Ungefähr 3100 v. Chr. wurden ein Graben und ein Erdwall angelegt, die einen Kreis von kleinen Gruben unbekannter Funktion, die „Aubrey-Löcher", umschlossen. Um das Jahr 2100 v. Chr. wurde ein unvollendet gebliebener Doppelkreis um das innere Zentrum angelegt. Etwa 100 Jahre später ordnete man die Blausteine anders an und schaffte Sarsenblöcke aus den ungefähr 30 km nördlich gelegenen Marlborough Downs heran.

Während der letzten Bauperiode lebte in der Ebene von Salisbury wahrscheinlich ein Volk mit bronzezeitlicher Kultur, das bis ins kontinentale Europa mit Bronzewerkzeugen und Goldschmuck handelte und seine Toten in Rundhügelgräbern bestattete.

Die Sprache dieser Menschen könnte ein Vorläufer des Keltischen gewesen sein, doch gibt es keinen klaren Hinweis auf eine Verbindung mit der späteren keltischen Priesterklasse der Druiden, von der römische Autoren sprechen. Diese rätselhaften Gestalten, die angeblich Tier- und Menschenopfer darbrachten, wurden erst Mitte des 17. Jh. mit Stonehenge in Zusammenhang gebracht, als der Altertumsforscher John Aubrey die These aufstellte, es handele sich hier um Druidentempel. Diese Vorstellung war in der Romantik vorherrschend, wo Stonehenge gerne in dräuenden Gewitterwolken gemalt wurde.

Obwohl die Druiden erst 2000 Jahre nach Entstehung des Monuments gelebt haben können, ließ sich der Glaube an ihre Verbindung mit Stonehenge nicht ausrotten. So behauptete man 1799, der „Schlachtstein" habe zum „Töten oder Vorbereiten von Opfern" gedient. Heute glaubt man, daß es sich eher um eine umgekippte Stele handele.

John Aubrey (1626 – 97), Altertumsforscher und Autor, brachte als erster Stonehenge mit den Druiden in Zusammenhang.

„Die Druidenhaine sind verschwunden – um so besser. Stonehenge bleibt bestehen – aber was zum Teufel ist es?“ Lord Byrons Frage ist noch immer offen. In jüngster Zeit wurde Stonehenge als ausgeklügeltes Observatorium beschrieben. Zweifellos konnte man, als die Anlage voll entwickelt war, aus dem Sarsenhufeisen den Aufgang der Mittsommersonne und des Mittwintermonds ganz genau beobachten, doch war die astronomische Funktion nur Teil eines größeren Ganzen.

Stonehenge wurde wahrscheinlich, genau wie die großen Kathedralen des Mittelalters, zur Verherrlichung Gottes und als Symbol für das Ansehen der Gemeinschaft und ihres Herrschers erbaut. Es kann ein Tempel, ein Grabmal oder ein Versammlungsort für Riten und Feste gewesen sein. Mit Sicherheit war es der größte der über 900 Steinkreise in Britannien und zu seiner Zeit das architektonische Wunder Westeuropas.

Mitte des 17. Jh. vertrat John Aubrey als erster die Ansicht, daß die Steinkreise Druidentempel seien. Obwohl ein Zeitgenosse ihn als „ruhelose Person, umherstreifend, schrullig und manchmal wenig besser als verrückt“ beschrieb, griffen Dichter und Künstler der Romantik seine Ideen begeistert auf. Auf Gemälden verstärkten sie gerne die Wirkung der Steine durch schauriges Wetter, wie hier (oben) *John Constable.*

Das Grab Tutanchamuns

„Habe endlich wunderbare Entdeckung im ‚Tal' gemacht; ein großartiges Grab mit unbeschädigten Siegeln; bis zu Ihrer Ankunft alles wieder zugedeckt. Gratuliere."

Howard Carters historisches Telegramm vom 5. Nov. 1922 an Lord Carnarvon

33 Jahrhunderte lang hatte kein menschlicher Fuß diesen düsteren, in den Felsen gehauenen Gang im Tal der Könige, der Grabstätte der Pharaonen des Neuen Reichs, betreten. Doch am 26. November 1922 standen der britische Ägyptologe Howard Carter und sein Auftraggeber Lord Carnarvon in der Dunkelheit vor einer versiegelten Tür. Dahinter hofften sie das Grab des rätselhaften jungen Pharaos Tutanchamun mit seinen Beigaben und Schätzen zu finden. Ihre einzige Sorge war, daß die Kammer leer sein könnte, denn alle anderen Gräber des Tals hatten antike Grabräuber geplündert.

In einem für die Archäologie historischen Augenblick brach Carter mit zitternden Händen ein kleines Loch in die obere linke Ecke der Tür und stocherte mit einer Eisenstange hinein. Dann prüfte er mit einer Kerze, ob giftige Gase entwichen, vergrößerte die Öffnung, hielt die Kerze hinein und spähte ins Innere. Zunächst konnte er in dem Flackerlicht nichts erkennen. Doch dann gewöhnten sich seine Augen daran und ihm „verschlug es die Sprache vor Verwunderung". Für Lord Carnarvon steigerte sich die Spannung bis ins Unerträgliche, und er fragte aufgeregt: „Können Sie etwas sehen?" Und Carter „konnte nur die Worte herausbringen: ‚Ja, wunderbare Dinge.'"

Was Carter und Carnarvon sahen, als sie mit einer elektrischen Lampe hineinleuchteten, war eine Fülle seltsamer Wunderdinge – das mußte die Grabausstattung Tutanchamuns sein. Geschnitzte Tierköpfe reckten sich ihnen im Schein der Lampe entgegen; vergoldete Liegen, goldene Wagenräder, Alabastervasen, Holzkästchen mit Intarsien, ein goldener Thron – ein Durcheinander der erstaunlichsten Kostbarkeiten. Rechts hinten standen zwei lebensgroße Figuren wie Wächter zu beiden Seiten einer weiteren versiegelten Tür: vielleicht verbargen sich dahinter noch begeisterndere Funde?

Die Suche nach dem verlorenen Pharao

Heute denkt man beim Namen Tutanchamun sofort an Goldschätze und Mumiensärge mit magischen Inschriften. Zu Lebzeiten war er aber ein relativ unbedeutender König, der um 1361 v. Chr. den Thron bestieg.

Howard Carter war schon 1907 von dem wohlhabenden englischen Aristokraten Lord Carnarvon, einem begeisterten Amateurägyptologen, mit der Leitung von Ausgrabungen

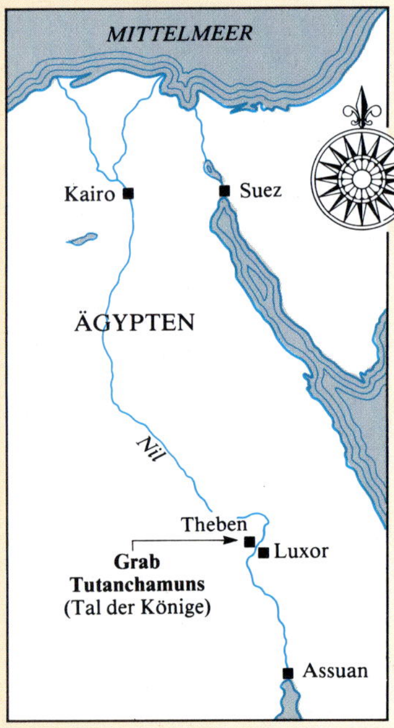

Das Tal der Könige, Bestattungsort ägyptischer Pharaonen, liegt bei Theben am Westufer des Nils. Hier legte Howard Carter 1922 das Grab Tutanchamuns frei.

Der jugendliche König Tutanchamun starrt 33 Jahrhunderte nach seinem Begräbnis noch immer aus der Dunkelheit. Diese Goldmaske war über den Kopf seiner Mumie gelegt, und man nimmt an, daß er ganz ähnlich aussah.

THE NEW YORK HERALD

EUROPEAN EDITION—PARIS SATURDAY, FEBRUARY 17, 1923.

DOLLAR EXCHANGE
In Paris . . . 16fr. 58 1/2 cent.
In London . . . . 4s. 3d.
In Berlin . . . . 18.900 marks
In Rome . . . . 20 lire 90 cent.

PRIX: Paris et France, 30c.; Etranger, 45 Centimes (Français).

FARMER SENATORS START FILIBUSTER

Led by La Follette, Republicans and Democrats Will Stop Ship Subsidy Consideration.

SENATE SITS AT NIGHT TO SETTLE DEBT BILL

Filibuster of Grain and Cotton Senators to Start After Debt Measure Is Voted.

WASHINGTON, Friday.—The Senate passed the Debt Funding Bill by 78 votes to 13.

(By Special Cable to the Herald.)
WASHINGTON, Friday.—The most sensational filibuster which the Senate has seen since "a small group of wilful men" blocked the passage of the Armed Ship Bill, in 1917, will begin on the Subsidy Bill as soon as the Senate disposes of the British Debt problem some time to-night.

The debate on the funding resolution started at two o'clock this afternoon under the ten-minute debate agreement, and the Senate will stay in continuous session until the vote is taken. The onslaught on the measure was led by Senator La Follette, who attacked the terms of settlement with Great Britain as too lenient.

HOUSE QUERIES EMBASSY LIQUOR

(By Special Cable to the Herald.)
WASHINGTON, Friday.—By a vote of 186 to 113 the House to-day adopted a resolution to force Secretary of the Treasury Mellon to furnish information on the amount of diplomatic liquor which has been brought into Washington since prohibition went into effect. This action was taken after Secretary Mellon, replying to an inquiry from the Judiciary Committee, said he could not "properly" give this information.

HOUSE AWAITS VIEW OF ADMINISTRATION ON INAUGURAL DATE

If Harding Wants Date of Inauguration Advanced, Congress Willing to Act Quickly.

(By Special Cable to the Herald.)
WASHINGTON, Friday.—President Harding will decide finally the fate of the Norris resolution which the Progressives forced through the Senate this week, changing from March to January the date for the inauguration of newly-elected Presidents and the meeting of Congress. The Senate, by a vote of 63 to 6, decided to submit to the States a Constitutional Amendment changing the dates.

SARCOPHAGUS OF PHARAOH FOUND IN INNER CHAMBER

Opening of Tomb of Egyptian King, Buried for Thirty Centuries, Carried Out Without Mishap.

AMERICANS AMONG FEW WHO WITNESS OPERATION

More Furniture from Royal Palace Seen Banked in Tutank-Hamen's Resting Place.

LUXOR, Friday. — On breaking into the inner chamber of Tutank-Hamen's tomb to-day, a sarcophagus was found. A resplendent mausoleum in a wonderful shrine of gold and blue, is the description given by those privileged to behold it. The walls of the sepulchre are elaborately decorated and contain. In addition to the chief shrine, other shrines of great beauty. Most astonishing of all, other chambers were also discovered, containing a multitude of splendid things, including golden effigies of the King standing on black leopards. Altogether the opening of the inner chamber has revealed not only the secret of the tomb, but a wonder house of treasures.

LUXOR, Friday.—The sealed door of the tomb of Tutank Hamen, in the Valley of the Tombs of the Kings, was pierced to-day, and the modern world is now in possession of a rich treasure of secrets of antiquity.

As was expected by American and British archæologists who had gathered for this important event, the inner chamber was found to contain the sarcophagus of the King and, in addition, a vast quantity of rich furniture from the Royal palace, which exceeds in historic interest and in value the wonderful treasures found heaped in the outer chamber when it was discovered by Lord Carnarvon and Mr. Carter and his other assistants several months ago.

Americans Present.

Lord Carnarvon and Mr. Carter were alone, except for a few guests, including fellow scientists from the Metropolitan Museum of Art, New York, and among other visitors, the Queen of the Belgians, when the heavy stone partition between the chambers was demolished. The Americans included Mr. Lythgoe, curator of the Egyptian department of the Metropolitan Museum, and Mr. Winlock, director of the museum's Egyptian expedition.

The atmosphere outside Tutank Hamen's tomb was charged with electricity to-day for those engaged in an attempt to assist in what is perhaps the greatest archæologic find of the century. For several weeks past—in fact, ever since the outer chamber was cleared of its treasures—plans have been made for the opening of the mysterious inner chamber.

The date has been changed a dozen times, and it was only yesterday the announcement was made that to-day a small opening would be made in the stone partition and that the real "opening" would ...

Poem of Wife To Her Husband Read in Court

"Georgie Porgie," Upon Whom Wife Lavished Money and Verse, Refused to Pay Bills.

(By Special Leased Wire.)
LONDON, Friday.—A woman who said that she spent £10,000 on her husband and wrote poems to him gave evidence at the Marylebone County Court to-day when William Whitely, Ltd., the department stores, sued Dr. G. H. Thompson, of Chester House, Buxton, for £15 2s. 6d., price of a summer house.

The case for the plaintiffs was that Dr. Thompson, after marriage in 1912, opened an account with them and that while the defendant was absent on a holiday his wife purchased a summer house, holding herself out as her husband's agent.

Mrs. Thompson declared that the defendant marked the summer house in a catalogue as being suitable for her to purchase, and in cross-examination she denied that it was bought for a party which she was having.

"Georgie Porgie."

"I spent altogether £10,000 on my husband," she added.

Counsel: "And you put his baggage outside the door and shut him out, and you wrote this to him afterwards:—"

Hoped for Reconciliation.

OLYMPIC LANDS MANY AMERICANS

Durch die sensationelle Entdeckung des Grabs mit all seinen Schätzen wurden Howard Carter und Lord Carnarvon über Nacht berühmt. *Auf dem Foto* (links oben) *sind (von links) Carnarvon, seine Tochter Lady Evelyn Herbert und Carter zu sehen.*
Im Februar 1923 machte die Öffnung der versiegelten Grabkammer weltweit Schlagzeilen (oben). *Auf dem Foto* (links) *sieht man Carter in der Sargkammer, hinter ihm der goldene Totenschrein. Sein Kollege A. C. Mace steht in den Trümmern der abgeschlagenen Wandversiegelung.*

Die Grabanlage

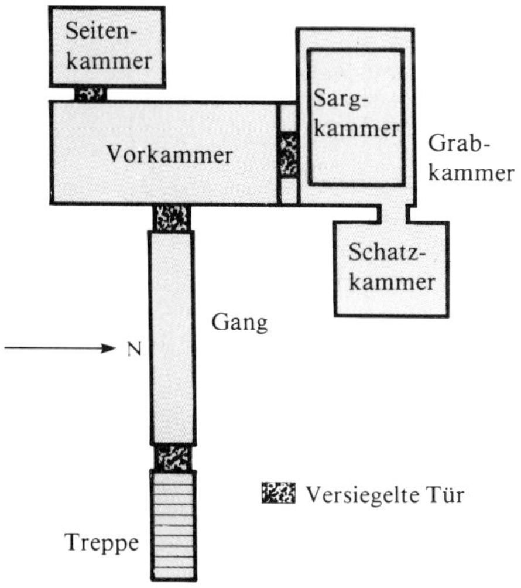

beauftragt worden. Fünf Jahre lang hatte Carter dies ohne nennenswerten Erfolg in einem Gebiet unweit des Tals der Könige getan. 1914 gaben ihm die ägyptischen Behörden endlich die Erlaubnis, in dem Tal zu graben, doch erst drei Jahre später konnte ernsthaft damit begonnen werden.

Nach mehreren ziemlich ergebnislosen Saisongrabungen wollte Carnarvon das Unternehmen schon abbrechen. Doch Carter, der wußte, daß fast alle Pharaonengräber der 18. Dynastie (ca. 1570 – 1320 v. Chr.) in dem Tal gefunden worden waren, war überzeugt, daß auch Tutanchamuns Grab hier sein mußte. Deshalb überredete er Carnarvon zu einer weiteren Saisongrabung unter den Hütten altägyptischer Arbeiter.

Am 4. November 1922 fand Carter seine Bestätigung: unter der ersten Hütte wurde eine in den Fels gehauene Stufe freigelegt. Die Begeisterung wuchs, als immer mehr Tritte zum Vorschein kamen, die zu einer mit Lehm verschmierten und versiegelten Türöffnung führten. Am nächsten Tag informierte Carter Carnarvon per Telegramm über die bedeutsame Neuigkeit.

Carnarvon kam am 23. November mit seiner Tochter Lady Evelyn Herbert in Luxor

Die Treppenstufen zum Grab Tutanchamuns (linke Seite) *befinden sich links der Packkisten (vorne rechts). Dieses Bild wurde kurz nach ihrer Entdeckung aufgenommen. Der Eingang zum Grab Ramses' VI. liegt direkt oberhalb der Stufen.*

An der Nordwand der Grabkammer ist Tutanchamun (oben) *als der Totengott Osiris dargestellt. Dem König steht die zum Begräbniszeremoniell gehörige „Öffnung des Mundes“ bevor.*

Der mit Goldblech überzogene Thron (unten) *befand sich in der Vorkammer. Die Rückenlehne zeigt den jungen Pharao in entspannter Pose mit seiner Königin Anchesenamun, die sich ihm zuneigt.*

an. Am nächsten Tag gingen sie zum Grabungsort. Inzwischen waren die gesamte Treppe, insgesamt 16 Stufen, und die Tür in voller Höhe freigelegt. Ihre Siegel trugen einen königlichen Namen: Tutanchamun. Die Freude wurde jedoch getrübt, als sich bei näherem Hinsehen herausstellte, daß das Grab nach seiner ursprünglichen Versiegelung zweimal aufgebrochen worden war. War es etwa leergeplündert?

Es gab nur eine Möglichkeit, dies herauszufinden. Die Türvermauerung wurde entfernt, und dahinter kam ein Gang zum Vorschein, der zum Abhalten von Räubern mit Steinen und Geröll angefüllt worden war. Nachdem man ihn gesäubert hatte, konnte Carter am 26. November durch die zweite versiegelte Tür spähen und jene „wunderbaren Dinge“ entdecken.

Dieser erste Raum wurde am Folgetag geöffnet und erwies sich als Vorkammer des Grabs. Die knapp 4 m breite und 8 m lange Kammer mit unbemalten Wänden war angefüllt mit Grabbeigaben, d.h. Dingen, von denen man annahm, daß der Pharao sie in seinem Nachleben noch brauchen werde. Glücklicherweise sah es so aus, als ob die Diebe die zahllosen Schätze durchstöbert, aber nicht die Zeit gehabt hatten, ihre Beute auch noch davonzutragen.

Nun mußten diese kostbaren Gegenstände in Vor- und Seitenkammer, einem südwestlich der Vorkammer gelegenen Nebenraum, genauestens registriert, fotografiert und konserviert werden, bevor sie zur sicheren Aufbewahrung nach Kairo verbracht werden konnten. Dann erst konnte Carter sich der dritten versiegelten Tür zuwenden. Die Nachricht von der Entdeckung hatte sich inzwischen wie ein Lauffeuer verbreitet, und die ganze Welt nahm regen Anteil. Die Ausgräber wurden mit Telegrammen, Briefen und Hilfsangeboten überhäuft und von Reportern, Freunden und Neugierigen belagert.

Die Öffnung der Grabkammer

Im Februar 1923 war die Vorkammer ausgeräumt. Jetzt kam die Stunde der Wahrheit: würden sie die Mumie des Königs hinter der verschlossenen Tür finden? Auch sie war nicht mehr unversehrt. Am 17. Februar begann Carter vor den Augen einer kleinen Zuschauergruppe, den Verputz abzuschlagen. Nach zehn Minuten war das Loch groß genug, um eine Lampe einzuführen. Was er sah war umwerfend: nicht einmal einen Meter hinter der Tür nahm eine massive Goldwand das

Mit ausgebreiteten Armen bewacht die Göttin Selket (links) *einen vergoldeten Holzschrein mit den Eingeweiden Tutanchamuns. Drei weitere Göttinnen, Isis, Naphthys und Neith, beschützen die anderen Seiten des Schreins.*

Der Löwenkopf (oben) *aus vergoldetem Holz und mit Augen aus Kristall befindet sich an der Seite eines in der Vorkammer gefundenen Ruhebetts. Zwei ähnliche, im selben Raum gefundene Liegen sind mit Kuh- bzw. Nilpferdköpfen versehen. Alle drei sind von ihrer Form und Größe her nicht zum Gebrauch geeignet. Sie gehören zur Grabausstattung des Pharao.*

ganze Blickfeld ein. Schnell wurde die Türöffnung freigelegt, und er erkannte, daß die goldglänzende Wand mit blauen Fayence-Einlagen ein prächtiger rechteckiger Schrein war. Er war so groß, daß er fast den gesamten Raum, der etwas kleiner war als die Vorkammer, einnahm. Dieser Schrein, so hoffte Carter, würde den königlichen Sarkophag enthalten.

Als er und Carnarvon sich an ihm vorbeizwängten, bemerkten sie, daß die Wände der Sargkammer bemalt waren und daß es in der Ostwand eine Öffnung zu einer weiteren Kammer gab, die bedrohlich von einer Statue des schakalköpfigen Gottes Anubis bewacht wurde.

Vergoldete Schreine und ineinandergeschachtelte Särge

Die nächste entscheidende Phase war das Öffnen des vergoldeten Schreins, was allerdings noch Jahre dauern sollte (hauptsächlich wegen langwieriger Genehmigungsverhandlungen mit den ägyptischen Behörden). Als es schließlich so weit war, stießen sie im Inneren des ersten Schreins auf einen zweiten, dann – unter wachsender Spannung – auf einen dritten und einen vierten, alle goldglänzend. Endlich öffnete Carter ganz aufgeregt den letzten Schrein und fand darin einen erlesenen gelben Quarzitsarkophag, auf dem ein rötlicher Granitdeckel ruhte. Sie waren fast am Ziel.

Die vier Schreine mußten in langwieriger Kleinarbeit vorsichtig auseinandergenommen werden, bevor Carter sich dem Sarkophag zuwenden konnte. Schließlich wurde der Granitdeckel mit einem Flaschenzug gehoben. Darunter waren nur linnene Leichentücher zu sehen.

Als diese entfernt waren, erlebte die Gruppe eine Schrecksekunde: der jugendliche König starrte sie an – vom goldenen Sargdeckel. Und das war noch nicht das Ende, denn auf diesen Sarg folgten zwei weitere, der letzte zu aller Überraschung aus massivem Gold.

Ende Oktober 1926 wurde schließlich der Deckel des letzten Sarges gehoben und die Mumie des Königs zum ersten Mal seit 33 Jahrhunderten bloßgelegt. Über der schwarzen, klebrigen Masse geronnenen Salböls, das über den Körper gegossen worden war (und ihn fast völlig zerstört hatte) sah ihnen das traurige, aber friedvolle Gesicht Tutanchamuns aus einer aus Gold getriebenen Maske entgegen. Diese Maske von vollendeter Schönheit hatte die Zersetzung des tatsächlichen Gesichts des Pharao verhindert. Für

Howard Carter, dessen Arbeit an dem Grab sich bis in die 30er Jahre hineinzog, und Lord Carnarvon, der 1923 an einer Lungenentzündung starb, war das Grab die Entdeckung ihres Lebens.

Heute sind fast alle Schätze Tutanchamuns im Museum von Kairo ausgestellt. Das Grab selbst ist leer bis auf den Sarkophag mit einem der goldenen Särge darin, in dem der König in Frieden ruht. Das Grab mag jetzt nüchtern und kahl erscheinen, doch von seiner Heiligkeit hat es nichts eingebüßt. Es schlägt den heutigen Besucher genauso in seinen Bann wie damals Carter und seine Kollegen, als sie den ersten goldenen Sarg erblickten. An jenem Abend, als sie das Grab verließen, sahen sie „das blaue Himmelsgewölbe, in dem die Sonne der Herr ist, aber in unserem Inneren verharrten wir noch über dem Glanz jenes vergangenen Herrschers ...“.

Howard Carter entfernt den Staub von dem zweiten Sarg, in dem sich noch ein dritter, aus massivem Gold, befand. Darin lag die Mumie des Königs (unten).
Als Grabbeigaben fand man herrliche Arbeiten: Miniaturboote, Statuetten, den goldüberzogenen Kopf einer Kuh, Symbol der Göttin Hathor, eine Modellkornkammer, Vasen, Truhen voll von Armreifen, Ringen, Amuletten und Ohrringen aus Gold, Amethysten, Türkisen, Karneolen und anderen kostbaren Materialien.

Der schakalköpfige Gott Anubis (oben) *bewacht den Eingang zur „Schatzkammer“, die an die Sargkammer anschließt. Hier fand Carter eine Reihe von Holzschreinen mit rituellen Statuetten darin. Drei davon* (links), *die Tutanchamun verkörpern, sind aus Holz geschnitzt, gipsüberzogen und vergoldet. Die erste zeigt den vorwärtsschreitenden König mit Krummstab und Dreschflegeln, den Amtsinsignien. Die Figuren im Schrein zeigen ihn jeweils auf einem Papyrusboot stehend mit Harpune.*

Delphi

„Weiß ich doch, wieviel Sand am Ufer, wie weit auch das Meer ist,
Höre ich doch des Stummen Gespräch und des Schweigenden Worte!“

Das Orakel von Delphi auf die Frage der von König Krösus Gesandten.

Vor mehr als 2500 Jahren kamen Pilger aus ganz Griechenland und von noch weiter her nach Delphi, um das berühmteste Orakel der Antike zu befragen. Einige wanderten zu Fuß über die von Athen herführende Straße, andere reisten mit dem Schiff an, das im heutigen Itea im Golf von Korinth vor Anker ging. Nach etwa dreistündigem Fußmarsch durch die weite Ebene sahen sie den Parnaß in voller Größe über weißschimmernden Häusern und Bauwerken aufragen.

Je näher sie kamen, desto besser muß die Sicht auf die „heilige Straße“ gewesen sein, die sich den Hang hinaufschlängelte, durch das Apolloheiligtum bis hin zu dessen prachtvollem Tempel. Andere Gebäude müssen ins Blickfeld gekommen sein: das Theater aus weißem Marmor; das 7000 Zuschauer fassende Stadion oberhalb der Stadt; das Gymnasion mit seinen Rennbahnen und Laufhallen; der von eleganten dorischen Säulen umringte Tholos, der Rundtempel des Athena-Pronaia-Heiligtums.

Heute ist von den Bauwerken Delphis fast nichts mehr übrig. Doch die spektakuläre Lage inmitten von Felsen und Klippen mit Spalten und sprudelnden Quellen ist auch heute noch tief beeindruckend. Unterhalb des Heiligtums bricht jäh die Pleistosschlucht ab, die sich dann in einem Meer von Ölbäumen verliert, das sich in die blauen Wasser des Golfs zu ergießen scheint. Oberhalb von Delphi ragen kahle Schroffen empor, die die Griechen „Phädriaden“ („Glanzfelsen“) nannten, weil sie das Licht reflektieren und die untergehende Sonne sie erglänzen läßt. Eine Schlucht schneidet sich durch diese Felsen, auf deren Grund der kastalische Quell strömt, dessen Wasser für rituelle Waschungen verwendet wurde.

Die Ankunft Apolls

Die wilde Felslandschaft dieses 600 m hoch gelegenen Ortes bot sich zur Verehrung der Erdgöttin Gäa an, der die Stätte zunächst geweiht war. Die Griechen betrachteten Delphi als den Mittelpunkt der Welt. Der Sage nach ließ der Göttervater Zeus von beiden Weltenden aus jeweils einen Adler fliegen; dort, wo die beiden einander trafen – in Delphi – mußte der Mittelpunkt liegen. Diesen Ort markierte man mit einem Stein, dem Omphalos („Nabel“).

Eine andere Sage erzählt, daß das Schlangenungeheuer Python den Ort und das dort befindliche Orakel der Gäa bewachte. Doch Apollo, der Sohn des Zeus und Gott des

Die Ruinen von Delphi, dem Sitz des berühmtesten Orakels der Antike, liegen auf dem griechischen Festland zwischen zerklüfteten Felsen. Direkt neben dem Hauptheiligtum befindet sich der Tholos (rechts), *ein Rundbau aus dem frühen 4. Jh. v. Chr., dessen genaue Funktion uns nicht bekannt ist.*

Die Wasser des kastalischen Quells dienten der rituellen Waschung vor der Befragung des Orakels. Für die römischen Dichter wurde die Kastalia zum inspirierenden Quell. So schreibt Ovid (43 v. Chr. – 18 n. Chr.) in seinen Amores: *„Mir mög einen lauteren Becher / Voll Kastalias Trunk reichen der blonde Apoll.“*

König Ägäus von Athen ist (rechts) *in der stilisierten Bemalung einer Vase aus dem 5. Jh. bei der Befragung des Orakels dargestellt. Die Pythia sitzt auf ihrem Dreifuß und hält einen Lorbeerzweig und eine Schale, wahrscheinlich mit heiligem Wasser.*

Der Gott Apoll und seine Schwester Artemis (unten) *stehen zu seiten des Omphalos, einem Stein in Delphi, der als „Nabel der Welt" galt.*

Lichts, kam und tötete den Drachen. Dann setzte er sein eigenes Orakel ein, wo er durch den Mund der Priesterin Pythia zu den Fragenden sprach.

Zur Blütezeit Delphis kamen so viele Orakelsuchende, daß bis zu drei Pythien gebraucht wurden. Nach Angabe des Geschichtsschreibers Diodorus Siculus waren dies zunächst zarte Jungfrauen, doch nachdem ein thessalonischer Wüstling eine von ihnen entführt und vergewaltigt hatte, wurden sie durch reife Damen von mindestens 50 Jahren ersetzt.

Der Sage nach saß die Pythia auf einer dreifüßigen Schale, dem Tripos, über einem tiefen Erdschlund, aus dem berauschende Dämpfe aufstiegen. Diese veranlaßten sie zu einem Strom wirrer, ekstatischer Äußerungen. Andere Quellen berichten, daß sie durch das Kauen von Lorbeerblättern in einen tranceartigen Zustand verfiel.

Die Pythia wurde zu Fragen des Alltags, Religion, Geld, Heirat – aber auch zu politischen Problemen –, befragt. Zunächst mußten sich die Fragenden an der Kastalia waschen. Dann folgte ein Ritual, in dem eine Ziege mit kaltem Wasser besprengt wurde: erbebte sie am ganzen Körper, so standen die Zeichen gut, die Ziege konnte geopfert und der Gott befragt werden. Der Orakelsuchende zahlte ordnungsgemäß eine Gebühr und wartete, bis er an die Reihe kam. Die Frage wurde auf eine Tafel geschrieben und der Pythia übergeben, die dann in Trance eine Antwort stammelte. Diese wurde von einem Priester gedeutet und, in Versform niedergeschrieben, dem Fragenden überreicht.

Die Doppeldeutigkeit

Die Antworten des Orakels von Delphi müssen als zutreffend und hilfreich empfunden worden sein, denn von dem griechischen Geschichtsschreiber Strabo wissen wir, daß es als das wahrhaftigste auf der ganzen Welt galt. Trotzdem war es bekannt für die Doppeldeutigkeit seiner Sprüche.

Krösus, der von 560 – 546 v. Chr. im kleinasiatischen Lydien herrschte, soll verschiedene Orakel, darunter das von Delphi, auf die Probe gestellt haben, indem er sie gleichzeitig durch Boten befragen ließ, was er, Krösus, zum Zeitpunkt der Befragung tue. Nur das Orakel von Delphi fand die Antwort: er kochte gerade eine Schildkröte und ein Lamm in einem Kessel. Davon war der König so beeindruckt, daß er Delphi mit kostbaren Geschenken überhäufte.

Apollo, der Sohn des Zeus, soll, nachdem er den Drachen Python getötet hatte, sein eigenes Orakel in Delphi eingesetzt haben. Seine Priesterin, die Pythia, saß in dem ihm geweihten Tempel, dessen wenige noch vorhandenen Säulen unterhalb des gut erhaltenen Theaters aus dem 4. Jh. zu sehen sind.

Diese Großzügigkeit vergalt ihm das Orakel aber schlecht, denn als er fragte, was geschehen würde, wenn er die Perser angreife, gab es zur Antwort, er werde ein großes Reich zerstören. Das Orakel hatte recht, allerdings war es des Krösus' eigenes Reich.

Mit ähnlicher Doppeldeutigkeit weissagte es dem Spartaner Phalantos, der einen Eroberungskrieg gegen Italien führte, daß er die Stadt Tarent einnehmen werde, sobald Regen aus heiterem Himmel auf ihn fiele. So unwahrscheinlich dies auch klang, das Orakel behielt recht: nachdem die Tränen seiner weinenden Frau Aithra, deren Name „heiterer Himmel" bedeutet, auf seinen Nacken gefallen waren, gelang es ihm, die Stadt einzunehmen.

Den römischen Kaiser Nero warnte das Orakel vor dem 73. Lebensjahr. Gemeint war nicht sein eigenes, sondern es war eine Anspielung auf seinen Nachfolger, den 73jährigen Galba. Dem griechischen Philosophen Sokrates hingegen erklärte es frei heraus, daß er der klügste Mann Griechenlands sei, und Alexander dem Großen sagte es: „Mein Sohn, dir kann niemand widerstehen."

Die Anfänge Delphis gehen mehr als 3000 Jahre zurück, doch erst zwischen dem 8. und 6. Jh. v. Chr. kam es zu einer Blüte. Heute muß man die einstige Schönheit des Apolloheiligtums, das sich auf einer Fläche von etwa 180 auf 130 m entfaltet, ausgehend von den Ruinen seiner Gebäude, Monumente und Statuen in Gedanken rekonstruieren. Die in Serpentinen bergauf führende „heilige Straße" wurde gesäumt von den Schatzhäusern, kleinen tempelartigen Bauten, die die einzelnen Stadtstaaten errichtet hatten, um dort ihre wertvollen Weihgeschenke an den Gott aufzubewahren und gleichzeitig ihren eigenen Wohlstand und ihr Ansehen zu dokumentieren.

Der berühmte Wagenlenker von Delphi ist eine lebensgroße Bronzestatue, die 1896 ausgegraben wurde und jetzt im örtlichen Museum steht. Ursprünglich muß sie auf einem von anmutigen Rössern gezogenen Wagen gestanden haben. Das Kunstwerk wurde wahrscheinlich 475 v. Chr. von dem sizilianischen Fürsten Polyzalos zum Andenken an seinen Sieg bei den Pythischen Festspielen gestiftet, die seit 590 v. Chr. regelmäßig in Delphi stattfanden.

Kleine tempelartige Bauten, die „Schatzkammern", wurden von den Stadtstaaten zur Aufbewahrung ihrer Weihgeschenke an Apoll errichtet. Das in unserem Jahrhundert wiederaufgebaute Schatzhaus der Athener (links) *wurde kurz nach der Schlacht von Marathon 490 v. Chr., in der die Athener die Perser besiegten, erbaut.*

Das Siphnier-Schatzhaus mit zwei Karyatiden, Säulen in Menschengestalt, die das Portal stützten, wurde mit dem Gold der Minen des Inselstaates Siphos finanziert. Das als einziges wiederaufgebaute Schatzhaus der Athener war ein dorisches Marmorgebäude. Seine Außenwände trugen Inschriften, darunter zwei Hymnen auf Apoll mit alter musikalischer Notierung.

Weitere Sehenswürdigkeiten, die sich dem Auge der Pilger boten, waren der kreisförmige Halos oder „Dreschboden", auf dem regelmäßig die Tötung des Drachens durch Apoll szenisch dargestellt wurde; die elegante, von den Athenern aufgestellte Säule; die auffällige Säule aus drei ineinander verschlungenen Bronzeschlangen, die einen Tripos stützten, ein Weihgeschenk der Griechen nach ihrem Sieg über die Perser bei Platäa (479 v. Chr.). Über allem thronte der Apollotempel, der nach Brand (546 v. Chr.) und Erdbeben (373 v. Chr.) zweimal wiederaufgebaut wurde. Es ist schwer festzustellen, wo genau die Pythia im Tempel saß, und auch der Erdschlund, aus dem die betäubenden Dämpfe stiegen, ist nirgends zu finden.

Der Niedergang

Obwohl das Orakel den Griechen völlig unpatriotisch geraten hatte, sich der Invasion der Perser zu Beginn des 5. Jh. v. Chr. nicht zu widersetzen, genoß es noch großes Ansehen. Nach ihrem Sieg überhäuften sie es geradezu mit Statuen, Denkmälern und Beutestücken. Doch im Verlauf der folgenden Jahrhunderte verlor es allmählich seinen Ruf der Unabhängigkeit durch seine Bindung an verschiedene mächtige Staaten wie Sparta und Athen.

Im 2. Jh. v. Chr. übernahmen die Römer Delphi, und es verlor noch mehr an Einfluß und Prestige. Kaiser Nero (54 – 68 n. Chr.) ließ mehr als 500 Statuen entfernen. Als Kaiser Julian (360 – 66 n. Chr.) um ein Orakel nachsuchte, war Delphi nur noch ein Schatten seiner selbst. Der Spruch, den er erhalten haben soll, spiegelt seinen traurigen Verfall wider: „Sage dem König folgendes: der glorreiche Tempel liegt in Ruinen, Apollo hat kein Dach über dem Kopf; die Lorbeerblätter schweigen, die prophetischen Quellen und Brunnen sind tot."

Um das Jahr 385 wurde das Orakel schließlich durch den christlichen Kaiser Theodosius offiziell geschlossen. Der Apollokult, der der Verehrung der Erdgöttin ein Ende gesetzt hatte, wurde nun seinerseits durch eine starke neue Religion verdrängt.

Das Orakel von Delphi war für die Zweideutigkeit seiner Sprüche bekannt. König Krösus von Lydien weissagte es z. B., daß er ein großes Reich zerstören werde, wenn er die Perser angriffe. Krösus tat dies und zerstörte sein eigenes Reich.
Das Orakel konnte aber auch sehr direkt sein. Alexander dem Großen (356 – 323 v. Chr.) (links), *einem der glänzendsten Feldherren aller Zeiten, beschied es: „Mein Sohn, dir kann niemand widerstehen."*
Und dem griechischen Philosophen Sokrates (469 – 399 v. Chr.) (unten) *sagte es, er sei der klügste Mann Griechenlands. Sokrates soll dies so gedeutet haben, daß seine Weisheit darin bestehe, daß er sich im Gegensatz zu anderen seiner Unwissenheit bewußt sei.*

Französische Archäologen umstehen 1894 die frisch ausgegrabene Statue eines jungen Mannes, einen sog. „Kuros" (linke Seite). *Im Vorjahr hatte man in Delphi unter Théophile Homolle, dem Direktor des französischen archäologischen Instituts in Athen, ernsthaft mit den Ausgrabungen begonnen. Griechen, die inzwischen dort wohnten, mußten zu Beginn der Arbeiten umgesiedelt werden.*

Gotland

„Die Gotländer haben so viel Geld, daß sie es nicht einmal wiegen können. Ihre Schweine fressen aus Silbertrögen. Ihre Frauen spinnen mit goldenen Rocken."

Hans Strelow, Chronik der Gotländer, 1633

Gotland, die größte Ostseeinsel, wird manchmal auch „Insel der Rosen" genannt, denn in ihrem milden Klima blühen noch im Dezember die Rosen. Manche glaubten, Gotland sei das legendäre Atlantis, denn es war in der Vergangenheit sehr wohlhabend und ist äußerst idyllisch. Trotz seiner geringen Fläche – es ist etwa 130 km lang und nur halb so breit – bietet es große landschaftliche Vielfalt: dichte Wälder und weiche Hügel, schroffe Klippen und Sandstrände; dazu eine Fülle von erstaunlichen Zeugnissen aus der Vergangenheit.

Auf der Insel finden sich etwa 400 Hügelgräber und 350 Schiffsgräber aus der Bronzezeit, 70 Festungsanlagen aus der Eisenzeit und mindestens 100 romanische und frühgotische Kirchen, darunter ein paar der schönsten Nordeuropas. Es rühmt sich auch, das bekannteste Steinlabyrinth („Trojaburg") Skandinaviens zu besitzen sowie einzigartige Bildstöcke aus dem 1. Jahrtausend n. Chr.

Dem Geschichtsschreiber Jordanes (2. Jh.) zufolge war Gotland die Heimat der Goten, jener Barbaren, die Europa nach dem Zerfall des Römischen Reichs in Königreiche aufgeteilt hatten. Der Sage nach war der erste Mensch, der die Insel betrat, Tjelvar. Damals befand sie sich in der Gewalt böser Geister, die sie tagsüber versenkten und nachts wieder auftauchen ließen. Doch Tjelvar brach den Zauber durch ein Feuer, und fortan blieb die Insel über Wasser.

Handel und Schiffe

Der historische Kern der Sage ist, daß während der Steinzeit vor etwa 7000 Jahren mit Sicherheit Menschen dort lebten, wo Tjelvar landete: im Nordosten, in der Nähe von Gothem.

Sie exportierten Äxte über die Ostsee nach Südschweden und Dänemark und legten den Grundstein für den später für Gotland so wichtigen Handel. Dank seiner geographischen Lage beherrschte Gotland Seewege nach Süden, Osten und Westen. Von der Steinzeit (ab ca. 500 v. Chr.) über die Wikingerzeit (ca. 800 – 500 v. Chr.) bis ins Mittelalter bildete der Handel die Lebensgrundlage der Inselbewohner.

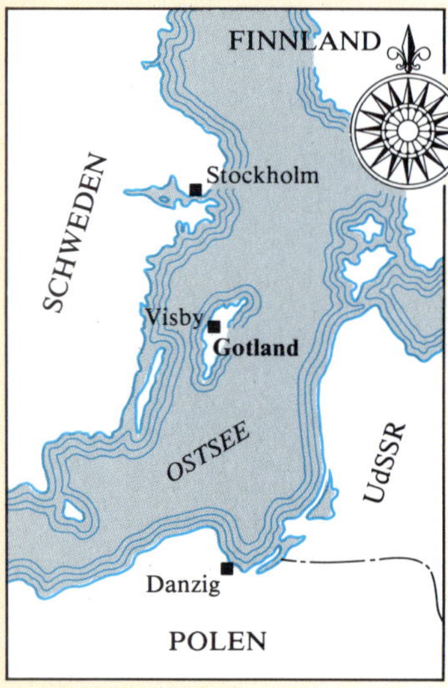

Der Umriß eines Schiffs wird von diesen Steinen in Klintehamn an der Westküste Gotlands markiert – eine der vielen Schiffssetzungen der Insel. Sie stammen aus der Bronzezeit und erinnern eindrucksvoll an den alten Glauben, daß die Toten von symbolischen Geisterschiffen in die Unterwelt gebracht werden.

Visby, die Hauptstadt Gotlands, sieht heute noch so aus wie im Mittelalter. Damals war die Stadt Handelszentrum Europas mit London als einziger Konkurrenz. Ihre trutzigen, mit 44 Türmen bewehrten Mauern aus der Mitte des 13. Jh. umschließen immer noch die hohen Lagerhäuser, die einst mit russischen Pelzen, rheinischem Wein, englischen Tuchen und byzantinischem Gold angefüllt waren.

Gotlands Bildsteine sind einzigartige Dokumente der Vergangenheit. Diese bis zu 3 m hohen Gedenksteine wurden vom 5. Jh. n. Chr. bis zur Wikingerzeit aufgestellt. Die älteren tragen abstrakte Symbole, die ursprünglich leuchtend bunt bemalt waren. Auf den jüngeren finden sich Szenen aus der Mythologie, die uns z. T. aus der Wikingerliteratur bekannt sind. Dieser elegante Bildstein (rechts)*, der in der Nähe der Sanda-Kirche gefunden wurde, geht auf das 6. Jh. n. Chr. zurück. Ursprünglich war er leuchtend bunt bemalt. Die Symbole stellen wahrscheinlich den von einer großen, wirbelnden Scheibe beherrschten Kosmos dar. Darin hat man ein Bild der Vergänglichkeit der Zeit und somit des Schicksals gesehen.*
In der Mitte befindet sich ein Baum, vielleicht die Weltesche Yggdrasill, die im Zentrum des altnordischen Kosmos stand. Das Ungeheuer darunter könnte die Midgardschlange sein, die um den Rand der Weltscheibe geringelt lag. Das Schiff ganz unten symbolisiert wahrscheinlich die Unterwelt, wohin Zeit und Schicksal unausweichlich führen.
Der aus der Wikingerzeit stammende Bildstein (ganz rechts) *aus Larbro St. Hammers zeigt oben einen kämpfenden Toten und unten ein Schiff als Symbol seiner Reise in die Unterwelt. Auf dem dritten Bild von oben ist möglicherweise ein mit dem Kult des Kriegsgottes Odin in Zusammenhang stehendes Hängeritual dargestellt, denn über dem Opfer sind sein Emblem, der Adler, und der Valknut aus drei ineinandergeflochtenen Dreiecken, dem Symbol seiner Kraft zu binden und zu lösen, zu sehen.*

Das zweite Leitmotiv der Geschichte Gotlands sind die Schiffe. Sie gehörten zum täglichen Leben, aber auch zum Tod. Die beeindruckendsten historischen Monumente der Insel sind die „Schiffsgräber" aus der Bronzezeit (ca. 1500 – 500 v. Chr.), symbolische Gedenkstätten, in denen aufrechte Steine die Umrisse stolzer Schiffe markieren.

In der Kunst der Bronzezeit waren Schiffe, Wagen und die Sonnenscheibe (Symbol des skandinavischen Himmelsgotts) übliche Motive. Der Wagen soll die tägliche Reise der Sonne über den Himmel symbolisieren, das Schiff ihre nächtliche Reise, wenn sie im Meer versinkt. Daraus entwickelte sich die Vorstellung von der Seelenreise ins Totenreich.

Überall auf der Insel, besonders in friedvollen Lichtungen, findet man Schiffssetzungen. Einige davon sind riesig groß, wie die 43 m lange und 7 m breite von Gnisvard südlich von Visby. Doch unabhängig von ihrer Größe gehören sie zu dem Eindrucksvollsten, was die urzeitlichen Menschen geschaffen haben: Geisterschiffe mit kostbarer Fracht, die hoffnungsvoll auf ihre Reise gehen. Schiffe zieren auch Gotlands einzigartige Bildsteine.

Auch Gotlands berühmter Trojaburg bei Visby scheint eine Jenseitssymbolik zugrundezuliegen. Wie die Rasenlabyrinthe Großbritanniens sind die skandinavischen Steinlabyrinthe schwer zu datieren. Sie könnten aus dem Mittelalter oder aus noch früherer Zeit stammen. Die rituelle Verwendung des Labyrinths ist jedenfalls schon sehr alt. Es findet sich bereits auf Grabmegalithen dargestellt und könnte den Weg in die Unterwelt symbolisieren.

Die meisten Steinlabyrinthe liegen an der Küste, weshalb die These aufgestellt wurde, sie könnten Matrosen für Beschwörungsriten gedient haben: indem sie symbolisch ins Totenreich eingingen, beschützten sie sich vor den Gefahren der bevorstehenden Fahrt.

Ob sie nun zu einem Grabhügel aufgehäuft oder bemalt sind, ob sie sich als Schiffssetzung oder als Labyrinth präsentieren: die Steine Gotlands sind beredte Zeugnisse der Vergangenheit. Ihre reiche Symbolik erzählt von einer anderen kosmischen Ordnung, einer vom Himmelsgott beherrschten Welt, in der die Toten in Schiffen zu ihrer letzten Ruhestatt aufbrachen.

Serpent Mound

„Wahrscheinlich die außergewöhnlichste Erdanhäufung, die bisher im Westen entdeckt wurde ...“

Ephraim Squier und Edwin Davis, die den Mound 1846 vermaßen

In Adams County, Ohio, ragt über einer Biegung des kleinen Flusses Brush Creek ein 45 m hoher Erdwall auf. Von unten betrachtet hat der baumbestandene Hügel nichts Ungewöhnliches. Doch auf seiner Kuppe befindet sich eine der seltsamsten Sehenswürdigkeiten Nordamerikas: eine 1 m dicke Riesenschlange aus Erdreich, deren Rücken von einer Haut smaragdgrünen Grases überzogen ist.

Der Serpent Mound ist eines der spektakulärsten altzeitlichen Erdmonumente Nordamerikas. Vom Aussichtsturm am hinteren Ende kann man gut sehen, wie der Schlangenkörper, der aus dem Boden hervorzuquellen scheint, von der engen Spirale der Schwanzspitze über sieben Windungen in den Hals mit dem weit aufgesperrten Maul übergeht. Davor liegt eine weitere, 30 m lange, ovale Erderhebung. Die Schlange scheint dieses „Ei“ verschlingen zu wollen. Das Ganze hat so scharfe Konturen, als sei es gerade aus einer riesigen Puddingform gestürzt worden.

Tatsächlich wurde die Schlange aber vor Hunderten von Jahren aus vielen Körben voll Erde, die innerhalb einer Markierung aus Steinen oder einer Mischung aus Asche und Lehm abgeladen wurden, modelliert. Die 6 m breite und 405 m lange Große Schlange ist nur einer von Tausenden, in Form und Größe unterschiedlichen Mounds, die die Urahnen der nordamerikanischen Indianer anhäuften. Von den Großen Seen bis zum Golf von Mexiko, insbesondere aber im Mississippi- und Ohiotal, bedeckten diese gewölbten oder kegeligen Hügel gewöhnlich Gräber oder dienten als Fundament für Holztempel. Hauptsächlich in Wisconsin fand man die sogenannten „Effigy Mounds“, Erdbauten in Menschen- oder Tiergestalt (Vögel, Bären, Elche, Büffel, Schlangen).

Das Geheimnis der Mound Builders

Der Schlangen-Mound wurde erstmals 1846 von dem Journalisten Ephraim Squier und dem Arzt Edwin Davis vermessen. Sie lieferten exakte Zahlen, konnten aber über die Urheber oder die Entstehungszeit der Anlage nichts aussagen.

Diese geheimnisvollen Hügel gaben den weißen Siedlern schon Rätsel auf, als sie die ersten

Diese riesige, über 400 m lange Schlange verleiht dem Grasrücken am Ufer des Brush Creek in Ohio etwas Geheimnisvolles und Magisches. Der Serpent Mound wurde, wie viele andere Erdfiguren Nordamerikas, von den Vorfahren der Indianer angelegt.

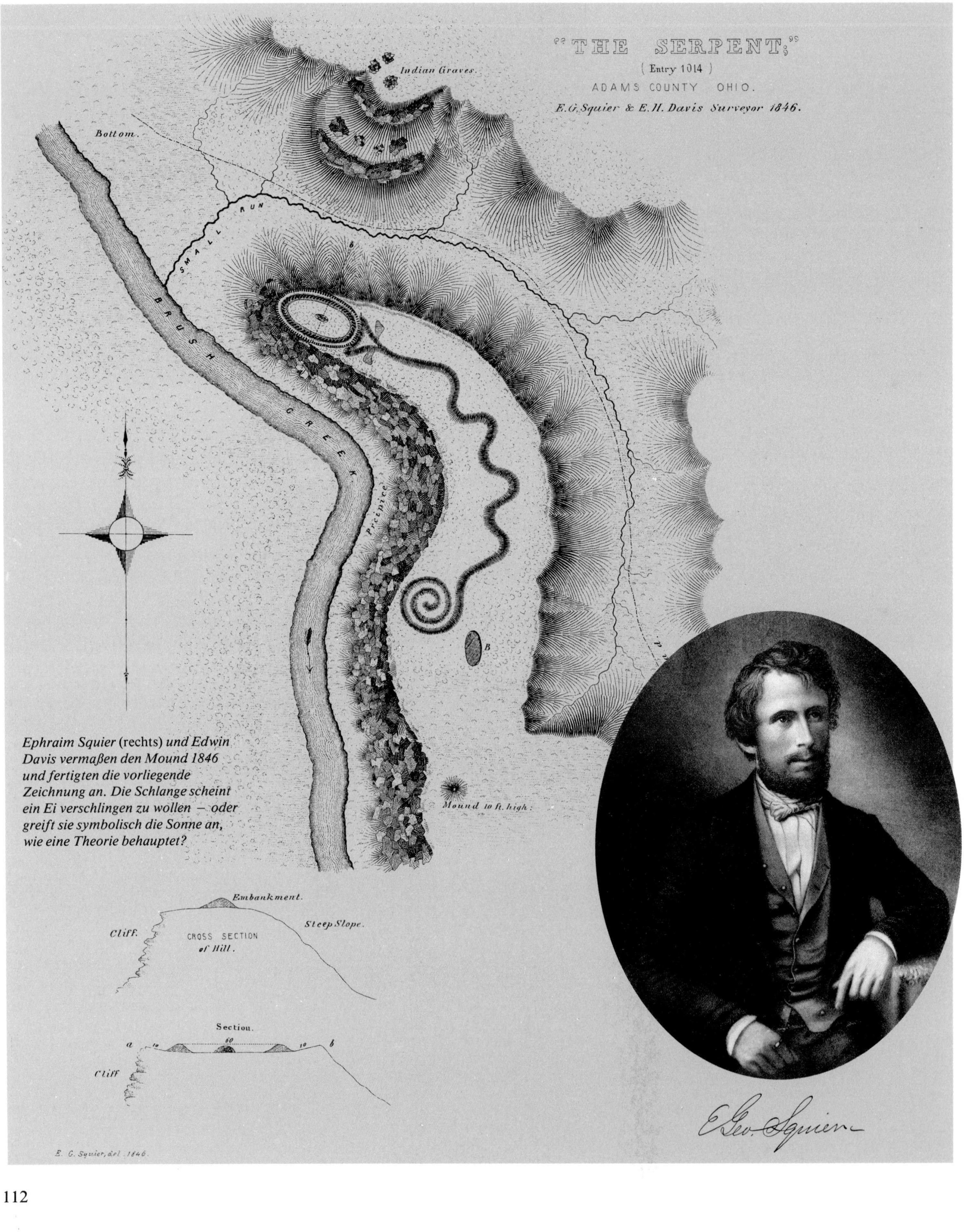

Ephraim Squier (rechts) *und Edwin Davis vermaßen den Mound 1846 und fertigten die vorliegende Zeichnung an. Die Schlange scheint ein Ei verschlingen zu wollen – oder greift sie symbolisch die Sonne an, wie eine Theorie behauptet?*

im 18. Jh. entdeckten. Typischerweise dachten sie, daß die „wilden“ Indianer so etwas Kompliziertes niemals zustandegebracht haben könnten.

Diese Annahme wurde noch erhärtet durch die ungewöhnlichen Funde, die man in einigen Grabhügeln gemacht hatte: Flußperlen, Obsidianspeerspitzen, Glimmerspiegel, behauene Steine, geschnitzte Tabakspfeifen und Trinkschalen aus Schildpatt.

Man entwickelte die abenteuerlichsten Theorien, z. B. daß die Ägypter oder die Wikinger oder sogar „verlorene Stämme Israels“ irgendwann in der Vergangenheit in der Neuen Welt gelandet sein mußten. Nur zögernd setzte sich gegen Ende des 19. Jh. die Erkenntnis durch, daß diese alten Erdmonumente von Indianern errichtet wurden.

Heute glauben viele Wissenschaftler, daß die Große Schlange das Werk der Adena-Indianer ist, die vermutlich von etwa 1000 bis 100 v. Chr. in der Gegend um den Ohio lebten. Sie waren Sammler und Jäger, die in kleinen, aus ein paar einfachen Hütten bestehenden Dörfern wohnten und den Maisanbau in Nordamerika begründeten. Andere wiederum vertreten die Ansicht, daß die Anlageart des Schlangen-Mound eher auf die Hopewell-Indianer hindeute, deren höher entwickelte Kultur wohl ab etwa 100 v. Chr. die der Adena ablöste. Die Bedeutung der Großen Schlange bleibt trotzdem dunkel.

Das Symbol der Schlange

Die Schlange erscheint von den alten Griechen bis hin zu den Ureinwohnern Australiens sehr häufig in der Mythologie. Für die Indianer Nordamerikas war sie ein machtvolles Symbol: die Klapperschlange z. B. wurde von den Cherokee verehrt, die Mohikaner und die Delaware-Indianer hielten sie für einen von Gott gesandten Schutzgeist.

Vielleicht liegt der Schlüssel zur Bedeutung der Großen Schlange in der indianischen Überlieferung. Der Mound-Spezialist William F. Romain stellte kürzlich die These auf, es handele sich hier um die symbolische Darstellung einer Sonnenfinsternis, in der die Sonne (das Oval) von einer Schlange angegriffen oder gefressen wird. Das Bild der von einem Ungeheuer verschlungenen Sonne taucht in einer Reihe von Mythen auf. Die Irokesen etwa glaubten, daß Sonnen- und Mondfinsternis dadurch verursacht würden, daß „Feuerdrachen“ die Himmelskörper fräßen. In der Überlieferung der Cherokee schickte die Sonne ihrem Volk Krankheit, so daß sie eine große Schlange namens Uktena aussandten, damit sie die Sonne auffresse. Romain weist darauf hin, daß sowohl die Irokesen als auch die Cherokee Gebiete in der Nähe des Schlangen-Mound bewohnten.

Was auch immer ihre Bedeutung sein mag, die Große Schlange von Ohio ist von einzigartiger Schönheit, und den Tausenden von Besuchern, die alljährlich hierherkommen, bleibt ihre Verschmelzung von Ruhe und Bewegung in unvergeßlicher Erinnerung.

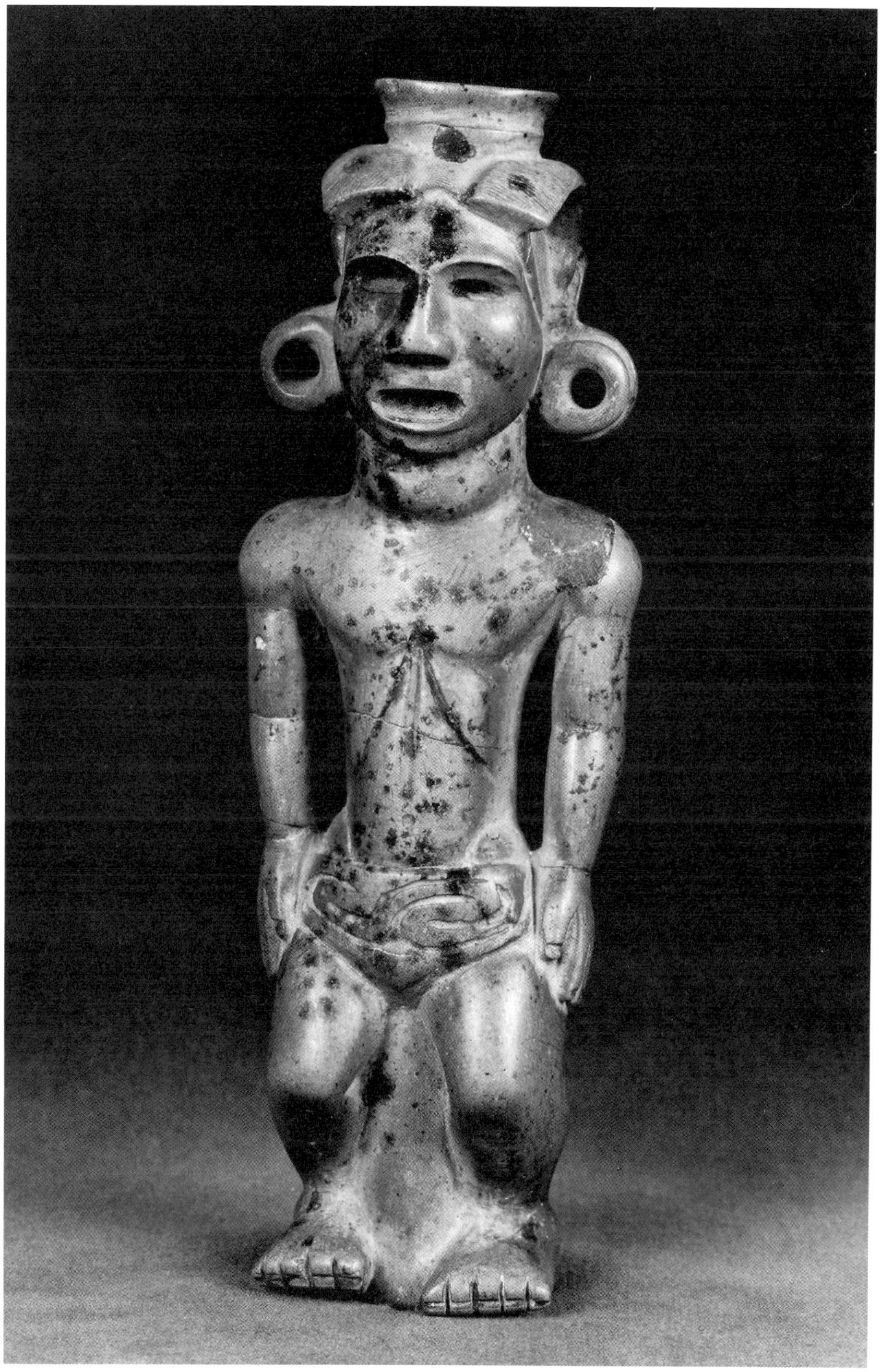

Eine Adena-Steinpfeife aus dem Jahr 1000 v. Chr. Geschnitzte Pfeifen wie diese dienten als Tabakspfeifen. Sie gehören zu den ältesten Steinskulpturen, die im Osten der USA gefunden wurden. Der Schlangen-Mound könnte von den Adena- (ca. 1000 – 100 v. Chr.) oder den Hopewell-Indianern (ca. 100 v. Chr. – 400 n. Chr.) stammen.

Petra

„Je länger wir blieben, und je mehr Felsentempel wir erkletterten, desto stärker wurde mein Gefühl, daß die Bewohner, abgesehen von ihren sonstigen Besonderheiten, Flügel gehabt haben müssen.“

Die britische Reisende Harriet Martineau nach ihrem Besuch in Petra im Jahre 1847

Auf seiner Reise von Syrien nach Ägypten Ende August 1812 traf der junge Schweizer Forscher Johann Burckhardt südlich des Toten Meers auf Beduinen, die ihm von „Altertümern“ in einem abgelegenen Tal, dem Wadi Musa (Tal des Moses), ganz in der Nähe berichteten. Neugierig geworden machte sich Burckhardt auf den Weg.

Was er dort vorfand, überstieg seine kühnsten Erwartungen: mitten in der Wüste lag eine antike Stadt aus ganz ungewöhnlich rosarot gefärbtem Sandstein. Wo er auch hinsah, führten dunkle Eingänge in Hunderte und Aberhunderte von Gräbern, Tempeln und Wohnungen, einige klein und bescheiden, andere mit prächtigen Säulenfassaden. Und alles war direkt in den gewachsenen Felsen hineingehauen.

Burckhardt stand in Petra (was soviel wie „Fels“ bedeutet), der Stadt der Nabatäer, einem arabischen Stamm, der vom 4. Jh. v. Chr. etwa 700 Jahre lang hier gelebt hatte. Der Ort war in Europa zwar aus antiken Schriften bekannt, und Kreuzfahrer hatten ihn im 12. Jh. einmal kurz besetzt, doch seither war seine genaue Lage in Vergessenheit geraten.

Nachdem man in der westlichen Welt von der Wiederentdeckung Petras gehört hatte, wurde es zum exotischen, romantischen Reiseziel für unerschrockene Nahostfahrende. So im Jahre 1818 für die beiden englischen Schiffskapitäne Irby und Mangles, die von dem Surrealen ganz verzückt waren und fanden, daß der Ort „eher wie eine phantastische Theaterbühne als wie eine architektonische Steinkonstruktion“ aussehe.

Zu den späteren Besuchern zählten der französische Adelige Léon de Laborde, der amerikanische Bibelforscher Edward Robinson, der Maler David Roberts und der englische Dichter Edward Lear, dessen Koch Giorgio als „eine Welt ganz aus Schokolade, Schinken, Currypulver und Lachs“ beschrieb.

Heute kommen Besucher aus aller Welt in diese „rosarote Stadt, die halb so alt ist wie die Zeit selbst“, um es mit den Worten des viktorianischen Geistlichen John Burgon zu sagen.

Ein Ungläubiger in falschen Kleidern

Burckhardt, der sich zum Schutz vor den „ungläubigen“ Europäern gegenüber feindlich gesonnenen Stämmen als Araber verkleidet hatte, machte seine Entdeckung auf einer Reise von der syrischen Stadt Aleppo nach Kairo. Als er von den Ruinen im Wadi Musa

Der Schweizer Forschungsreisende Johann Ludwig Burckhardt (1784 bis 1817) entdeckte die Stadt Petra zufällig auf einer Reise von Syrien nach Kairo wieder. Als Araber verkleidet, betrat er die Stadt als erster Europäer in 7 Jahrhunderten.

Die verblüffende Felsfassade der Chazneh al Farun („Schatzhaus des Pharao“) liegt am Ende der engen Schlucht, durch die man nach Petra gelangt. Die Beduinen gaben ihr diesen Namen, da sie glaubten, in der Urne auf dem Rundbau oben liege ein Schatz. Sie beschossen sie regelmäßig, in der Hoffnung, das Gold herauszubekommen, doch die Urne ist aus massivem Stein.

Petras prächtiges Theater, das in den Felshang gehauen ist, liegt zwischen der Chazneh und dem Zentrum der Stadt. Es wurde von den Nabatäern erbaut und von den Römern renoviert, nachdem Petra 106 n. Chr. unter ihre Herrschaft gekommen war. Seine Steinränge boten schätzungsweise 4 000 Zuschauern Platz.
Auf dem Weg zum Theater (links) *sieht man eine Reihe von Gräbern, die in unterschiedlicher Höhe in den Fels geschlagen sind. Ihre relativ einfachen Fassaden deuten darauf hin, daß sie zu den ältesten Bauten Petras gehören.*

hörte, heuerte er einen Führer an, der ihn für ein Paar alter Hufeisen hinbrachte. Burckhardt brauchte eine plausible Erklärung für sein Ansinnen, denn einfache Neugierde hätte die hier ansässigen Beduinen davon überzeugt, daß er ein „schatzsuchender Magier" sei. Deshalb sagte er seinem Führer, daß er gelobt habe, am Aaronsgrab ganz in der Nähe des Tals eine Ziege zu opfern.

Mit einer Ziege und einem Wasserbeutel beladen, durchquerten der Forscher und sein Führer also das Wadi Musa, bis der Weg durch eine Felswand versperrt schien. Doch dann wurde ein großer Spalt sichtbar, der Eingang zu einer sich geheimnisvoll windenden Schlucht, dem Siq, dem auch heute noch einzigen Zugang zu der Stadt.

Im Siq waren sie so eng von hohen Felswänden umschlossen, daß der Himmel nur noch als schmales, ausgefranstes Lichtband zu sehen war. Nach 25 Minuten Fußmarsch durch dieses Halbdunkel tat sich vor Burckhardt plötzlich eine Art riesigen Schlüssellochs auf, durch das er die rosarote Fassade eines fast 30 m hohen Bauwerks schimmern sah, die offensichtlich direkt in den Fels gehauen war.

Burckhardt befand sich an der jetzt berühmten Stelle, wo der Siq sich öffnet und die prächtige Fassade der Chazneh al Farun („Schatzhaus des Pharao") im Sonnenlicht erstrahlt. Die klaren Linien von mächtigen korinthischen Säulen, Friesen und Schnörkeln erscheinen wie frisch aus dem Fels geschlagen. Wir wissen nicht, wozu das Gebäude diente, doch seine Lage am Ende des Inneren Siq scheint mit Bedacht gewählt, um den Besucher, der aus dem dunklen Verlies der Schlucht tritt, förmlich zu blenden.

An der Schwelle zur rosaroten Stadt

Burckhardt befand sich am Tor zu der antiken Stadt. Als er durch die heute „Äußerer Siq" genannte Schlucht weiterging, sah er in unterschiedlicher Höhe dunkle Eingänge zu Felsengräbern, wie er annahm. Dann weitete sich das Tal, er kam an einem in den Hang gehauenen Amphitheater vorbei und stand schließlich auf einer weiten, von Felsen begrenzten Fläche, die im Westen von dem Massiv des Umm el-Bijara beherrscht wurde. Hier sah er „Haufen behauener Steine, Fundamente von Gebäuden, Säulenfragmente und Überreste gepflasterter Straßen". Der junge Forscher stand mitten in Petra.

Die den Stadtkern umgebenden Felsen sind von Spalten zerklüftet und übersät mit Hunderten leerer nabatäischer Grabkammern, Tempeln und Behausungen. Einige der Fassaden sind einfach und nüchtern, andere weisen beeindruckende Eingänge, Säulen und Giebel auf, deren Stilgemisch deutlich griechischen und römischen Einfluß erkennen läßt.

Petra

Der englische Maler David Roberts (19. Jh.) (rechts) *kam als Moslem verkleidet im März 1839 mit Führern und 21 Kamelen nach Petra. Um seine Zelte dort aufschlagen zu dürfen, mußte er die ansässigen Araber bestechen.*
Der Aufenthalt war Teil einer Reise durch Ägypten und das Heilige Land, in deren Verlauf Roberts eine Reihe romantischer, jedoch ziemlich naturgetreuer Bilder malte. Eines davon (unten) *zeigt die heute „Königsgräber" genannten Grabstätten links des Stadtzentrums. Ganz vorne die Fassade des sog. „Palastgrabs", die an einen Römerpalast erinnert. Es wurden aber bis heute noch keine Hinweise aufgefunden, wann und für wen dieses Grab erbaut wurde.*

Die Nabatäer und der Aufstieg Petras

Petra verdankte seinen Wohlstand der Lage am Kreuzungspunkt zweier wichtiger Handelsstraßen: die eine verband den Persischen Golf mit dem Mittelmeer, die andere Syrien mit dem Roten Meer. Händler kamen mit ihren Kamelkarawanen hierher, um zu rasten, Proviant und Wasser zu kaufen und ihre Waren feilzubieten. Die Nabatäer erhoben Steuern von ihnen und verdienten zusätzlich an den angebotenen Dienstleistungen. Schließlich beteiligten sie sich selbst am Handel, und Petra erlebte eine Hochblüte. Doch im 3. Jh. n. Chr. wurden neue Handelswege eröffnet, von denen die Stadt Palmyra nordöstlich von Damaskus profitierte, so daß Petra an Einfluß verlor und sein Niedergang nicht mehr aufzuhalten war.

Sichtbare Zeichen von Petras einstiger Größe sind die prächtigen in den Fels gehauenen Grabfassaden. Am eindrucksvollsten sind die vier Königsgräber östlich des Stadtkerns. Das erste ist das große Urnengrab, dessen Fassade vier verwitterte Halbsäulen zieren, die den Eingang zu einer 17 m tiefen Halle flankieren. Davor befindet sich ein weiter Vorhof, der rechts und links durch je einen eleganten Portikus aus fünf Säulen begrenzt wird.

Unmittelbar nördlich davon liegt das wunderschöne Bunte Grab, das seinen Namen den rot, rosa, weiß und grau gefärbten Lagern seiner Sandsteinfassade verdankt. Das weiter nördlich gelegene Korinthische Grab ist so verwittert, daß seine einst so scharf wie die der Chazneh konturierten Säulen sich ihrem Urzustand wieder anzunähern scheinen. Und schließlich ist da das Palastgrab, dessen breite pilasterverzierte Fassade sich einst über drei Stockwerke erhob und an einen Römerpalast erinnerte. Es ist unklar, für wen dieses Grab gebaut wurde.

Eine elegante Tempelstadt

Petra war aber nicht nur eine Stadt monumentaler Gräber. Die engen Straßen des Zentrums wurden einst von zahlreichen kleinen Geschäften und Häusern mit Flachdächern gesäumt. Diese sind längst zu Staub zerfallen, doch den Archäologen ist es gelungen, einige der bedeutenderen Bauten der Stadt zu lokalisieren (obwohl man sich über deren Entstehungszeit oder Funktion immer noch streitet).

Die Bewohner Petras konnten im Schatten der überdachten Säulenarkade wandeln, die parallel zum Flußbett des Wadi Musa verlief und zum heiligen Bezirk, dem Temenos, führte. Dem Durstigen bot das Nymphäum Erfrischung, ein den Wassernymphen geweihter, schön verzierter Trinkbrunnen. Es wurde über ein raffiniertes Kanal- und Röhrensystem von Quellen außerhalb der Stadt gespeist.

Dem religiösen Kult dienten die Tempel, die prächtig und farbenfroh waren. Den nördlich der Säulenstraße gelegenen, wahrscheinlich der Göttin Atargatis geweihten Tempel erreichte man über eine den Wadi überspannende Brücke und anschließende Terrassen, die zu der gepflasterten Vorhalle und in den marmorgefliesten Innenraum führten. Die Innen-

Das erlesen schöne Bunte Grab liegt etwas zurückgesetzt direkt südlich des Palastgrabs und des Korinthischen Grabs. Seinen Namen verdankt es den unterschiedlich gefärbten Sandsteinlagern in seiner Fassade.

wände waren verputzt und in leuchtenden Farben – später auch monochrom – mit Delphinen, Blumengirlanden und anderen Motiven bemalt. Das Hauptheiligtum Petras, Qasr Bint Far'un, beherrschte den Temenos und stand direkt hinter dessen triumphalem Bogen. Breite Marmorstufen führten auf das von vier mächtigen sandfarbenen Säulen umgrenzte Podium und zum Eingang des Tempels. Dieser war mit Fresken verziert und wurde von dem durch zwei hohe Fenster eindringenden Sonnenlicht natürlich ausgeleuchtet.

Der größte Tempel wird *ed-Der* („das Kloster") genannt. Seine einsame Lage in luftiger Höhe nordwestlich des Haupttals verleiht diesem Koloß eine besondere Ruhe. Die 40 m hohe Fassade ist ebenfalls direkt aus dem Fels geschlagen.

Die Stadt Petra ist heute noch genauso beeindruckend wie vor 200 Jahren, als Burckhardt sie wiederentdeckte. Für einige sind die zahllosen, in den Fels gehauenen, leeren Kammern nichts als eine gruselige Totenstadt. Man sollte aber nicht vergessen, daß Petra in seiner einstigen Blütezeit vom Handel und Wandel vieler Tausender von Menschen erfüllt war.

Burckhardt kam nicht bis hierher und sah auch die meisten anderen Fassaden nicht. Sein Führer schöpfte nämlich Verdacht und drängte ihn unmißverständlich, endlich sein Ziegenopfer darzubringen. So nahm Burckhardts Reise in die 2000jährige Vergangenheit ein Ende. Er verließ das Tal mit der richtigen Vermutung, daß die Ruinen im Wadi Musa das alte Petra seien.

Die einstmals eleganten Säulen des Korinthischen Grabs (linke Seite), *einem der Königsgräber, nähern sich durch die Jahrhunderte währende Verwitterung wieder ihrem Urzustand an.*

Das größte Grab Petras ist ed-Der, „das Kloster" (rechts), *auf der Anhöhe nordwestlich des Stadtzentrums. Äußerlich ähnelt es der Chazneh, doch wirkt es durch seine isolierte Lage und riesigen Dimensionen – es ist 40 m hoch – noch beeindruckender.*
Die britische Reisende Harriet Martineau (rechts oben) *besichtigte ed-Der 1847. Damals waren die Araber aus der Umgebung hier zusammengelaufen, um die Auswirkungen eines heftigen Gewitters auf die Stadt zu beobachten. „Reih' um Reih' der Höhlen war gelb erleuchtet; und kleine weiße Rauchsäulen stiegen im Mondlicht auf ... Ich hatte Petra noch einmal bevölkert gesehen."*

Tikal

„Plötzlich bot sich unserem Auge ein ehrfurchtgebietender Anblick: vier der großen Pyramiden von Tikal ... wie grüne Vulkane mit in weiße Wolken getauchten Gipfeln."

Sir Eric Thompson beim Anblick von Tikal zu Beginn dieses Jahrhunderts

Der Petén von Guatemala mit seinen über 36000 km² unwirtlichen tropischen Regenwalds scheint denkbar ungeeignet für das Entstehen einer hochentwickelten, prächtigen Kultur. Jaguare, Ozelots, Pumas und Wildschweine streifen – in heute zwar verringerter Zahl – durch das Dickicht. Baumriesen wie Kapok, Mahagoni, Sapotazea, spanische Zeder und Palme ragen bis in 40 m Höhe auf und weben mit ihrem weitverzweigten Geäst einen dichten, tiefgrünen Baldachin. Tagsüber setzen schillernde Kolibris, grellbunte Papageien und Motmots Glanzlichter in dieses grüne Blattgeflecht. Doch mit Anbruch der Dunkelheit hält die Urnacht wieder Einzug, zerrissen nur von den schaurigen Rufen der Brüllaffen.

Doch im 19. Jh. entdeckten Forscher in diesem fast undurchdringlichen Gebiet außergewöhnliche, vom Dschungel längst überwucherte Denkmäler und Bauten einer hochentwickelten Zivilisation. 1848 stießen Colonel Modesto Mendez und Ambrosio Tut, zwei hohe Verwaltungsbeamte von Flores in Nordguatemala im Nordwesten ihrer Stadt auf höchst interessante Ruinen. Der Anblick war verblüffend: unter dem grünen Gewirr von Bäumen, Moos, Flechten und Farn fanden sie Pyramiden – eine davon über 60 m hoch – mehrgeschossige Palastbauten, Tempel, Plätze und mit grotesken Figuren und rätselhaften Hieroglyphen bemalte oder behauene Sandsteinstelen.

Die beiden hatten Tikal entdeckt, die größte und prächtigste aller Maya-Städte, die von 100 v. Chr. bis zum Ende des 9. Jh. n. Chr. ein blühender Ort gewesen war. Zu einer Zeit, als im Westen finsteres Mittelalter herrschte, war also die riesige Metropole aus den Tiefen des Dschungels aufgestiegen und mit ihr die anderen großen Maya-Städte wie Copán und Palenque. Tikal war der Lebensmittelpunkt Zehntausender von Menschen. Sie bildeten eine durchstrukturierte, kultivierte Gesellschaft, in der Malerei, Bildhauerei, Schrift und Astronomie eine hohe Blüte erlebten, und ihre Architektur war das Wunder des antiken Amerika.

Himmelsleitern

Für den heutigen Besucher ist Tikal, genau wie für die frühen Entdecker, ein gespenstisch rätselhafter Ort in schwindendem Glanze.

Gigantische Maya-Pyramiden ragen aus dem grünen Baldachin des Regenwalds von Guatemala. Auf diesen oft über 60 m hohen Pyramiden standen kleine, nüchterne Tempel mit kunstvoll behauenen Dachkämmen.

1848, fast 1000 Jahre nach seinem Untergang, wurde Tikal bei Flores in Nordguatemala entdeckt. Im dichten Dschungel versteckte, monumentale Steinbauten wie die Nördliche Akropolis (rechts) *weisen die Maya-Architektur als das Wunder des antiken Amerika aus.*

Aus der Vogelperspektive betrachtet, ragen einem fünf fahle Kalksteininseln wie die Spitzen von Eisbergen aus einer tropisch grünen See entgegen. Von unten gesehen erweisen sich diese vermeintlichen „Inseln" als die Spitzen mächtiger Pyramiden mitten in der alten Stadt.

Diese 60 m und höher aufragenden Pyramiden durchstoßen den Dschungelbaldachin. Es sind klotzige, oben abgeflachte Steinbauten, auf denen jeweils ein relativ kleiner, schlichter Tempel stand, über dessen Eingang ein kunstvoll geschnitzter Türsturz aus Sapoteaholz ruhte. Die Tempelwände waren oft extrem dick – bis zu 12 m –, da sie die *Cresteria* zu tragen hatten, den schön behauenen, bunt bemalten Dachkamm, der als dekorative Bekrönung diente und dem wuchtigen Unterbau eine noch größere Höhe und damit auch Wirkung verlieh.

An der Vorderseite der Pyramide befand sich eine lange, herausgesetzte, sehr steil nach oben führende Treppe, über die die Priester die Tempelplattform erreichten. Von hier aus

Der britische Maya-Spezialist Alfred Maudslay (links) *kam 1881 erstmals nach Tikal. Seine Führer weigerten sich aus Angst vor den „Geistern des Hauses", in der Ruinenstadt zu nächtigen. Teobert Maler zufolge, der Tikal 20 Jahre später besuchte, glauben die Maya, daß ihre Urahnen in den „verlassenen Tempeln und Palästen" ihrer einstigen Städte spuken. „Tikal" bedeutet in der Sprache der Maya „Ort, an dem die Geisterstimmen hörbar sind". Maudslays historische Aufnahmen zeigen Tempel I* (rechts) *und den Blick von dort aus nach Westen* (unten).

sprachen sie, geschmückt mit einem hoch aufragenden Kopfputz, einem „gefiederten Feuerwerk“, das in allen Regenbogenfarben schillerte, zu den sich unten auf der Plaza drängenden Massen; und hier brachten sie im Räucherduft brennenden Kopalharzes Opfer zur Versöhnung ihrer Götter dar.

Enthüllung einer Maya-Stadt

1956 startete das Museum der Universität von Pennsylvania ein 14jähriges Projekt zur Freilegung und Restaurierung des 16 km² großen Zentralbereichs.

Ganz Tikal war über 65 km² ausgedehnt. Bis vor kurzem glaubte man, die Stadt sei lediglich ein riesiges Zeremonialzentrum gewesen, doch nach neueren wissenschaftlichen Erkenntnissen muß sie eine dicht bevölkerte Metropole gewesen sein, die die vielfältigen Bedürfnisse einer hochentwickelten Kultur erfüllte. Zur Blütezeit mögen hier 50000 Menschen gelebt haben, und die Maya-Bauern arbeiteten schwer, um die zur Versorgung solcher Massen nötigen Nahrungsmittel zu produzieren: Mais, Tomaten, Kürbisse, Bohnen u. a.

Die herrschende Klasse lebte in heute als „Paläste“ bezeichneten Häusern und Ämtern, die die zentrale Große Plaza umgaben. Es handelte sich dabei um langgestreckte, z. T. dreigeschossige Steinbauten, die auf durch

Als Tikal wiederentdeckt wurde, war es über 900 Jahre dem Dschungel ausgeliefert gewesen. Mendez und Tut verließen den Ort so, wie sie ihn vorgefunden hatten. Auch spätere Besucher, wie 1877 der Schweizer Botaniker Dr. Gustave Bernouilli, 1881 und 82 Alfred Maudslay und 1904 Teobert Maler, hinterließen kaum Spuren.

Der prächtige, 45 m hohe Tempel I, den man von seinem Urwaldbewuchs befreit hat, beherrscht die Ostseite der Großen Plaza. Sein hölzerner Türbalken wird von einer Jaguardarstellung geziert. An dem jetzt verwitterten Dachkamm prangte einst das bemalte Bildnis eines Herrschers.

Maya-Würdenträger mit kunstvollem Kopfputz, Schmuck und stilvollen Gewändern oder Lendenschurzen bei einer Prunkprozession. Die Szene ist die Reproduktion einer Freske aus der Maya-Stadt Bonampak in Chiapas, Mexiko.

Treppen und Durchgänge verbundene Höfe blickten. Die „Adeligen" trugen Gewänder aus farbigem Webstoff oder einfache Lendenschurze, Kopfputz und Jadeschmuck, und sie arbeiteten und erholten sich in relativ luxuriöser Umgebung. Die Räume waren verputzt und bemalt, hier und da zierte eine bunte Maske die Wand. Man hatte Vorhänge, und wahrscheinlich legte man Jaguarfelle auf den Boden und über die Steinsitze.

Die Große Plaza und ihre Tempel

Am lebhaftesten ging es auf der Großen Plaza von Tikal und dem öffentlichen Markt zu, wo Töpferwaren, Tuche, Leder, Kräuter, Federn, Obsidianklingen, Jade, Muscheln und Eßwaren gegen Kakaobohnen gehandelt wurden. Auf der Plaza fanden auch große Zeremonialversammlungen statt. Dieser etwa 1 ha große, offene Platz ruhte auf vier übereinandergelagerten Schichten und war an seiner Oberfläche mit weißem Zement geglättet, der heute unter einem Grasteppich verborgen ist. Zu seinen Seiten standen Pyramiden und andere Bauten.

Noch heute wird die Plaza im Osten und Westen von zwei hohen Tempelpyramiden begrenzt, die ganz prosaisch „Tempel I" und „Tempel II" genannt werden. Tempel I, dessen Türbalken ein Jaguarrelief ziert, erhebt sich über neun Terrassen zu 45 m Höhe. Sein Dachkamm ist bereits stark verwittert, hat aber einmal die wahrscheinlich rot, cremeweiß, grün und blau bemalte, überdimensionale Sitzstatue eines Herrschers getragen. Möglicherweise war die gesamte Tempelfassade, so wie andere in Tikal, ursprünglich glutrot bemalt gewesen.

Die Pyramidentempel sind die erhabensten

Die furchterregende, 3 m hohe Maske eines Maya-Gottes mit „Ohrpflöcken" ziert die Fassade eines Tempels der Nördlichen Akropolis im Norden der Großen Plaza. Die Skulptur ist ein typisches Beispiel für den klobig-flächigen Maya-Stil.

Zeugnisse der Baukunst der Maya, die weder Metallklingen und -äxte, noch das Rad oder Zugtiere kannten. Arbeiterkolonnen mußten für den Bau einer jeden Pyramide Unmengen von Geröll und Steinen heranschleppen. Man errichtete eine zunächst rechteckige Ummauerung, die mit Bruchstein angefüllt und anschließend mit einem Zementglattstrich abgedeckt wurde.

Darauf wurde dann in gleicher Weise Stufe um Stufe gesetzt. Die Außenwände verkleidete man mit schön geglätteten Kalksteinplatten. Schließlich brannten die Arbeiter Kalk zur Herstellung von Zement und Stuck für den Außenputz der Pyramide.

Der britische Maya-Forscher Sir Eric Thompson fand ein erstaunlich gut erhaltenes Beispiel der Maya-Verputzerkunst an einer Pyramide, über die man, nach alter Maya-Praxis, eine weitere „gestülpt" hatte: „Die gesamte Oberfläche der Pyramide ist mit einer dicken Schicht cremeweißen Stucks überzogen, strahlend hell ... Einer der tiefsten und bewegendsten Eindrücke, die ich je hatte, war der Anblick dieser Pyramide im Vollmondlicht ..."

Ein Berg aus Steinen

Vom Großen Platz aus gelangte man über breite, dammartig erhöhte, zementversiegelte und von Mauern eingefaßte Prozessionsstraßen zu weiteren Zeremonialanlagen. Am Kreuzungspunkt zweier solcher Straßen ragt die wahrscheinlich höchste Maya-Pyramide auf, ein wahrer Berg aus Steinen: Tempel IV. Diesen noch nicht freigelegten, 65 m hohen Giganten zu besteigen ist recht beschwerlich, da die einstige Treppe der Erosion zum Opfer fiel; lediglich Wurzeln bieten den Füßen auf der überwucherten Fassade einen gewissen Halt.

Der Tempelaufbau birgt drei kahle Räume, auf deren Mauern der massige Dachkamm ruht. Der Rundblick von der Tempelplattform ist atemberaubend: eine üppig grüne Baumlandschaft zieht sich bis in weite Ferne. Unter ihr versteckt liegen Tausende von Häusern und das Ackerland der Maya-Bauern, das sich einst über das gesamte Gebiet erstreckte.

Das große Tikal erlebte eine etwa 1000jährige Blütezeit, bevor es, wie die anderen großen Maya-Städte, gegen Ende des 9. Jh. n. Chr. rätselhaft unterging. Ganz plötzlich und aus bisher ungeklärten Gründen wurden diese Zentren von ihren Bewohnern verlassen.

Vielleicht waren die Böden erschöpft, und es kam zu Mißernten; vielleicht veränderte sich das Klima drastisch, oder eine Epidemie brach aus; oder aber die Bauern erhoben sich gegen die Oberschicht. Was auch immer der Grund war – Tausende kehrten in die Wälder zurück.

Innerhalb kurzer Zeit begannen die farbenfrohen Tempel und weißen Pyramiden zu verfallen, und der Urwald breitete seine Fangarme darüber aus. Tikal wurde zur verlorenen Stadt, die jetzt vom Gezeter der Papageien und dem Gebrüll der Jaguare widerhallt, und wo Stachelschweine und Klammeraffen sich tummeln und die Geister der Maya-Ahnen nicht zur Ruhe kommen.

Altar 5 (unten) *ist einer der schönsten von Tikal. Zwei Priester stehen in einem Zahlenkreis, der sog. „Kalenderrunde". Die Maya waren hervorragende Mathematiker und entwickelten ein kompliziertes System ineinandergreifender Kalender, welches ihren Astrologen erlaubte, Sonnen- und Mondfinsternisse vorherzusagen.*

Von den zahlreichen Kalksteinstelen Tikals, die mit figürlichen Darstellungen und Hieroglyphen bedeckt und z. T. bemalt waren, ist Stele 4 (links) *eine der interessantesten. Forschern gelang es, aus den Glyphen den Namen des mit der Stele Geehrten zu entziffern: es ist ein gewisser „Ringelnase", der Ende des 4. Jh. n. Chr. lebte.*

Machu Picchu

„Es war wie ein unglaublicher Traum ... Was konnte das nur für ein Ort sein?“

Der amerikanische Forscher Bingham beim Anblick von Machu Picchu

Eines schönen Tages im Juli 1911 verließ die Maultierkarawane des amerikanischen Forschers Hiram Bingham die alte Inka-Stadt Cuzco in Peru. Bingham war auf der Suche nach Vilcabamba, der letzten Inka-Festung, die den Spaniern zum Opfer gefallen war. Hier hatten sie 1572 ihre Eroberung eines Reichs vollendet, das sich zu seiner Blütezeit über 4000 km von Ecuador bis Chile erstreckte.

Binghams Expedition folgte dem Urubamba in nordwestlicher Richtung und gelangte schließlich in ein tiefes, gewundenes Tal. Schneebekrönte Berge erhoben sich bis über die Wolken, und das Tosen schäumender Wasserfälle hallte von den schroffen Granitfelsen wider.

Während einer Lagerpause traf Bingham einen Bauern, der ihm von Ruinen auf einem nahegelegenen Berg, dem Huayna Picchu, erzählte. Am nächsten Tag, dem 24. Juli, führte er den skeptischen Amerikaner einen baumüberwucherten Steilhang hinauf, auf dem es nur so von Schlangen wimmelte. Kurz vor dem Gipfel tat sich zu Binghams Erstaunen eine Flucht ausgedehnter Steinterrassen auf, und dann sah er auch überwachsene und moosbedeckte Mauern von uralten Inka-Gebäuden.

Eine Entdeckung jagte die andere: weiße Granitbauten aus über mannshohen Blöcken, verfallene Tempel, Plätze, Bäder und Höfe setzten den Forscher in höchstes Erstaunen, und er fragte sich: Wird mir überhaupt jemand meine Entdeckung glauben?

Eine Stadt thront über der Erde

In späteren Jahren kam Bingham wieder, um sein vermeintliches Vilcabamba freizulegen. Neuere Forschung hat aber ergeben, daß diese Stadt sich in dem nordwestlich gelegenen Dschungelgebiet von Espiritu Pampa befindet. Trotzdem wurden Binghams Ruinen, die man später „Machu Picchu“ taufte, die berühmtesten in Südamerika.

Der heutige Reisende muß nicht wie Bingham die ca. 100 km von Cuzco hierher in mehrtägigem Marsch zurücklegen, sondern kann Machu Picchu in wenigen Stunden erreichen, zuerst mit dem Zug und dann mit dem Bus, der den Hang im Zickzack erklimmt.

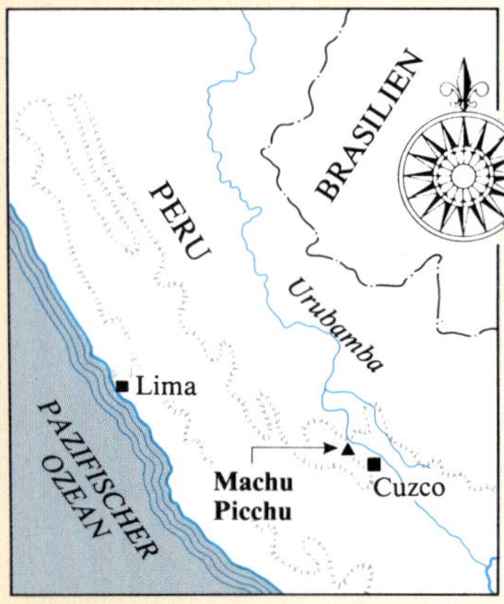

Jahrhunderte des Schweigens liegen über der rätselhaften Inka-Stadt Machu Picchu in den peruanischen Anden. Sie wurde im 15. Jh. erbaut und ist zweifellos eine der faszinierendsten archäologischen Stätten der Welt.

Machu Picchu

Machu Picchu liegt etwa 600 m über der Talsohle auf einem Bergsattel zwischen den Gipfeln des Huayna und des Machu Picchu. Die Stadt wurde im 15. Jh. erbaut und war vermutlich eine kleinere Inka-Festung mit etwa 1000 Einwohnern und über ein Straßennetz mit anderen Anden-Städten verbunden. Sie wurde noch vor der Einnahme von Vilcabamba im Jahre 1572 von ihren Bewohnern verlassen. Wie durch ein Wunder blieb Machu Picchu vor der Zerstörung durch die Spanier bewahrt und ist deshalb noch relativ gut erhalten.

Hiram Bingham (1875 – 1956), ein amerikanischer Historiker und Archäologe, stieß 1911 auf Machu Picchu. Eigentlich war er auf der Suche nach Vilcabamba, der letzten von den Spaniern eroberten Inka-Stadt. Zu diesem Zweck hatte er eine Expedition organisiert, die im Juli 1911 aus Cuzco aufbrach. 5 Tage später stieß Bingham auf die dschungelüberwucherten Ruinen von Machu Picchu, die er für Vilcabamba hielt. Spätere Forschung hat jedoch ergeben, daß Machu Picchu nicht die letzte Inka-Hochburg, sondern eine kleine befestigte Stadt mit etwa 1000 Einwohnern war.

Mit seinen auf mehreren Ebenen angesiedelten Palästen, Tempeln, Häusern, Treppen, Kanälen, Brunnen und Terrassenfeldern ist es ein Meisterwerk der Stadtplanung und Architektur. Wahrscheinlich errichteten die Inka-Baumeister die Stadt nach einem Ton- oder Steinmodell. Die Arbeiter, denen weder Zugtiere noch Eisenwerkzeug zur Verfügung standen, schafften die riesigen Granitblöcke mit Rollen und Hebeln herbei. Sie wurden dann behauen und geglättet und ohne Mörtel aufeinandergesetzt.

Die gut strukturierte Inka-Gesellschaft war hierarchisch gegliedert, was sich auch in der Stadtanlage widerspiegelt. Würdenträger, Priester, Handwerker und einfache Leute lebten in getrennten Bereichen, hatten ihre eigenen Vorrechte, Rechte und Pflichten, bis hin zur standesgemäßen Kleidung.

Mittelpunkt des Stadtlebens war die Große Plaza, wo Feste und Märkte abgehalten wurden. Die Häuser und Ämter der Oberschicht gruppierten sich auf erhöhten Terrassen um den Platz herum, die einfachen Steinhütten der Bauern lagen tiefer. Sie waren strohgedeckt und umschlossen Höfe, in denen die Inka-Frauen ihren häuslichen Arbeiten nachgingen.

Die Kinder der Sonne

Die Bauten von Machu Picchu haben nichts Spektakuläres. Sie verstehen sich nicht als Konkurrenz zur umliegenden Bergwelt, sondern machen sich diese zunutze. So bieten die riesigen trapezförmigen Maueröffnungen des Tempels der drei Fenster gleichsam einen Rahmen für den faszinierenden Blick in die Anden. Dieser Tempel und der danebenliegende Haupttempel waren einfache, U-förmige, wahrscheinlich nach oben offene Bauten, die den Priestern die Beobachtung der bei den Inka als Götter verehrten Gestirne erlaubten.

Die Sonne, der göttliche Vorfahre der Inka-Herrscher, wurde wegen der Wärme und des Lichts, die sie den Feldfrüchten spendet, verehrt. Auf einer Anhöhe direkt hinter den beiden Tempeln befindet sich der heilige Intihuatana („Ort, an dem die Sonne angebunden wird“). Hier wurde zur Wintersonnwende die Sonne an einer niedrigen viereckigen Säule, die in der Mitte einer unregelmäßig gestuften, nicht sehr hohen Plattform steht, symbolisch

gefesselt, um ihre Wiederkehr im nächsten Jahr sicherzustellen.

Machu Picchu ist eine jener wenigen historischen Stätten, die in heiterer Gelassenheit Brand und Zerstörung entgingen. Inmitten dieser einzigartigen Umgebung nebelverhüllter Andengipfel liegt es wie ein Steinhorst vor den Pforten des Himmels.

Dichtes Gestrüpp überwucherte Machu Picchu, als Bingham es entdeckte. Erst nach mühsamer Arbeit lag die Inka-Stadt so frei, wie sie Binghams Aufnahmen zeigen. Für gewöhnliche Behausungen setzte man den heimischen Granit in groben Blöcken aufeinander, doch für bedeutendere Bauten wurde er zu exakten Quadern behauen. Diese fügte man ohne Mörtel aufeinander, und sie sitzen so genau, daß nicht einmal eine Messerklinge dazwischenpaßt.

Tintern Abbey

„Ein angenehmerer Zufluchtsort wäre nicht leicht zu finden."

Reverend William Gilpin, 1782

Vor ungefähr 200 Jahren kreuzten kleine, von bis zu sechs Ruderern angetriebene Luxusboote, auf denen schon die Picknickkörbe für die Passagiere bereitstanden, regelmäßig im Unterlauf des Wye, da, wo er sich entlang der englisch-walisischen Grenze durch Wälder und Auen schlängelt. Die sogenannte *„Wye Tour"* nahm in Ross oder Monmouth ihren Anfang und endete in Chepstow an der Flußmündung. Ihre Krönung erfuhr diese Bootspartie durch das Erscheinen der großartigen Ruine Tintern Abbey.

Im späten 18. und frühen 19. Jh. stand ganz Europa im Zeichen der Romantik. Als Reaktion auf die voraufgegangene Ära des Rationalismus mit ihren klassisch-strengen Bauten und abgezirkelten Gartenanlagen begeisterten sich die Romantiker für urwüchsig wilde Landschaften, Burgen mit Türmchen und Zinnen, zerbröckelnde Ruinen, kurz, alles, was ihnen „natürlich" und frei von Künstlichkeit erschien. Da der Reiseverkehr nach dem europäischen Festland durch die Französische Revolution (1789 – 1799) stark eingeschränkt war, wurde die Wye-Tour für viele Reiselustige, Schriftsteller, Dichter und Maler interessant. Und Tintern Abbey mit ihren von Efeu, Moos und Flechten malerisch umrankten hellen Sandsteinmauern wurde für diese Freigeister der märchenhafte Ort *par excellence*.

Romantische Ruinen

Nach dem Anlegen ergingen sich die Ausflügler zwischen den Mauern, eingestürzten Säulen und gotischen Spitzbögen dieser geweihten Stätte. Auf dem weichen Grasteppich des Kirchenschiffs breiteten sie ihr üppiges Picknick aus und genossen das harmonische Verschmelzen der zarten Tönung des Steins mit dem Blau des Himmels und die herrliche Umgebung mit saftig grünen Fichten, Buchen, Eichen und Ulmen.

Um die Erhabenheit des Augenblicks noch zu steigern, heuerten manche einen walisischen Harfenisten an, der für musikalische Untermalung sorgte. Übernachteten die romantischen Schwärmer im Beaufort Arms, so konnten sie zwischen den vom Vollmond versilberten Ruinen wandeln oder ihre Phantasie von den Schatten beflügeln lassen, die die Fackeln an die Wand warfen.

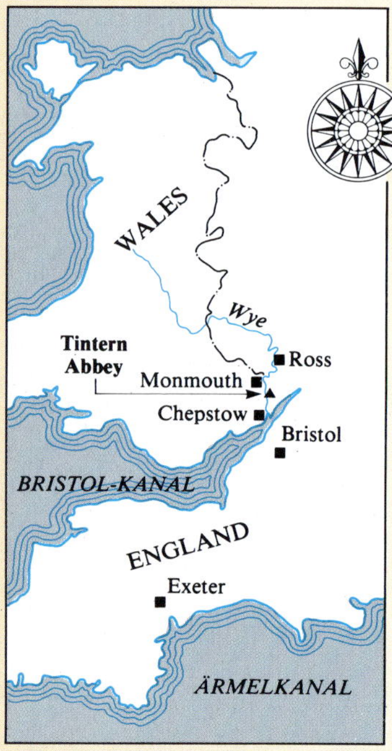

Tintern Abbey wurde im 12. Jh. von Zisterziensern im bewaldeten Tal des Wye erbaut. Die malerische Ruine, die sich über die grünen Auen erhebt, bildete vor 200 Jahren den Glanzpunkt der Wye-Tour, einer genußreichen Bootspartie, die in Monmouth oder Ross begann und in Chepstow endete.

Tintern Abbey

Ein Ort für Dichter

Den beliebtesten Führer für die Wye-Tour hatte der Geistliche Gilpin verfaßt und 1782 veröffentlicht. Gilpin war hingerissen von der malerischen Umgebung der alten Abtei: den Flußwindungen, Wäldern und Lichtungen und der allumfassenden Ruhe.

Ehrfurchtsvoller war da der große englische Dichter William Wordsworth (1770–1850), der bei seinem zweiten Besuch der Ruine am 10. Juli 1798 zu den berühmten „Zeilen" über Tintern Abbey inspiriert wurde. Er sagt darüber: „Keines meiner Gedichte wurde unter angenehmeren Bedingungen geschrieben als dieses hier."

Der idyllische Ort zog auch Maler an, deren berühmtester J. M. W. Turner war (1775 bis

1851). Er kam in den 90er Jahren des 18. Jh. mehrfach hierher und fertigte Skizzen vom Innenraum der Kirche an, die er dann zu Aquarellen ausarbeitete. Darauf erscheinen die eleganten, von grünem Blattwerk umrankten Bögen in goldenes Sonnenlicht getaucht, und über ihnen erhebt sich die blaue Kuppel des Himmels. Persönliche Eindrücke verbinden sich mit zeitloser Stimmung.

Im ausgehenden 18. und beginnenden 19. Jh. zogen die efeuumrankten Mauern von Tintern Abbey (links und rechts unten) *zahllose romantische Schriftsteller und Künstler an. Zu den berühmtesten Besuchern zählten der Landschaftsmaler J. M. W. Turner und der Dichter William Wordsworth* (rechts). *Wordsworth, der diese „wunderschöne Ruine am Wye" 1793 erstmals besucht hatte, kam 5 Jahre später wieder und schrieb danach seine berühmten „Zeilen" über Tintern Abbey. Er fängt in diesem Gedicht die Ruhe der Umgebung, die Bergquellen mit ihrem „süß eintön'gen Murmeln", die bewaldeten Hänge, die Hütten, Haine, Forste und Gehöfte ein. Turner, hier auf einem um 1798 fertiggestellten Selbstporträt* (links oben), *besuchte Tintern Abbey mehrmals. Seine Skizzen vom Innenraum der Kirche arbeitete er zu zarten Aquarellen aus.*
Heute wie zu Turners Zeit scheint die Sonne ungehindert auf den Grasteppich des dachlosen Kirchenschiffs, das vom Gurren und Flügelschlag der Tauben widerhallt. Doch Säulenbündel und Bögen streben immer noch wie Steinfontänen in typisch gotischem Überschwang gen Himmel.

Die Ankunft der „weißen Mönche"

Tintern Abbey bietet nach wie vor einen majestätischen Anblick. Obwohl der Efeu, der die wände für Gilpin und spätere Besucher so malerisch machte, zum Schutz des Mauerwerks abgenommen werden mußte, sind die Kirche und die umliegenden Gebäude noch in ähnlichem Zustand wie vor 200 Jahren.

Tintern wurde 1131 von dem Lord von Chepstow als Kloster für Zisterzienser, die man wegen ihrer ungefärbten Kutten die „weißen Mönche" nannte, gegründet. Wahrscheinlich lebten in den 400 Jahren des Bestehens der Abtei nie mehr als 25 Mönche hier. Doch als Gehilfen in der Landwirtschaft, in der die Zisterzienser sehr innovativ waren, und für andere körperliche Arbeit wurden *Conversi* (Laienbrüder) aufgenommen, für die weniger strenge Regeln galten. Sie ließen die Klostergemeinschaft zeitweilig aufs Fünffache anwachsen.

Im 13. Jh. wurde die Abtei umgebaut und erweitert, insbesondere unter der Schirmherrschaft des Grafen von Norfolk, Roger Bigod. 1270 begann Bigod mit dem Bau einer prächtigen gotischen Kirche, der jetzigen Ruine. Der Verfall des 72 m langen Kreuzbaus setzte 1536 an, als das Kloster zusammen mit etlichen anderen von Heinrich VIII. aufgelöst wurde.

Vom Maßwerk des 20 m hohen Ostfensters blieb nur die Mittelstrebe übrig, die schlank und elegant ist wie ein junger Schößling. Obwohl die Zisterzienserregeln farbiges Fensterglas untersagten, war das Ostfenster mit Buntglas ausgekleidet und zeigte auch das Wappen von Roger Bigod. Das einfallende Sonnenlicht warf prächtige Farbreflexe auf die verputzten Wände, den gefliesten Boden

und das Chorgestühl aus schön geschnitztem Eichenholz.

Im Umkreis der Kirche liegen die Ruinen der anderen Gebäudeteile des insgesamt 10 ha umfassenden Klosters. Im Norden schließt sich der Kreuzgang an, ein offener, grasbewachsener Hof, der einst von überdachten Wandelhallen umgeben war, wo die Mönche ihr Stundengebet verrichteten. Daran schlossen sich andere Räume an, wie der Kapitelsaal, in dem täglich Fragen der Ordensdisziplin besprochen wurden, der Sprechraum, in dem allein freie Unterhaltung gestattet war, ein 25 m langes Refektorium und der einladende Wärmeraum, der, abgesehen von der Krankenabteilung, als einziger Raum im Winter beheizt wurde.

Das Ende einer Ära

Im ausgehenden 13. Jh. bewirtschaftete die Abtei über 1200 ha Land und ihre Besitztümer wurden so hoch eingeschätzt, daß sie zu den reichsten Klöstern von Wales gezählt wurde. Doch 1536 nahm ihre 400jährige Geschichte ein jähes Ende. In jenem Jahr wurde ein Gesetz verabschiedet, wonach alle Klöster mit weniger als £ 200 Jahreseinkommen aufgelöst werden sollten. Tintern blieb um £ 8 darunter. Die Mönche wurden entlassen, die Kirchenglocken entfernt und das mit kostbarem Blei gedeckte Dach eingeschmolzen. So war die Kirche dem Verfall preisgegeben und wurde zur malerischen Ruine.

Die bewaldeten Hänge, die einst vom Glokkenklang widerhallten, der die Mönche zum Gebet rief, bilden nun, je nach Jahreszeit, einen grünen oder goldbraunen Hintergrund für die kahlen Wände und Bögen. Der ruhig vorbeifließende Wye verstärkt noch die friedvolle Atmosphäre. Kirchendach und bunte Glasfenster gibt es nicht mehr, doch die umgebende Natur verleiht den Ruinen nach wie vor erhabene Eleganz. So schrieb A. G. Bradley, ein englischer Besucher, Anfang dieses Jahrhunderts: „Sie ist wirklich wunderbar erhalten, und wer wollte behaupten, daß Sonne und Mond, Sterne und Wolken ein weniger eleganter Baldachin seien als das verschwundene Dach, oder ein weniger wirkungsvoller Hintergrund für das kunstvolle Maßwerk ... als Holz oder Glas oder Blei."

Dieses Gemälde aus dem 19. Jh. von F. W. Watts zeigt die Abtei ungefähr 200 Jahre nach ihrer Schließung. Reverend William Gilpin schrieb 1782, Tintern sei „nach allen Seiten von bewaldeten Hügeln umgeben ... und die Hügel, die Eingang und Ausgang verschließen, lassen keinerlei garstige Windstöße herein."

Visionen in Stein

„Der Geist ist es,
der Leben schafft."

Johannes-Evangelium

„Schön ist, Mutter Natur, deiner Erfindung Pracht,
Auf die Fluren verstreut, schöner ein froh Gesicht,
Das den großen Gedanken
Deiner Schöpfung noch einmal denkt."

Friedrich Gottlieb Klopstock (1724 – 1803)

Das religiöse Streben des Menschen und seine Schöpferkraft haben auf der ganzen Welt großartige Bauten hervorgebracht. Manche überzeugen durch ihre Schönheit und Vollkommenheit, andere wurden durch besondere Ereignisse oder Legenden geheiligt, wieder andere künden das Lob Gottes. Der Tadsch Mahal ist dem Schöpfergeist eines Mannes zu verdanken, der mit diesem Wunderwerk an Symmetrie und Ausgewogenheit seiner geliebten Frau ein Denkmal setzen wollte. Das Märchenschloß Neuschwanstein in Bayern ist das Produkt der ungestümen Phantasie eines anderen.

Der Zauber mancher Bauwerke beruht auf der Kombination verschiedener Elemente, die ein wunderbares Ganzes ergeben, das mehr ist als nur die Summe seiner Teile. Die nach mystischen Prinzipien angeordneten Paläste und Hallen der Verbotenen Stadt bilden ein harmonisches Gefüge, in dessen Mitte der Kaiser von China von seinem Drachenthron aus regierte. In der westlichen Welt sind die mittelalterlichen Kirchen und Gebetsstätten von Assisi und die schattigen Innenhöfe der Alhambra eindrucksvolle Zeugnisse der künstlerischen Phantasie christlicher und islamischer Baumeister.

Bauwerke spiegeln den Ort, den Zeitgeist und die Kultur ihrer Entstehungszeit, sie sind sichtbare Zeichen der Kreativität des Menschen.

Die Shwedagon-Pagode

„Die goldene Kugel sagte: ‚Dies ist Burma, und es wird wie kein anderes Land sein, das du kennst.'"

Der englische Schriftsteller Rudyard Kipling beim ersten Anblick der Pagode im Jahre 1893

Im Norden von Rangun, der Hauptstadt Birmas, erstrahlt auf einer Anhöhe eine Art riesiger umgestülpter Meßglocke aus purem Gold, als sei sie gegossenes Sonnenlicht. Es ist die Shwedagon-Pagode, die prächtigste unter all ihren Schwestern im „Land der Pagoden". Ihr gigantischer Stupa überragt wie ein goldener Gipfel den Türmchenwald kleinerer Pagoden und Tempel. Der Gesamtkomplex mit seinen glänzenden Bauten und teils fremd anmutenden, teils vertrauten Tiergestalten erstreckt sich über ein 8 ha großes Gebiet. Leogryphen, Sphinxe, Drachen, Löwen und Elefanten leuchten rot und golden, und schlanke grüne Palmen bieten dem Auge Erholung in dieser gleißenden Welt.

Die Pracht der Shwedagon war in Europa bereits im 16. Jh. bekannt. So berichtete der englische Reisende Ralph Fitch, sie sei „... von wundervoller Größe und von Kopf bis Fuß vergoldet ...". Weiter sagte er: „... sie steht sehr hoch, und vier Wege führen zu ihr hin, die von Anfang bis zum Ende von fruchttragenden Bäumen gesäumt sind ..." 300 Jahre später zeigte sich auch der Schriftsteller Rudyard Kipling von Reichtum und Größe der Pagode tief beeindruckt. Damals, im ausgehenden 19. Jh., stand Rangun unter britischer Besatzung und war mit einem Netz von breiten Alleen durchzogen. Es war geprägt von eleganten Kolonialgebäuden und künstlichen Seen, und in den Straßen leuchteten die schön gefärbten birmesischen Seidenkleider. „Lila, Rosa, Purpur, Lapislazuliblau und glühendes Blutrot im Licht einer Sonne, die alles versöhnt und verwandelt."

Und über der Stadt thronte die Shwedagon, so wie sie es heute noch tut. Hierzu nochmals Kipling: „Und dann erhob sich ein goldenes Wunder am Horizont – ein leuchtendes, glänzendes Wunder, das in der Sonne erstrahlte. Es hatte weder die Halbkugelform moslemischer, noch die Turmform hinduistischer Tempelbauten."

Reliquien der Buddhas

Die Shwedagon-Pagode ist eines der größten buddhistischen Heiligtümer der Welt. Der goldene Stupa birgt angeblich Reliquien der bisher auf Erden erschienenen vier Buddhas, darunter acht Haare des letzten, Gautama, der zu Beginn des 6. Jh. v. Chr. lebte.

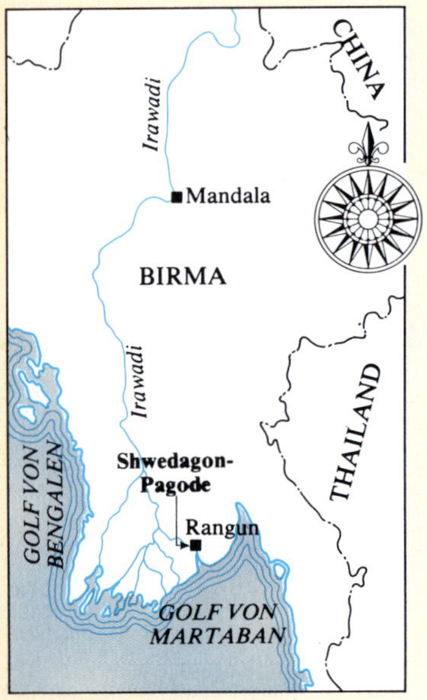

Der goldene Stupa der Shwedagon-Pagode von Rangun ragt elegant über die schmuckvollen Türme des insgesamt 8 ha großen Tempelkomplexes. Sie ist das prächtigste buddhistische Heiligtum Birmas.

Die Shwedagon-Pagode

Der englische Schriftsteller Rudyard Kipling (1865 – 1936) (rechts) *besuchte Rangun Ende des 19. Jh. Er schwärmte von der Eleganz und Farbenpracht der Hauptstadt Birmas.*
Obwohl Kipling nie den eigentlichen Pagodenbezirk betrat, war er sich immer der Anwesenheit dieses Bauwerks bewußt: „Die Pagode war immer zum Greifen nahe – geheimnisvoll und strahlend wie beim ersten Anblick weit unten vom Fluß aus; doch beim Näherkommen veränderte sie ihre Form und saß nun wie in einem Nest Hunderter von kleineren Pagoden.“

Der Legende nach trafen zwei birmesische Brüder – fahrende Händler – den jungen Gautama in Nordindien kurz nach seiner Erleuchtung. Der Buddha gab ihnen acht seiner Haare mit auf den Nachhauseweg, doch unterwegs wurden ihnen vier geraubt. Als sie zu Hause, da, wo das heutige Rangun liegt, ankamen und das Kästchen öffneten, fanden sie wundersamerweise alle acht Haare darin vor. Doch damit nicht genug – es geschahen seltsame Dinge: von den Haaren ging ein heller Lichtschein aus; die Blinden konnten wieder sehen, die Tauben hören und die Stummen reden; die Erde erbebte, Blitze zuckten nieder, und Edelsteine fielen vom Himmel.

Die Haare wurden zusammen mit den anderen drei Reliquien – einem Stab, einem Wasserbecher und einem Gewand – auf dem Singuttarahügel in einen Schrein gelegt und mit einer Goldplatte versiegelt. Darüber baute man, eine über die andere, mehrere Pagoden aus unterschiedlichen Materialien.

Einer anderen Legende zufolge soll ein kostbarer Schatz mit den Reliquien eingeschlossen worden sein. Als der Kaiser von China davon hörte, wollte er den Schatz

haben. Also sandte er einen Zaubergeist in Menschengestalt aus, damit er die Pagode für ihn plündere. Doch als der dort ankam, war er von ihrer Pracht so überwältigt, daß er staunend stehenblieb. So konnten die Wächtergeister ihn fassen und töten.

Die Geschichte der Pagode reicht mit Gewißheit bis ins 11. Jh. zurück, wo sie bereits als wichtiges buddhistisches Zentrum erwähnt wird. In den folgenden Jahrhunderten bereicherten verschiedene Herrscher den Bau. Königin Shinsawbu (1453 – 1472) ließ Mauern und Terrassen anlegen und sich selbst in Gold aufwiegen, um damit den Stupa zu verkleiden – es waren 40 kg. Von König Dhammazedi wurde sie noch übertroffen: er ließ 1485 den Stupa mit dem Vierfachen seines Körpergewichts überziehen. Außerdem stellte er drei heute noch vorhandene Gedenksteine auf, auf denen die Geschichte der Pagode in Birmesisch, Pali und Mons zu lesen ist.

Das Abenteuer der Glocke

Dhammazedi stiftete auch eine 20 Tonnen schwere Glocke für die Pagode, die allerdings 1608 von einem portugiesischen Söldner geraubt wurde, der sie für Kanonen einschmelzen wollte. Er unterschätzte jedoch ihr Gewicht, und auf dem Pegu fiel sie von seinem Schiff ins Wasser und ward nie mehr gesehen.

1768 wurde der Stupa nach einem Erdbeben von König Hsibyushin in der heutigen Form wiederaufgebaut. Sein Sohn Singu stiftete 1779 eine neue Bronzeglocke, doch die wurde von den Briten während der ersten Besatzung Ranguns (1824 – 1826) geraubt. Die 23 Tonnen schwere Maha-Gandha sollte über den Rangun nach Kalkutta geschifft werden, fiel aber, wie schon ihre Vorgängerin, ins Wasser. Nach erfolglosen britischen Versuchen gelang es den Birmesen, sie zu bergen, indem sie Unmengen von Bambusrohr an ihr befestigten und sie so zum Auftauchen brachten. Sie wurde zur Pagode zurückgebracht.

1852 brachten die Briten mit einer 6000 Mann starken Flotte Rangun erneut in ihre Gewalt und quartierten im strategisch wichtigen Pagodenbezirk eine Garnison ein. Für die folgenden 77 Jahre sollte die Shwedagon für die Birmesen nicht nur ein nationales Heiligtum, sondern auch ein sichtbares Zeichen der militärischen Macht ihrer Unterdrücker sein.

Ein Dschungel von Gebetshäusern

Die Shwedagon ist nicht einfach ein Heiligtum oder ein Ort des regelmäßigen gemeinsamen Gottesdienstes. Hierher kommen Pilger und Mönche, um in heiliger Umgebung zu meditieren und zu beten, aber auch Studenten, Geschäftsleute und Reisende, die ein Blumengebinde niederlegen oder, wie es hier Brauch ist, ein Goldblättchen auf den Stupa streichen.

Man erreicht die Pagode über einen der vier ummauerten Aufgänge. Hier drängen sich die Menschen an den Verkaufsständen zu beiden Seiten der Treppen, um Weihrauch, Buddha-Bilder, Blattgold oder duftende Blumengebinde zu kaufen. Wenn man aus dem Halbdunkel der Treppe auftaucht, wird man von einer Märchenwelt aus Säulen, Türmchen, aufgereihten Spitzdächern, seltsamen Statuen und dem satten Safrangelb der Mönchskutten empfangen.

Der große Stupa ist wahrhaft prächtig,

Ein liegender Buddha lächelt den Pilgern aus einem der vielen Tazaungs, *reich verzierten Pavillons, die den großen Stupa umgeben, gelöst zu. In der Shwedagon finden keine regelmäßigen Gottesdienste statt: hierher kommen Besucher und Pilger, um zu meditieren oder ein Blumengebinde an einer Buddha-Statue, einem Altar oder einer Planetenandachtsstelle niederzulegen.*

„eine Feuerpyramide“, die auf einem Sockel aus quadratischen und achteckigen Terrassen ruht, die einen fließenden Übergang vom Viereck der Basis zum runden Körper des Stupa herstellen. Dieser steigt in mehreren sich verjüngenden Abschnitten auf, wie es für die Pagodenarchitektur so typisch ist. Über der bauchigen Glocke beginnt der schlanke Teil des Stupa, der bis zum eleganten *Hti* emporführt, einem vergoldeten Eisenschirm, an dessen Rand Gold- und Silberglöckchen hängen, die leise im Wind erklingen. Darauf wiederum steht die Wetterfahne, die von einer Goldkugel bekrönt wird, welche mit über 4000 Diamanten besetzt ist und auf deren Spitze ein 76karätiger Smaragd sitzt.

Die riesige Goldkuppel des Stupa mit ihren eleganten, geschwungenen Linien hebt sich von der Vielzahl kleinerer Gebäude ab, die sich um sie herumscharen. Darunter sind die schmucken Pavillons oder *Tazaungs* mit gold- und mosaikenverzierten Säulen, in deren Innerem flackernde Kerzen Buddhabildnisse beleuchten. Außerdem gibt es eine Fülle von Gebetstempeln, Pagoden und goldenen Buddhastatuen, vor denen Blumen und Fähnchen niedergelegt werden, und acht Planetenandachtsstellen. Sie verzeichnen die acht Kompaßpeilungen und die ihnen zugeordneten Wochentage, Tiere und Planeten. An der Andachtsstelle genau östlich des Stupa legen z.B. die am Montag Geborenen ihre Opfer-

Die schimmernden Spitzen kleinerer Pagoden (links), *die sich um den großen Stupa scharen, erhöhen die Pracht der Shwedagon. Die Pagoden sind von schirmartigen* Htis *bekrönt, auf denen elegante Windfahnen stehen.*

„Herrlich erhob sich die Shwe Dagon, leuchtend in ihrem Gold, wie eine plötzliche Hoffnung in der Seele dunkler Nacht“, erinnert sich der englische Schriftsteller W. Somerset Maugham (1874 – 1965). Der gigantische glockenförmige Stupa (oben) *ist mit Goldplatten belegt und läßt mit seinen über 90 Metern die umliegenden Bauten wie Zwerge erscheinen.*

gaben nieder. Ihr Planet ist der Mond, ihr Tier der Tiger. (Um auf 8 Wochentage zu kommen, wird ein Tag in der Woche, nämlich der Mittwoch zweigeteilt: von Mitternacht bis Mittag und von Mittag bis Mitternacht.)

Dieselbe Symbolik ist an der achteckigen Pagode der acht Wochentage an der Nordwestseite der Terrasse zu finden: An jeder der acht Seiten befindet sich eine kleine Nische mit einer Buddhafigur. Darüber sind die Tiere eingemeißelt, die eine bestimmte Himmelsrichtung, einen Wochentag und einen Planeten repräsentieren. So gehören zur ersten Mittwochhälfte der Süden, der Elefant und die Venus.

„Der schönste Ort auf Erden"

Im Osten dieser Pagode liegt der Shin-Itzagona-Tazaung. Er ist nach einem legendären Alchimisten benannt, der sich die Augen ausstach, weil es ihm nicht gelingen wollte, einen Zauberstein zu erzeugen, der Blech in Gold verwandeln könnte. Zu spät erkannte er, daß sein letzter Versuch erfolgreich gewesen war; doch mit Hilfe des Steins setzte er sich neue Augen ein – allerdings ein Kuh- und ein Ziegenauge. Deshalb hat der Buddha in diesem Pavillon zwei unterschiedlich große Augen.

Die Überfülle der Shwedagon mit ihren Pavillons, Pagoden und Andachtsstätten wäre erdrückend, wenn der Komplex über-

dacht wäre wie eine Kirche oder eine Moschee. So aber, nur überspannt vom Himmelsgewölbe und beleuchtet von Sonne, Mond und Sternen, erscheint er als Teil eines größeren, natürlichen Ganzen. Die scharfen Konturen und glänzenden Flächen finden einen schönen Kontrast in den Bäumen, Schnittblumen und Seidengewändern der Pilger, die hier den schönsten Ort auf Erden erleben.

Eine Prozession junger Pilger in safrangelben Gewändern (unten) *zieht über die heißen Marmorfliesen der Terrasse. Die farbenfrohen, im Sonnenschein leuchtenden Seidensarongs, Schwaden von Blütenduft und das Geklingel der Glöckchen machen die Shwedagon zum Sinnenparadies.*

Britische Soldaten marschieren auf dieser Aquatinta (oben) *aus der Zeit des Ersten Anglo-Birmesischen Kriegs (1824) von der Pagode weg. Während der zweijährigen Besatzung Ranguns plünderten die Briten die Pagode, wobei sie es auch auf die riesige Maha-Gandha-Glocke* (rechts) *abgesehen hatten. Die jetzt an der Nordwestseite der Terrasse stehende Glocke fiel beim Transport nach Indien in den Rangun. Den Briten gelang es nicht, sie zu bergen, doch die Birmesen befestigten unzählige Bambusrohre daran und trieben so die 23 Tonnen nach oben.*

Die Hagia Sophia

„O Salomo, ich habe dich übertroffen."

Der byzantinische Kaiser Justinian, als er die neue Kirche erstmals betrat

Wie aus dem wolkenlosen Himmelsblau herausgeschnitten erhebt sich die hitzeflimmernde Kuppel der Hagia Sophia über dem Geschrei und Tumult der Straßen von Istanbul. Von außen betrachtet ist diese im 6. Jh. n. Chr. erbaute Kirche eine Komposition aus Halbkuppeln, Stützpfeilern und Vorbauten. An den vier Ecken dieses Kolosses stehen wie Wachposten vier schlanke Minarette.

Die wahre Schönheit der Hagia Sophia („Kirche der Göttlichen Weisheit"), der größten Kirche der einstigen byzantinischen Hauptstadt Konstantinopel, liegt aber in ihrem weiträumigen Inneren. Aus dem gnadenlos grellen Tageslicht tritt man ein in die stille Erhabenheit des dunklen Raums, in dem sich die Konturen von Gewölben, Emporen und marmornen Säulenreihen schwach abzeichnen.

Bei näherem Hinsehen erkennt man, welch erlesene Kunstwerke die Byzantiner hier schufen, sei es in Form der prächtigen Farbmosaiken oder in Gestalt der schön skulptierten Kapitelle der Marmorsäulen, wo, umrankt von Akanthuslaub, das Monogramm Justinians und seiner Gemahlin Theodora zu sehen ist. Über dem Marmorfußboden, auf den die Kronleuchter ein filigranes Schattenmuster werfen, wölbt sich die große Zentralkuppel. Von ihrem Scheitel aus strahlen 40 Rippen zu ihrer Basis nach unten, die von 40 Fensteröffnungen wie von Lichtdiamanten durchbrochen wird. Obwohl die Kirche den Großteil ihrer ursprünglichen Gold- und Silberornamente, Mosaiken und Fresken eingebüßt hat, ist sie durch die Großartigkeit des Raums und das faszinierende Spiel von Licht und Schatten von großer natürlicher Schönheit.

Das Wunder von Konstantinopel

Die heutige Kirche, mit deren Bau Kaiser Justinian 532 n. Chr. begann, ist schon die dritte auf diesem Hügel von Konstantinopel.

Die byzantinische Hagia Sophia, die Kaiser Justinian errichten ließ, ist eines der großen christlichen Baudenkmäler. Nach der Eroberung des damaligen Konstantinopel durch die türkischen Osmanen wurde die Kirche 1453 in eine Moschee umgewandelt und die 4 Minarette hinzugefügt.

Die Pracht der Hagia Sophia entfaltet sich erst in ihrem nahezu 8 200 m² großen Innenraum. Die imposante Hauptkuppel mißt über 30 m im Durchmesser. Sie wurde 558 nach dem Einsturz der vorherigen errichtet.

Das Monogramm Kaiser Justinians und seiner Gemahlin ist, umrankt von Akanthuslaub, an den reich verzierten Säulenkapitellen zu erkennen (oben). Einige der 107 Säulen stammen angeblich aus antiken Tempeln aus anderen Teilen des byzantinischen Reichs.

Unter Justinian (527 – 65 n. Chr.) (unten) *erlebte Byzanz eine künstlerische und militärische Blüte. Seine größte Leistung war die Kodifizierung des römischen Rechts, was großen Einfluß auf die weitere Rechtsgeschichte Europas hatte.*

Früher hieß die Weltstadt an der Schnittstelle von Europa und Asien „Byzanz“, nach Byzas, ihrem legendären Begründer. Im Jahre 330 n. Chr. benannte Kaiser Konstantin die Stadt neu und machte sie zur Hauptstadt des Römischen Reichs. Sie wurde ein wichtiges religiöses, kulturelles und wirtschaftliches Zentrum und erreichte unter Justinian im 6. Jh. ihre Hochblüte. Kein Wunder, daß der irische Dichter W. B. Yeats angesichts ihrer vergoldeten Kuppeln, Türme und Paläste und ihrer beherrschenden Stellung am Bosporus meinte, er würde lieber hier als an jedem anderen Ort der Antike einen Monat seines Lebens verbringen.

Für den Kirchenbau ließ Justinian kostbare Materialien – roten Porphyr, *verde antico,* weißen und gelben Marmor – aus dem ganzen Reich herbeischaffen, und Bildhauer, Zimmerer, Maurer und Mosaikenleger machten sich an die Arbeit, und in nur fünf Jahren schufen sie dieses Juwel christlicher Kunst.

Die Kuppel und die gesamte Decke wurden mit Gold verkleidet, dessen Glanz aus jeder polierten Oberfläche zurückstrahlte. Die Marmorsäulen waren von so exquisiter Färbung, daß der byzantinische Geschichtsschreiber Prokop sie mit einer blühenden Blumenwiese verglich. Bei Nacht verwandelte sich die Kirche durch die in konzentrischen Kreisen herabhängenden Leuchter in ein strahlendes Sternenfirmament.

Im Lauf ihrer bewegten Geschichte büßte die Kirche viel von ihrem Glanz ein. Der Bau war permanent von Feuer und Erdbeben bedroht, und 1204 plünderten der griechisch-orthodoxen Kirche feindlich gesonnene Kreuzfahrer auf ihrem Weg nach Jerusalem das Gotteshaus. 1453 fiel Konstantinopel an die Osmanen, die Hagia Sophia wurde in eine Moschee umgewandelt und die Mosaiken zugeputzt. Und 1934 machte der türkische Präsident Kemal Atatürk die Kirche zum Museum.

Die letzte Kommunion

Die Restaurierungs- und Renovierungsarbeiten dauern heute noch an. Doch der Innenraum mit seinem geheimnisvollen Halbdunkel hat sich fast nicht verändert, seit hier die letzte Messe zelebriert wurde. Das war am 28. Mai 1453, als Kaiser Konstantin XI. mit Tränen in den Augen zum letzten Mal die heilige Kommunion empfing. Er ahnte schon, daß Tausende von Türken, geführt von Mehmet II., in wenigen Stunden die Stadt stürmen und deren Verteidiger niedermetzeln würden: sei-

ne schlimmsten Befürchtungen sollten wahr werden.

Der Eroberer zollte der Hagia Sophia aber den ihr gebührenden Respekt. Bevor Mehmet die Kirche betrat, soll er zum Zeichen seiner Demut eine Handvoll Erde über sein Haupt gestreut haben. Im Innenraum ließ er still die ganze Pracht auf sich wirken, und als er einen türkischen Soldaten entdeckte, der auf den Marmorfußboden einhackte, streckte er ihn mit seinem Schwert nieder.

Obwohl sie jetzt keine religiöse Funktion mehr erfüllt, ist diese große Kirche immer noch eine Oase der Einkehr im Trubel der Großstadt. Jahr für Jahr zieht sie mit ihrem Marmorfußboden, ihren kühlen Säulen und der gigantischen in den Himmel strebenden Kuppel Tausende von Besuchern an.

„Wer auch immer zum Gebet eintritt, erkennt sofort, daß dieses Werk nicht durch menschliche Kraft oder Kunstfertigkeit, sondern durch Gottes Gnade vollendet wurde.“ So äußerte sich der Geschichtsschreiber Prokop im 6. Jh. über die Hagia Sophia, die hier (oben) *auf einem Stich aus dem 19. Jh. zu sehen ist.*

Der Potala

„Niemand kann ungerührt bleiben angesichts der Wucht und Schönheit dieses Baus mit tausend Fenstern wie tausend Augen ...“

Die anglo-chinesische Schriftstellerin Han Suyin (*1917) über den Potala

Oberhalb der 3600 m hoch gelegenen Heiligen Stadt Lhasa in Tibet wachsen die weißen Wände und goldenen Dächer des Potala gleichsam aus dem Felsen. Seit dem 17. Jh. war diese Palastfestung über 300 Jahre lang der Sitz des Dalai Lama, des geistlichen Führers und Herrschers von Tibet. Heute ist sie ein Museum. Es ist ein Labyrinth aus zahllosen Türen, Korridoren, Treppen, Räumen und Emporen, die bemalt oder mit farbenprächtigen Seidendrapierungen dekoriert sind, und enthält etwa 200000 Statuen. Im Potala, der als Palast, Kloster und Regierungssitz diente, drehte sich alles um den Dalai Lama.

Bis zum heutigen Tag haben erst wenige Menschen aus der westlichen Welt den Potala oder auch nur das abgelegene, geheimnisvolle Hochland von Tibet gesehen. Vor dem 19. Jh. wagten sich nur die kühnsten Reisenden hierher, und 1904 riegelte Tibet seine Grenzen nach außen ab. Die Annektierung durch China 1951 schuf eine neue Barriere. Doch daß der Potala so schwer zu erreichen ist, macht einen Teil seiner Ausstrahlung aus. Das Geheimnisvolle, Verborgene, der beschwerliche Weg und schließlich die Belohnung durch das plötzliche Auftauchen des Potala in der Ferne schaffen einen ganz besonderen Zauber.

Eine Fata Morgana goldener Dächer

Die französische Forscherin Alexandra David-Neel betrat Lhasa 1923 als erste Weiße. Später beschrieb sie, wie sie nach monatelangem Fußmarsch endlich des großen Palastes ansichtig wurde. Seine goldenen Dächer, die sich vor einem strahlend blauen Himmel abhoben, schienen Lichtfunken zu sprühen, als sei der ganze Bau buchstäblich „von Flammen gekrönt“.

Über 20 Jahre später floh der österreichische Bergsteiger Heinrich Harrer im 2. Weltkrieg aus einem englischen Lager in Indien nach Lhasa. Nach 70tägigem Marsch bogen er und sein Begleiter Peter Aufschnaiter halb erfroren und verhungert um eine Ecke und sahen plötzlich die Dächer des Potala in der Ferne leuchten. Das war ein bewegender Augenblick, und Harrer hätte am liebsten

Der Potala, die Palastfestung des Dalai Lama, des geistlichen Führers von Tibet, scheint über der Stadt Lhasa aus dem Fels zu wachsen. Seine Abgeschiedenheit, die imposante Bauweise und die goldenen Dächer (rechts oben) *tragen gleichermaßen zu seiner geheimnisvollen Ausstrahlung bei.*

wie ein Pilger mit seiner Stirn den Boden berührt.

Dem tibetischen Volksglauben zufolge wurde der Potala, der nach einem heiligen Berg in Südindien benannt ist, durch übernatürliche Kräfte in einer einzigen Nacht erbaut. Als Harrer, der fünf Jahre lang in Lhasa lebte, einmal einen Steinmetz fragte, warum man keine solchen Bauten mehr errichte, erhielt er die entrüstete Antwort, der Potala sei doch das Werk der Götter und somit außerhalb der menschlichen Möglichkeiten.

Seine Geschichte reicht bis ins 7. Jh. n. Chr. zurück, als der Kriegerkönig Songtsen Gampo von Tibet auf dem Roten Hügel einen Palast erbauen ließ. Dieser wurde allerdings später zerstört und mehrfach wieder aufgebaut. Die Anfänge des heutigen Palastes liegen in der Regierungszeit des großen 5. Dalai Lama Lobsang Gyatso (1617 – 1682). Viele Tausende von Arbeitern waren am Bau beteiligt. Von der Rückseite des Roten Hügels wurde so viel Baumaterial abgetragen, daß dort der See des Drachenkönigs entstand.

1648 war der äußere Weiße Palast mit seinen getünchten Wänden fertig. Der Rote Palast wurde erst 1694, 12 Jahre nach Gyatsos Tod, vollendet. Er war das religiöse Zentrum und barg die Versammlungshalle der Mönche, eine Vielzahl von Andachtsräumen, Bibliotheken mit buddhistischem Schrifttum und goldene Grabpagoden, Tschörten oder Stupas, in denen der einbalsamierte Leib eines Dalai Lama ruht.

Der Palast der Gottkönige

Der größte, fast 15 m hohe Stupa des 5. Dalai Lama steht in der Großen Westhalle. Er ist aus mit 4 t Gold überzogenem Sandelholz und erglüht im sanften Licht silberner Butterlampen. Außen ist er mit zahlreichen Edelsteinen besetzt, darunter Diamanten, Saphire und Rubine.

Der weiße Palast enthielt Wohn- und Verwaltungsräume, das Seminar und die Druckerei. Die Druckerpresse war, wie alle im Land, in der Hand der Mönche. Man verwendete handgeschnitzte Holzdruckstöcke und aus der Rinde von Seidelbast gewonnenes Papier. Die bedruckten Seiten wurden in Seide geschlagen und zwischen Holzdeckeln aufbewahrt.

In erster Linie war der Potala Sitz der Gottkönige der Dalai Lamas, die Tibet über 500 Jahre lang regierten. Sie stellen alle eine Reinkarnation Tschenresis, des Gottes der Gnade, dar. Der 14. Dalai Lama war erst 16 Jahre alt, als die Chinesen Tibet besetzten. Mit eingeschränkten Machtbefugnissen regierte er bis 1959 weiter und floh dann mit 80000 seiner Getreuen nach Indien. Obwohl der Gottkönig nicht mehr im Potala wohnt, hat dieser nichts von seinem Zauber eingebüßt. Er hat etwas Transzendentales, das sich mit Steinen und Mörtel nicht erklären läßt: er bleibt das zentrale Geheimnis eines geheimnisvollen Landes.

Die weißen Mauern des Potala (linke Seite) *beherrschen das Bild der Stadt Lhasa auf diesem tibetischen* Thangka *(Rollbild) aus dem 18. Jh. Der heutige Bau stammt aus dem 17. Jh., doch schon im 7. Jh. stand hier ein Palast.*

Die Dalai Lamas waren Gottkönige, die das Land bis zur Annexion durch China (1951) 500 Jahre lang regierten. Dem tibetischen Glauben nach sind die Dalai Lamas Reinkarnationen des Boddhisattvas Tschenresi, dem Gott der Gnade. Er ist die achtarmige Gestalt im zentralen Mandala dieses Thangka (oben). *Der gegenwärtige Dalai Lama floh 1959 aus seinem Land.*

Assisi

„Laßt die Zunge mit dem Geiste und den Geist mit Gott im Einklang sein."

Chorinschrift der Kirche San Damiano

„Es senkt von hohem Berg' ein Abhang fruchtbar sich ... nieder" – so beschreibt der italienische Dichter Dante (13. Jh.) in seiner *Göttlichen Komödie* den Berghang von Assisi, der sich vom Monte Subasio in der italienischen Provinz Umbrien „niedersenkt". Und er fährt fort: „Von diesem Abhang ... stieg eine Sonne auf, wie diese manchmal aus dem Ganges aufsteigt", eine Anspielung auf Franz von Assisi, den liebenswertesten und zugleich strengsten unserer Heiligen.

Keine andere Stadt in Italien, und vielleicht auf der ganzen Welt, ist wie Assisi. Auf Schritt und Tritt wird man an *il poverello,* den Armen, erinnert. Aus der Ferne betrachtet, scheint sich Assisi nicht von den anderen auf Hügeln gelegenen Städten dieser bezaubernden Gegend zu unterscheiden. Doch wenn man nur ein paar Tage am kargen Leben eines der Klöster von Assisi teilnimmt, die engen mittelalterlichen Gäßchen hinaufsteigt und das Auge über die gebrannten Ziegeldächer schweifen läßt oder aber in einer der vielen Kirchen eine Kerze entzündet, dann bekommt man das Gefühl, an der nächsten Ecke dem Poverello persönlich begegnen zu können.

Der Sohn eines Kaufmanns

Einer im Mittelalter weitverbreiteten Legende zufolge wurde Franziskus wie das Jesuskind in einem Stall zwischen Ochs und Esel geboren. Eine kleine, höhlenartige Kapelle wurde als seine Geburtsstätte ausgegeben. In Wirklichkeit war es aber ganz anders: er wurde 1182 in Assisi als Sohn des reichen Tuchhändlers Pietro Bernardone und seiner französischen Frau Pica geboren. Sie lebten in einem großen, komfortablen Haus in der Nähe der Piazza del Commune, des Marktplatzes, wo heute noch der römische Minervatempel steht.

Das Kind wurde in der romanischen Kathedrale San Rufino auf den Namen Giovanni getauft, doch man rief ihn immer Francesco, vielleicht wegen der Herkunft seiner Mutter oder der Geschäftsbeziehungen seines Vaters mit Frankreich.

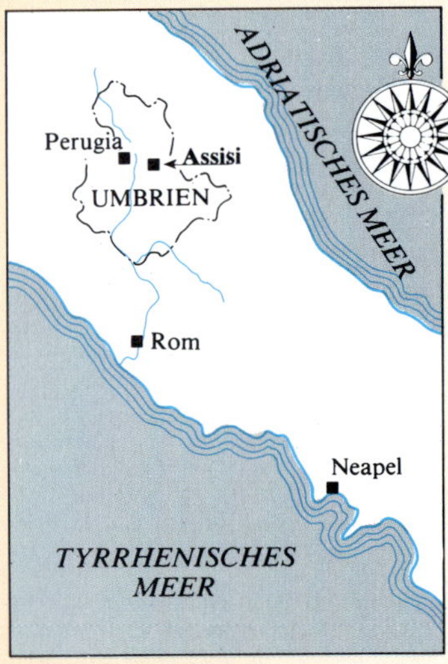

Das Kloster Eremo delle Carceri aus dem 15. Jh. schmiegt sich an den dicht bewaldeten Hang oberhalb von Assisi. Das kleine Oratorium, das zu Franziskus' Zeiten hier stand, und die vielen stillen Grotten in der Umgebung waren der liebste Aufenthalt des jungen Heiligen.

Wahrheit und Legende sind in Assisi, dem Heimatort des hl. Franziskus, dem „Heiligsten aller Heiligen", untrennbar miteinander verschmolzen. Die bezaubernde, auf einem Hügel gelegene Stadt in Umbrien hat sich seither im Kern wohl nur wenig verändert: der Besucher wandelt in den Fußstapfen des Heiligen.

Das Assisi seiner Jugendzeit wird allenthalben als ein „neues Babylon“ des Sittenverfalls beschrieben. Franziskus, der nie ein besonders guter Schüler war, gehörte dank des väterlichen Reichtums zu einer Bande großspuriger, fast zügelloser Jugendlicher und stiftete sie zu allerhand Unfug an. Neben dem Spaß mit den vereinigten Tanzgruppen von Assisi arbeitete er sich aber auch in das Geschäft des Vaters ein.

Die Stadt hat sich seit Franziskus' Zeiten kaum verändert, und die wichtigeren Gebäude sind fast alle mit seinem Leben verknüpft. Alle Straßen führen zu seiner Basilika, einem eher abweisend wirkenden Bau, der das Stadtbild prägt. Sie wurde zu seiner Verehrung und seinem Andenken auf dem Colle d'Inferno, dem „Höllenberg“, errichtet, wo Franziskus ausdrücklich begraben werden wollte. Den Wunsch des Heiligen, an dem Ort zur letzten Ruhe gebettet zu werden, wo man früher die Verbrecher hingerichtet hatte, respektierte man zwar, doch der Papst ließ den Hügel in „Colle del Paradiso“ umbenennen.

Bis ins 15. Jh. lag hier der Leib des Heiligen, danach versiegelte man ihn zu seinem Schutz in einer geheimen Gruft. Das Versteck wurde erst 1818 entdeckt, und heute steht der Sarkophag des hl. Franziskus in der Krypta.

Zum Bau der Basilika verwendete man symbolträchtig roten und weißen Stein des Monte Subasio: das Rot des Unterbaus repräsentiert die Grabesfinsternis, das Weiß des Oberbaus die Reinheit und Klarheit der Botschaft Christi.

Das ruhige Dunkel der Unterkirche fördert die meditative Einkehr, die höhere und lichtere Oberkirche wirkt festlich heiter.

Ein romantischer Ritter

Franziskus hatte wohl nie die Absicht, das Geschäft seines Vaters zu übernehmen. Vielleicht kam es durch den Einfluß seiner dem Drachentöter Georg geweihten Schule, daß er sich den höfischen Idealen verschrieb: Heldenhaftigkeit und Ausdauer im Kampf um die gute Sache, Treue und Sehnsucht nach wahrer Liebe. Diesen Idealen – ins Christliche umgesetzt – sollte er sein Leben lang treu bleiben. Doch zunächst machten sie ihn zum Soldaten.

Als Franziskus zwanzig war, bekriegte As-

Der romanische Glockenturm von San Rufino (12. Jh.) vor dem Hintergrund des Monte Subasio. Hier wurden der hl. Franziskus und die hl. Klara getauft. Abgesehen von lebhaften Skulpturen an der Westseite, ist das Äußere von nüchterner Schlichtheit.

sisi die feindliche Nachbarstadt Perugia, und er schloß sich der Kavallerie an. Gemeinsam mit anderen wurde er gefangengenommen, doch selbst ein Jahr Kerkerhaft vermochte seinen Eifer nicht zu brechen: nach wie vor war er fest entschlossen, Ritter zu werden.

Kaum aus Perugia zurückgekehrt, ritt er – immer noch seinem Traum vom Rittertum nachjagend – wieder aus Assisi hinaus, diesmal gen Süden. Er kam aber nur bis Spoleto. Dort trug sich etwas zu, das ihn umstimmen sollte: die Legende erzählt, daß er im Traum eine Stimme vernahm, die ihm befahl, nach Assisi zurückzukehren.

Dort verspürte der einstige Angeber und Troubadour eines Tages, als er an dem Kirchlein des hl. Damiano vorüberging, den plötzlichen Drang einzutreten, und im Inneren warf er sich vor dem Kruzifix zu Boden. Da sprach zu ihm eine Stimme wie vom Gekreuzigten selbst: „Franziskus, mein Haus zerfällt zu einer Ruine. Geh hin und stelle es wieder her."

Franziskus faßte dies wörtlich auf: Er verkaufte nicht nur sein Pferd, sondern auch Tuch aus dem Besitz seines Vaters und wollte den Erlös dem Pfarrer von San Damiano übergeben. Dieser aber wies die milde Gabe zurück, da er befürchten mußte, in einen familiären Streit verwickelt zu werden, Franziskus soll dann das Geld anonym in ein Fenster der Kirche gelegt haben.

Die häusliche Lage spitzte sich daraufhin derart zu, daß Franziskus vor ein öffentliches Tribunal gestellt wurde, in dessen Verlauf ihn sein Vater enterbte. Voller Verachtung und als sichtbares Zeichen seines Verzichts auf alle weltlichen Güter zog sich der junge Mann splitternackt aus. Bischof Guido, der dem Gericht vorstand, war davon so gerührt, daß er seinen Mantel nahm und ihm um die Schultern legte. Im Alter von 24 Jahren hatte Franziskus also der Welt abgeschworen. Er wurde zum Bettler und widmete sich der Unterstützung seiner Mitmenschen, insbesondere der Leprakranken, und dem Orden der Minderen Brüder, den er bald begründen sollte.

Franziskus empfängt die Wundmale (linke Seite), *dargestellt in einem Fresko von Giotto. Der Heilige hatte sich zur Meditation auf den Monte Verna zurückgezogen, als ihm ein sechsflügeliger Engel erschien: 2 Flügel umhüllten seinen Körper, 2 waren über seinen Kopfe erhoben und 2 hielt er ausgebreitet. Hinter ihm wurde das Bild eines Gekreuzigten sichtbar. Flammenpfeile gingen von dem Engel aus und versahen Franziskus mit den 5 Wundmalen Christi.*

Die „armen Klaras"

In der Menschenmenge, die gekommen war, um den Prozeß zwischen Vater und Sohn mitzuverfolgen, befand sich auch die junge Klara, eine der drei Töchter der adeligen Offreducci. Sie war so von Franziskus' Verleugnung alles Materiellen beeindruckt, daß sie beschloß, ihm nachzueifern, was damit endete, daß sie eines Nachts von zu Hause weglief und zur ersten Franziskanerin wurde.

Als immer mehr „arme Klaras" zusammenkamen, stellte ihnen der Bischof von Assisi San Damiano zur Verfügung, wo Franziskus sein Gotteserlebnis gehabt hatte. Hier sollte Klara bis an ihr Lebensende bleiben.

Heute ist San Damiano ein Mönchskloster, doch es hat sich seit Klaras Zeiten nicht verändert. Der karge Schlafsaal kündet noch heute die Ideale des hl. Franziskus: Bescheidenheit, Armut und Fröhlichkeit. Und in dem kleinen Chor kann man sich die ersten Klarissinnen so richtig vorstellen, wie sie auf den einfachen Holzbänken sitzen und der Lesung von dem Ambo lauschen, dessen Fuß nichts weiter als ein grob behauener Holzklotz ist.

Das Fenster, in das Franziskus das Geld legte, ist jetzt zugemauert. Auf dem Altar steht eine Kopie des Kruzifixes, von dem aus Gott zu dem jungen Mann sprach. Das Original befindet sich in der im 13. Jh. erbauten Basilika Santa Chiara, in der auch der über

Glanz und Reichtum der Natur erfüllten Franziskus mit Freude. Mehr brauchte er nicht. Er und seine Gefährten befolgten streng ihr Armutsgelübde. Sie erbettelten sich ihr Essen und verzichteten auf jeglichen Besitz.
Noch heute tragen die Franziskaner die umbrische Bauernkutte mit einer dreifach geknoteten Schnur als Gürtel.
Dante, Leonardo und Michelangelo gehörten einer franziskanischen Laienbrüderschaft an.

Die prächtige Basilika des hl. Franziskus bietet einen schönen Blick über das umliegende Land. Am 17. Juli 1228, dem Tag nach Franziskus' Heiligsprechung, legte der Papst den Grundstein für diesen Bau. Viele hielten das Projekt für zu ehrgeizig, stand es doch so gar nicht im Geist des Armutsgelübdes. Es widersprach auch der Forderung des Heiligen, derzufolge Mönchsbehausungen aus Lehm und Holz zu sein hätten – „auch die Kirche sollte arm aussehen“.

die Jahre schwarz gewordene Leichnam der hl. Klara zu sehen ist.

Im 13. Jh. war San Damiano noch von Feldern umgeben. Ganz in der Nähe stand die Portiuncula („kleines Stück Land"). Diese winzige, lange verwaiste Kapelle in einem Wäldchen unterhalb der Stadt gaben die Benediktinermönche vom Monte Subasio dem am Anfang seines Wirkens stehenden Franziskus. Sie wurde zur Geburtsstätte des Franziskanerordens. In ihrer extremen Schlichtheit entsprach die winzige Kapelle genau Franziskus' Vorstellungen.

Heute ist diese so eng mit dem Heiligen verknüpfte Kapelle von der Kirche Santa Maria degli Angeli umschlossen, die in 100jähriger Bautätigkeit (1569 – 1679) entstand. Man kann sich leicht vorstellen, was Franziskus von diesem Prachtbau gehalten hätte ...

Der Triumph des Ritters Christi

In späteren Jahren zog sich Franziskus zunehmend in die Einsamkeit seiner früheren Lieblingsplätzchen zurück, nämlich die Höhlen dieser bewaldeten und zerklüfteten Hügel, die ihm und seinen ersten Jüngern als Klausen gedient hatten. Oft hatten sie in der spartanischen, in den Fels gehauenen Carceri-Klause in einer großen Bergschlucht des Subasio oberhalb von Assisi Zuflucht genommen. Neben San Damiano verkörpert diese Klause heute noch am eindringlichsten die franziskanische Botschaft der Einfachheit und Fröhlichkeit. Zwar zähmte er in Gubbio den Wolf und hielt in Cannara seine berühmte Vogelpredigt, doch hier, auf den baumbestandenen Felshängen um Carceri, wo grünblühende Nieswurz das Dunkel unter den Stecheichen aufhellt und die Luft von Vogelsang erfüllt ist, entfalten diese Erzählungen ihre tiefste Wirkung.

Im Alter von 42 Jahren mußte der vom Fasten erschöpfte und fast blinde Franziskus eine neue Qual erdulden: er empfing die Wundmale Christi. Im Mai 1226 bat er in der Vorahnung seines Todes darum, von Assisi zur Portiuncula getragen zu werden, „damit das Leben des Leibs ende, wo das Leben der Seele begann". Unterwegs nahm er Abschied von Klara und vollendete in San Damiano unter großen Schmerzen seine Hymne an den Schöpfer, den berühmten *Sonnengesang*.

Auf seiner letzten Reise soll Franziskus auf seine Geburtsstadt zurückgeblickt haben mit den Worten: „Gott segne dich, du heilige Stadt, denn durch dich werden viele Seelen gerettet werden ..."

Die winzige Portiuncula, die jetzt von der Kirche Santa Maria degli Angeli umschlossen ist, stand zu Franziskus' Zeiten verwaist in einem Wäldchen oberhalb von Assisi. Von diesem, damals allerdings viel schlichteren, Bau trug der Mönch seine Botschaft in die Welt, und hierher kehrte er zum Sterben zurück. Bei seinem Tod am 3. Oktober 1226 stieg eine Schar Feldlerchen über dem Dach in den Himmel auf.

Der Fresko Giottos (links) *zeigt Franziskus, wie er den Vögeln predigt. Als ihr Gezwitscher einmal zu laut wurde, soll er sie gebeten haben innezuhalten. Das taten sie auch und setzten ihren Gesang erst wieder fort, nachdem er seine Predigt beendet hatte. Franziskus betrachtete die ganze Schöpfung als mit sich verwandt. Für ihn war das Wasser seine Schwester und die Sonne sein Bruder.*

Der Mont-St-Michel

„Der Mont-St-Michel ist für Frankreich, was die Große Pyramide für Ägypten ist.“

Der französische Schriftsteller Victor Hugo 1884

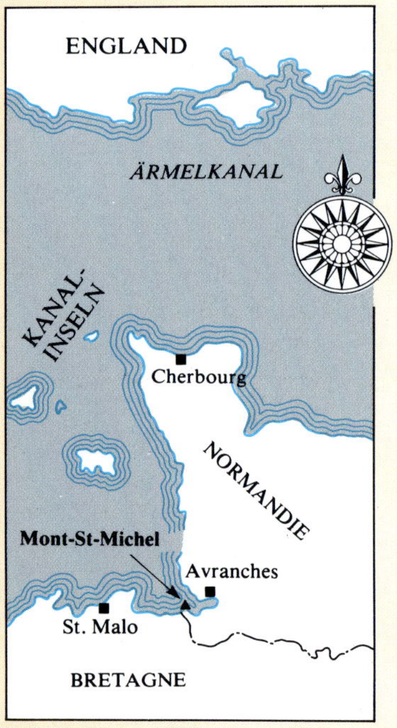

Seit mehr als 1 000 Jahren kommen Pilger und Reisende zu einer winzigen Insel in der Südwestecke der Normandie. Mit dem Festland nur über einen Damm verbunden, ragt der Mt-St-Michel über weitem Marschland auf, dessen Sand von den mit Macht in die Bucht hereindrängenden Gezeiten glattgespült wird. Bei schönem Wetter ist der mit Klosterbauten, Terrassen, Häusern und Wällen gespickte Bergkegel kilometerweit zu sehen, und von seiner krönenden Kirchturmspitze erhebt sich die goldene Statue des Erzengels Michael. Doch wenn es diesig ist, scheinen die dunklen Umrisse der Dächer und Türmchen wie ein Spukschloß in einem grauen Dunstmeer zu schwimmen.

Der Legende zufolge erschien dem hl. Aubert, Bischof von Avranches, Anfang des 8. Jh. der Erzengel Michael im Traum und befahl ihm, auf einer nahegelegenen Felsinsel eine Kapelle zu errichten. Als Aubert erwachte, war ihm das Ganze doch recht zweifelhaft, weshalb der hl. Michael ihm nochmals erschien. Aubert zögerte aber immer noch, bis St. Michael ein drittes Mal kam und ihm mit dem Finger auf den Kopf pochte. Jetzt erst glaubte Aubert der Erscheinung und machte sich – im Jahre 708 – an den Bau der Kapelle.

Der Fels hieß damals Mont Tombe („Grabberg“), vielleicht in Erinnerung an den keltischen Friedhof, der sich einst hier befand. Zu Auberts Zeiten nahm die Küstenlinie der Normandie noch einen anderen Verlauf, so daß der Mont Tombe mitten im sumpfigen Wald von Scissy stand. Angeblich huldigten die Druiden-Priester der in der Gegend ansässigen Kelten auf dem Felsen der Sonne, was bei den Römern seine Fortsetzung im Kult des Sonnengottes Mithras fand. Aubert aber machte dem Reich des Sonnengottes ein Ende und setzte an seine Stelle den hl. Michael, Führer der himmlischen Heerscharen.

Mönche und Pilger

Von seinen Anfängen unter Bischof Aubert bis in die heutige Zeit hat der Mt-St-Michel Belagerungen, Einsturz und Umbau von Gebäudeteilen und Phasen der Vernachlässigung überstehen müssen und ist jetzt, gleich nach Versailles, Frankreichs beliebtestes Kulturdenkmal. Die enge, kopfsteingepflasterte Hauptstraße der Grande Rue, die zum Kloster hinaufführt, ist von Restaurants, Cafés und Andenkenläden gesäumt, was nichts Neues ist, denn schon im Mittelalter wußten Geschäftsleute den wachsenden Ruhm des Mt-

Der Erzengel Michael (oben) *besiegt über dem Mt-St-Michel einen geflügelten Drachen, Symbol des Bösen. Diese mittelalterliche Miniatur ist dem* Stundenbuch *des Duc de Berry entnommen.*

Im 8. Jh. legte St. Aubert von Avranches den Grundstein für den Mt-St-Michel, der sich im Mittelalter zum religiösen Zentrum entwickelte und Pilger von nah und fern anzog. Früher soll der Bergkegel in einer Waldlandschaft gelegen haben, bis die See ihn in eine Insel verwandelte, die heute durch einen Damm mit dem Festland verbunden ist.

An der Nordseite des Berges liegt der als La Merveille *(„das Wunder") bekannte gotische Trakt, der hier vor den Türmen der Abteikirche zu sehen ist. Abt Jourdain begann 1203 mit dem Bau, der in nur 25 Jahren vollendet wurde. Die Merveille barg Wohn- und Arbeitsräume der Mönche.*
Die Kirche aus dem 12. Jh. wurde nach ihrem Einsturz zu Beginn des 13. Jh. wieder aufgebaut und verbindet nun ein nüchternes romanisches Kirchenschiff mit einem überschwenglichen gotischen Chor.

St-Michel als geistlichem Zentrum für sich zu nutzen.

Die Pilger früherer Jahrhunderte trugen Sand und Muscheln vom Mt-St-Michel nach Hause; dem modernen Besucher bietet sich eine reichere Auswahl an Souvenirs, doch an der ursprünglichen Absicht hat sich nichts geändert: eine bleibende Erinnerung an diesen außergewöhnlichen Ort mitzunehmen.

Als 966 der normannische Herzog Richard I. fünfzig Benediktinermönche auf dem Berg ansiedelte, lebte dort schon eine kleine Gemeinschaft, die sich z. T. vor den plündernden Wikingerpiraten hierher geflüchtet hatte. Mitte des 11. Jh. wurde die romanische Abteikirche auf der Bergkuppe vollendet, doch schon zu Beginn des folgenden Jahrhunderts stürzte ein Teil des Baus wieder ein.

Erst nachdem eine Feuersbrunst weiteren Schaden angerichtet hatte, begann man im Jahre 1203 ein neues Bauvorhaben. Das Ergebnis war *La Merveille* („das Wunder"), ein prächtiger gotischer Komplex an der Nordseite des Berges, heute Höhepunkt jeder Besichtigung. Die zwei wuchtigen, drei Stockwerke hohen Bauteile wurden unter Abt Jourdain begonnen und bereits 25 Jahre später unter Abt Raoul de Villedieu fertiggestellt.

Das „Wunder" des Berges

Der tiefstgelegene Raum im Osttrakt der *Merveille* ist die *Aumônerie,* wo Bedürftige von den Mönchen Almosen erhielten und arme Pilger übernachten konnten. Darüber liegt die *Salle des Hôtes,* der eigentliche Gästesaal, und über diesem das Refektorium der Mönche, das den hohen Lanzettfenstern sein wunderbar weiches Licht verdankt.

Im Westtrakt befinden sich der als Vorratsspeicher genutzte *Cellier* und darüber die *Salle des Chevaliers,* der von drei Säulenreihen mit reichverzierten Kapitellen unterteilte Rittersaal. Ursprünglich war dies der Schreibsaal der Mönche, die hier in mühevoller Arbeit alte Handschriften kopierten, doch ab 1469 diente er als Versammlungsraum der Ritter des hl. Michael, einem von Ludwig XI. (1461 – 1483) gegründeten Orden. Direkt über diesem beeindruckenden Raum liegt der Kreuzgang – ein Hafen der Ruhe zwischen Himmel und Erde.

Ruhig war es allerdings in der Geschichte des Mt-St-Michel nur selten. Im 100jährigen Krieg (1337 – 1453) stürmten die Engländer immer wieder gegen ihn an, und 1591 mußte er einen Hugenottenangriff parieren. Während der Französischen Revolution (1789 bis 1799) wurde er zum Gefängnis zweckentfremdet und bis 1863 als solches genutzt. Doch elf Jahre später erklärte man ihn zum historischen Baudenkmal von nationalem Wert und begann mit den Restaurierungsarbeiten. Ab 1922 wurde in der Abteikirche wieder die Messe gelesen. Heute wohnt mindestens ein Mönch ständig hier, und so lebt eine über 1 200 Jahre alte geistliche Tradition fort.

Der Mt-St-Michel ist berüchtigt für die schnell hereinbrechende Flut, die über die Jahrhunderte schon viele Menschenleben gefordert hat. In dieser Darstellung (oben) *ruft eine von der Flut überraschte Pilgerin die Muttergottes an und wird auf wundersame Weise gerettet.*

Der hl. Michael erscheint St. Aubert im Traum, hier (links) *in einer Illustration aus einer französischen Handschrift. Der Legende nach forderte der Erzengel den Bischof dreimal auf, ein Oratorium auf einer nahegelegenen Felskuppe zu errichten, doch erst, nachdem er ihm auf den Kopf gepocht hatte, glaubte dieser der Erscheinung.*

Die Alhambra

„Nichts im Leben ist grausamer, als in Granada blind zu sein.“

Maurische Inschrift an einer Wand der Alhambra

Im Januar 1492 dankte in Granada der letzte moslemische Herrscher Spaniens, Boabdil, zugunsten der Katholischen Könige Ferdinand von Aragonien und Isabella von Kastilien ab. Zur Feier ihres Triumphs befestigten diese ein silbernes Kreuz und das Banner des hl. Jakob auf einem Turm des Palastes von Granada, der Alhambra. Ein neues Zeitalter hatte begonnen.

Die auf einer Anhöhe über der Stadt erbaute Alhambra ist das schönste noch erhaltene Beispiel der künstlerischen Kreativität der Mauren, arabischer Moslems, die zu Beginn des 8. Jh. von Nordafrika nach Spanien eingedrungen waren. Der Palast ist ein Labyrinth aus schattigen Höfen und Hallen, eleganten Arkaden, Marmorsäulen, Springbrunnen und Zierbecken. Seine gemusterten Wände sind mit Klöppelspitzen überzogen und mit bunten *Azulejos* (Fayencefliesen) verkleidet. Am faszinierendsten sind jedoch die Stalaktitengewölbe, die dem Betrachter wie ein explodierender Stern entgegenfliegen.

Das Äußere der Alhambra ist eher nüchtern. Wie ein Vorgebirge ragen ihre mächtigen Mauern und Türme vor der Silhouette der Sierra Nevada mit ihren silbernen Gipfelketten auf. Doch im Inneren lockt eine zarte, weiche Welt aus schön geschwungenen Hufeisenbögen, glitzernden Kanälen und Wasserbecken und endlos fließendem oder geometrischem Dekor, das sich wie Klöppelspitzen über jede freie Fläche legt. Nahezu 250 Jahre lang diente die Alhambra den Nasridenkönigen von Granada als Palast und Harem. Auch die Hofbeamten wohnten hier. Seit Boabdil in dem Jahr, als Kolumbus zu seiner Weltumsegelung aufbrach, abdankte, hat die Alhambra über die Jahrhunderte hinweg Vernachlässigung, Brand und Erdbeben überstehen müssen.

Obwohl sie durch Anbauten und umfangreiche Restaurierungsarbeiten verändert wurde, hat der Besucher das Gefühl, in einem zauberhaften Maurenparadies zu sein.

Die Könige der Nasridendynastie

Die Geschichte des Palastes reicht bis ins 9. Jh. zurück, und Reste der ursprünglichen Alcazaba sind noch heute zu sehen. Es handelte sich um eine recht unbedeutende Zita-

Die Alhambra, die Palastfeste der maurischen Herrscher von Granada, erscheint vor dem Hintergrund der schneebekrönten Sierra Nevada. Die mächtigen Mauern des größtenteils im 14. Jh. errichteten Baus verbergen eine Welt zarter Säulengänge, schattiger Höfe, eleganter Brunnen und Wasserbecken.

Die Kuppel des Saales der beiden Schwestern wirkt wie ein explodierender Stern. Solches Stalaktitendekor, das von seinem Zentrum wegzufliegen scheint, gibt es nur in der islamischen Kunst.

delle, bis im 13. Jh. die maurische Bevölkerung Granadas durch Flüchtlingsströme aus dem 1236 von den Christen eroberten Córdoba stark zunahm. Von nun an war Granada das Zentrum des von den spanisch-katholischen Armeen immer weiter zurückgedrängten Maurenreichs. 1238 bestieg hier Mohammed I. als erster Nasride den Thron. Er baute sofort die vernachlässigte Festungsanlage aus und verbesserte die Wasserversorgung durch neue Aquädukte. Sein Sohn, Mohammed II., ließ Türme und Wälle errichten und eine Mauer um den Rand des Hochplateaus ziehen.

So wurde die Alcazaba zu einer wehrhaften Bastion. Die nächsten beiden Könige, Jusuf I. (1333 – 1354) und Mohammed V. (1354 bis 1391), schufen die erlesene Innenausstattung der Festung, die wir heute „Alhambra" nennen. Unter Jusuf wurde auch einer der anmutigsten Patios des Palastes, der Myrtenhof, angelegt, der sich unweit des heutigen Eingangs befindet. Seinen Namen verdankt er den zwei Myrtenhecken, die die Marmorwege zu beiden Seiten des großen, rechteckigen Wasserbeckens in seiner Mitte säumen. Das Becken wird von zwei niedrigen, runden Fontänen an seinen Schmalseiten gespeist. Leuchtend orange Goldfische tummeln sich in dem Wasser, dessen spiegelglatte Oberfläche – die fast auf gleicher Höhe mit der Marmoreinfassung liegt – das Bild der zierlichen Säulenarkaden reflektiert.

Der Mirador de Daraxa (linke Seite) *öffnet sich aus dem Saal der beiden Schwestern. Dieser reizvoll ausgeschmückte Erker gleicht, um mit Hans Christian Andersen zu sprechen, „einem phantastischen, versteinerten Spitzenbasar". Durch seine beiden Fenster blickt man in den Jardín de Daraxa mit seinen Zitronenbäumen, Zypressen und Springbrunnen.*

Die Innenflächen der Alhambra zeigen, welche Meister der Ornamentik die Mauren waren. Da der Islam naturgetreue Abbildungen verbietet, schufen die Mauren verschlungene geometrische Muster (links), *wie sie in der Stukkatur und auf den* Azulejos *(Fayenceplatten) zu sehen sind.*
Auch ornamentale Schriftzüge (unten) *schmücken die Wände mit Texten aus dem Koran, Lobpreisungen der Gebäude und ihrer Erbauer und der Devise der Nasriden „Nur Allah wird siegen".*

Entzückende Brunnen

Die Schönheit des Patio rührt aus dem phantasievollen Spiel mit dem Wasser, auf das sich die Mauren als Nachfahren eines Wüstenvolks so wunderbar verstanden. Zierbecken, Springbrunnen und Kanäle reflektierten das Sonnenlicht und boten dem Auge in der Gluthitze des Tages köstliche Erfrischung. Und das Plätschern der Springbrunnen, das sanft von den Hofmauern widerhallte, erzeugte die gewünschte meditative Stimmung dieser schattigen Ruheoasen.

Am Nordende des Myrtenhofs erhebt sich der zinnenbekrönte Comaresturm (Torre de Comares). Darunter liegt der 18 m hohe Saal der Gesandten, der größte Raum des Palastes, in dem in einer Nische gegenüber dem Eingang der Thron des Königs stand, der hier fremde Würdenträger empfing. In diesem Saal soll Ferdinand 1492 mit Christoph Kolumbus dessen bevorstehende Reise besprochen haben.

Der berühmteste Patio der Alhambra ist

Die Alhambra

Arabesken und geometrische Muster verleihen den Säulenbögen des Löwenhofs (rechts) *und den Wänden der königlichen Bäder* (unten) *eine zarte Weichheit. Die Bäder gehen auf Jusuf I. zurück und bestehen aus verschiedenen Kammern mit kühlem Marmorboden und sternförmigen Deckenfenstern, die früher wohl mit Buntglas ausgekleidet waren.*

der von Mohammed V. angelegte Löwenhof, in dessen Mitte ein von 12 Marmorlöwen getragenes Brunnenbecken steht. Die Tiere speien Wasser in einen umlaufenden Ringkanal, in den kreuzförmig von außen 4 gerade, in die Bodenplatten versenkte Kanäle münden. Diese wiederum speisen sich aus den flachen Fontänenbassins in angrenzenden Hallen, deren Arkaden auf 124 zierlichen Säulen ruhen. Von den im Westen und Osten stehenden Pavillons hat man einen ausgezeichneten Blick auf die Löwen, denen das Wasser wie ein Strahl flüssigen Kristalls aus dem Maul rinnt.

Begnadete Künstler

Die Erbauer der Alhambra waren Meister der Proportion, des Dekors und der Beleuchtung. Marmorplatten und Wasserbecken reflektieren die Strahlen der andalusischen Sonne und erfüllen die Höfe mit goldenem Schein. Da der Islam die naturgetreue Abbildung verbietet, pflegten die Mauren das abstrakte Dekor. Geometrische Muster und Arabesken sowie Sprüche aus dem Koran in eleganter kufischer Schrift sind in Stuck und Stein gearbeitet; ursprünglich waren sie bunt bemalt. Das Rot, Grün und Blau der *Azulejos* ziert die Wände von Sälen und Säulengängen sowie der königlichen Bäder.

Am faszinierendsten ist allerdings das Stalaktitendekor, das wie eine riesige Bienenwabe wirkt, in deren Tausenden von Zellen sich ein natürliches Spiel von Licht und Schatten entfaltet. Diese einzigartige islamische Art der Verzierung von Gewölben, Nischen und Bögen scheint das von den umgebenden Flächen reflektierte Licht aufzusaugen, um es dann wieder – wie in der Kuppel des Saals der beiden Schwestern – explosionsartig von sich zu schleudern.

Ganz ähnlich ist die Kuppel der Sala de los Abencerrages. Dieser Saal, den man über einen Gang vom Löwenhof aus erreicht, wur-

Der Myrtenhof (oben) *in einer Darstellung des englischen Malers David Roberts. Wie andere Künstler und Schriftsteller besuchte er die Alhambra im 19. Jh.*

Die Katholischen Könige Ferdinand von Aragonien und Isabella von Kastilien nehmen auf diesem Gemälde aus dem 19. Jh. die Übergabe von Granada durch den Maurenkönig Boabdil entgegen.

de nach einer Adelsfamilie benannt, deren Mitglieder angeblich Ende des 15. Jh. hier ermordet wurden. Diese Fülle von „Stalaktiten“ zieht das Auge unwiderstehlich an. Mit ihren unendlich webenden Details haftet ihr etwas Kosmisches an.

Die Genialität der Alhambra und der maurischen Kunst allgemein wird durch die Gegenüberstellung mit dem Palast Karls V., Kaiser des Heiligen Römischen Reichs und König von Spanien, deutlich. Für diesen 1526 begonnenen Bau mußten Teile der Alhambra abgerissen werden. Der Renaissancepalast mit seinem von mächtigen Marmorsäulen umgebenen runden Innenhof wirkt im Vergleich zur filigranen Märchenwelt der Alhambra einfach, streng und koloßhaft.

Abschied und Ahnung

In den auf die christliche Machtübernahme folgenden Jahrhunderten wurde die Alhambra durch Brand, Erdbeben und allgemeine Vernachlässigung stark in Mitleidenschaft gezogen. Sie diente sogar als Lagerstätte für Zigeuner und als Unterschlupf für Verbrecher.

Im 19. Jh. besuchten romantische Künstler und Schriftsteller wie Washington Irving, Richard Ford, George Borrow, Gustave Doré und David Roberts den Palast. Irving hatte 1829 sogar das Glück, drei Monate lang Räume im Palast bewohnen zu dürfen. Später veröffentlichte er seine Erzählungen von der Alhambra, in denen er eine Zauberwelt aus Tausendundeiner Nacht erstehen läßt.

Im Jahr 1492 haben Boabdil und sein Gefolge Granada verlassen und die Schlüssel zur Alhambra den Christen ausgehändigt. Aber die Geister der maurischen Herrscher haben die murmelnden Brunnen und die so liebevoll verzierten Höfe und Säle bis heute nicht verlassen. Der Palast war ein Teil ihrer selbst.

Der amerikanische Schriftsteller Washington Irving lebte 1829 ein Vierteljahr in der Alhambra und veröffentlichte 3 Jahre später seinen berühmten Band Die Alhambra.

Friedliche Ruhe liegt über dem Myrtenhof (links), *in dessen Wasserbecken sich elegante Säulenarkaden und der zinnenbekrönte Comaresturm spiegeln. Eine der zahlreichen Inschriften der Hofeinfassung preist seine Schönheit: „Ich bin die hochzeitliche Braut, schön und vollkommen.“*

Der Löwenhof ist der berühmteste Patio der Alhambra. Seinen Namen verdankt er den 12 Marmorlöwen an seinem Brunnen. Der unter Mohammed V. angelegte Hof und seine Arkadengänge mit ihren 124 schlanken Säulen waren ausschließlich der königlichen Familie vorbehalten. Washington Irving war fasziniert von seiner Schönheit und dem Spiel des Sonnenlichts auf den Säulen und im funkelnden Wasser. „Kein Theil des Gebäudes gibt uns eine vollkommnere Idee von der ursprünglichen Schönheit und Pracht, als dieser, ... Es ist unmöglich, auf diesen ehemaligen Lieblingssitz orientalischer Sitten zu schauen, ohne die frühern Anklänge der arabischen Mährchenwelt zu fühlen, und fast zu erwarten, daß der weiße Arm irgend einer geheimnißvollen Prinzessin von dem Balkone winke, oder ein schwarzes Auge durch das Gitter blicke.“

Die Verbotene Stadt

„Dach über Dach – wie einzelne, umgekehrte Boote, die in der Sonne königlich schimmerten."

Der englische Schriftsteller Cecil Lewis über die Verbotene Stadt (1919)

Im Herzen von Peking, der Hauptstadt Chinas, liegt die Verbotene Stadt, der wahrscheinlich größte Palastbau der Welt und das Wahrzeichen Chinas kaiserlicher Vergangenheit. Sein Name läßt bereits an Geheimnisse und Ränkespiele denken, an das prunkvolle Hofleben der Kaiser inmitten ihrer Minister, Konkubinen und Eunuchen, von der Außenwelt durch mächtige Tore und Mauern völlig abgeschieden.

Durch diese Tore drängen heute die Touristen, um die Größe, den Glanz, die Eleganz und kunstvolle Ausgestaltung dieses Labyrinths aus ziegelgedeckten und mit Sagengestalten geschmückten Gebäude zu bewundern: Empfangssäle, Pavillons, Marmortreppen und -balustraden, Bronzelöwen und Räuchergefäße sowie elegante Gartenanlagen bieten sich dem staunenden Auge.

Die Symmetrie und Harmonie der Gebäude und der wohlproportionierten, licht- und luftdurchfluteten Höfe täuscht jedoch über das schwere, düstere Innere hinweg, das noch den Geist der vergangenen Herrscher und ihres finsteren Glanzes atmet. Dies veranlaßte den englischen Schriftsteller Osbert Sitwell zu der Bemerkung: „Und in jedem Saal mit hohen roten Säulen, goldener Decke und farbigen Wänden brütet eine bemalte, vergoldete, glanzäugige Schönheit wie die eines Pfauenrades, in der die Mandschu-Kaiser noch drohend leben und herumspuken wie Wespen im Inneren einer reifen Nektarine."

Wie ineinandergeschachtelte, reich verzierte chinesische Elfenbeinschatullen liegt das Rechteck der Verbotenen Stadt in der Kaiserstadt, die wiederum in der Stadt der Neun Tore oder Inneren Stadt, welche von der ummauerten Äußeren Stadt, dem alten Peking, umschlossen ist. Im Herzen dieser komplexen Anlage befindet sich das durch Gräben und Mauern abgeschottete Heiligtum der Verbotenen Stadt, der Kaiserpalast, was die Isoliertheit der absolutistischen Herrscher Chinas sehr deutlich macht. Vom 15. Jh. bis zum Ausbruch der Republikanischen Revolution (1911) regierten hier 24 Kaiser der Ming- und Qing(Tsching)-Dynastien abgeschieden vom Rest der Welt.

Die Stadtanlage

Die Schönheit der Verbotenen Stadt liegt nicht so sehr in einem ihrer Bauten als in der geordneten, rechtwinkeligen Anordnung ihrer Tempel, Paläste und Gärten begründet. Dieses Prinzip des chinesischen Städtebaus finden wir schon in der alten Hauptstadt

Die Verbotene Stadt in Peking war vom Beginn des 15. Jh. bis zur Republikanischen Revolution von 1911 die Residenz der Kaiser von China. Man betritt den Palastkomplex heute wie früher durch das Tor des Mittags (oben), *das hier jenseits des eisbedeckten Goldwassers zu sehen ist.*

Grimmige Bronzelöwen wie dieser bewachen die Paläste, Säle und Toraufgänge der Verbotenen Stadt. Auch Schildkröten und Störche aus Bronze sind im Palastbezirk zu finden.

Die Verbotene Stadt

Die ursprüngliche Anlage der Verbotenen Stadt aus dem 15. Jh. ist später durch Um- und Anbauten und Renovierungsarbeiten verändert worden und spiegelt jetzt verschiedene Epochen der chinesischen Geschichte. Die Stiche (wahrscheinlich 18./19. Jh.) zeigen den Inneren Hof und eine Ansicht der Stadt mit Blick zum nördlich gelegenen Kohlehügel.
Der erste westliche Mensch, der die Stadt betrat, war Ende des 16. Jh. der Jesuitenmissionar Matteo Ricci. Er lebte jahrelang in Peking und durfte schließlich eine Kirche und ein Missionshaus hier errichten.

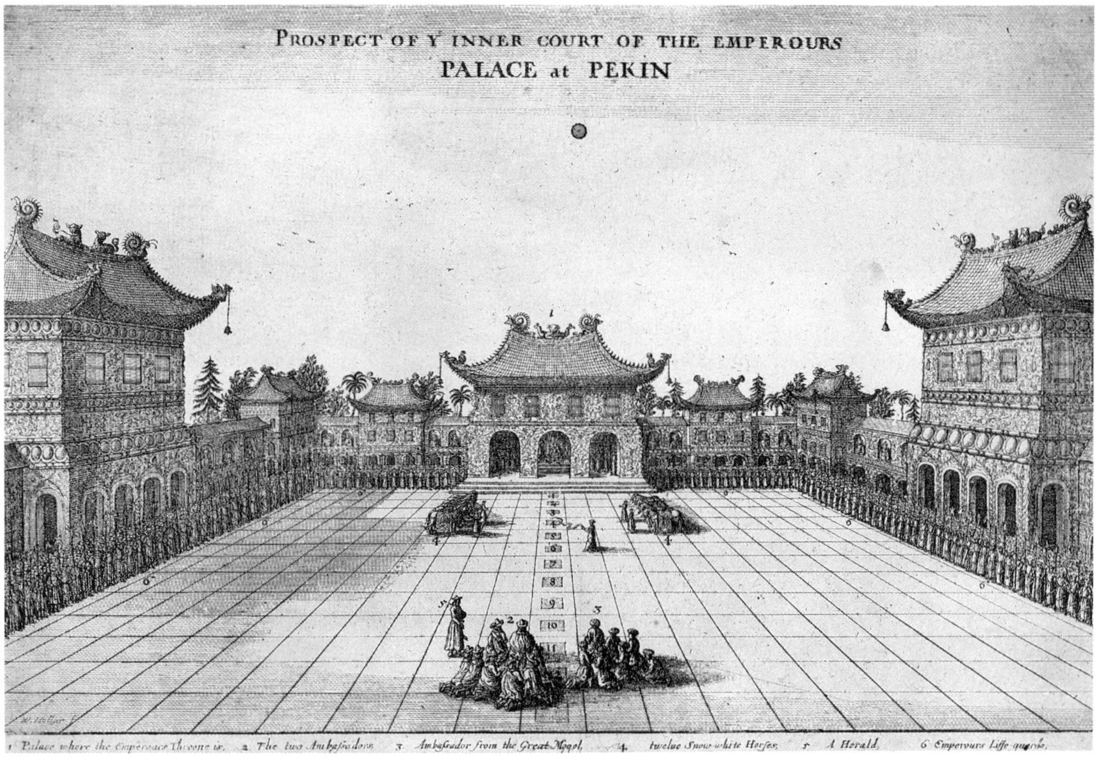

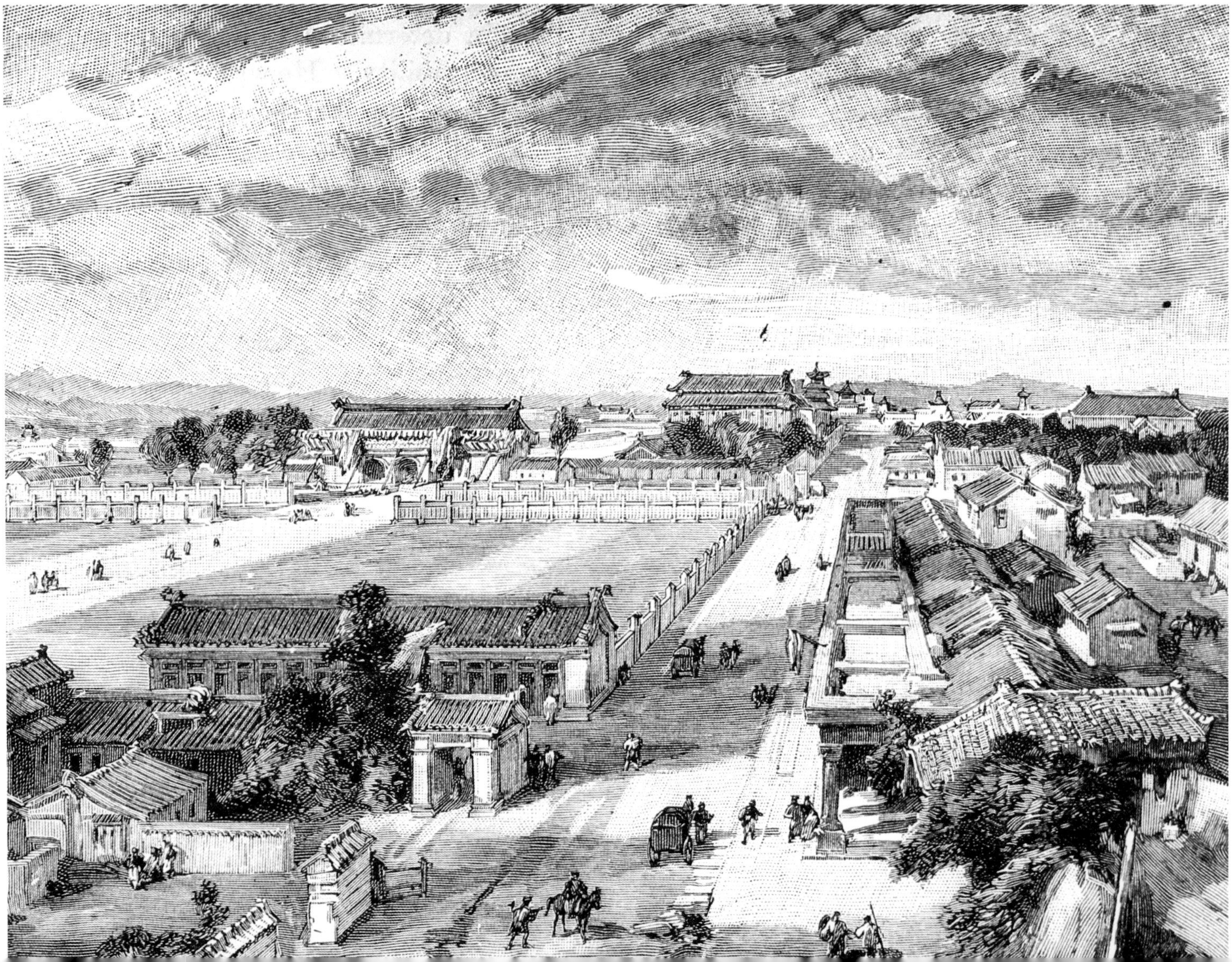

Chang'an, die zwischen 200 v. Chr. und 200 n. Chr. entstand. Ein noch erhaltener Plan von Chang'an aus dem 7. Jh. n. Chr. erinnert verblüffend an das heutige Gesicht der Verbotenen Stadt. Beide stellten Symbole der im Kosmos waltenden Ordnung dar.

Denn nach chinesischer Vorstellung besaß der Kaiser das Mandat des Himmels – den Auftrag der Götter. Im kosmischen Dreigestirn von Himmel, Erde und Mensch wurde der „Sohn des Himmels" als Mittler gesehen, dessen Aufgabe darin bestand, Ordnung und Harmonie auf Erden zu schaffen. Der ideale Staat zeichnete sich durch Ausgeglichenheit und Hierarchie aus, was sich in der Symmetrie der Verbotenen Stadt widerspiegelt.

Ganz wesentlich für den altchinesischen Städtebau war die zentrale Lehre des *Fengshui* („Wind-Wasser"), die Geomantie: Häuser, öffentliche Gebäude und Gräber wurden im Einklang mit der Lebensenergie der Erde angelegt. Die praktischen, ästhetischen und mystischen Implikationen des Fengshui liegen auch der Planung der Verbotenen Stadt zugrunde. Alle Gebäude sind an Nord-Süd-Achsen ausgerichtet, und die wichtigsten blicken nach Süden, in Richtung der segenbringenden Sonne und damit der Heiligkeit.

Die zentrale Nord-Süd-Achse der Verbotenen Stadt war gleichzeitig die Mittelachse von Peking. Zu Beginn des 15. Jh., kurz nach dem Bau des Kaiserpalastes, folgte die fast 1 km lange, vom großen zentralen Tor in der südlichen Stadtmauer Pekings ausgehende Zugangsstraße zur Verbotenen Stadt dieser Achse. Vom Tor des Himmlischen Friedens, wo die Beamten ihre Pferde und Wagen zurücklassen mußten, gingen sie weiter in nördlicher Richtung bis zum Tor der Rechtschaffenheit und schließlich durch das Tor des Mittags, den offiziellen Eingang zur Verbotenen Stadt.

Im Herzen Pekings

An der entgegengesetzten Seite der Verbotenen Stadt lief die Achse durch das Tor der Militärischen Tapferkeit im Norden über den Palastgraben hinweg in den *Jing Shan* („Aussichtshügel") oder auch „Kohlehügel" genannten kaiserlichen Park. Er wurde mit dem Erdreich aus dem Wassergraben und aus künstlich angelegten Seen an der Westseite des Palastes aufgeschüttet. Als die Mandschus 1644 die Stadt stürmten, erhängte sich hier der letzte Ming-Kaiser, nachdem er erst seine Familie getötet hatte. Die Achse endet im Norden am Glocken- und Trommelturm, wo der Tag morgens mit einem Glockenschlag begrüßt und abends mit einem Trommelschlag verabschiedet wurde.

Der volle Name der Kaiserstadt lautete „Purpurne Verbotene Stadt", wobei die Farbe Purpur den Polarstern symbolisiert. Wie der Himmel sich um den Polarstern dreht, so drehte sich die Erde um den Kaiser. Sein Drachenthron war nach chinesischer Vorstellung nicht nur das Zentrum der Haupthalle, der Verbotenen Stadt, der Kaiserstadt und der Inneren Stadt, sondern der ganzen Welt.

Vom Großkhan Khubilai zum letzten Kaiser

Die erste erwähnte Stadtanlage an der Stelle des heutigen Peking entstand unter der Zhou-Dynastie (1122–221 v. Chr.). Die Flußebene hier war fruchtbar und die strategische Lage günstig zur Verteidigung der schwachen Nordgrenze Chinas, die immer wieder von barbarischen Steppennomaden angegriffen wurde.

Marco Polo, Sohn eines venetianischen Kaufmanns, reiste 1271 als einer der ersten westlichen Besucher nach China. In Peking, damals Dadu *(„Große Hauptstadt") genannt, lebte er am prächtigen Hof des Großkhans Khubilai.*
Seine Beschreibungen des Palastes, dem Vorläufer der Verbotenen Stadt, machen dessen Größe und Pracht deutlich: er floß über von Gold, Silber und Marmor.
Er spürte etwas von der Besonderheit des chinesischen Lebens und Denkens.
Die Verbotene Stadt war das Herz Pekings. Es war, mit den Worten eines klassischen chinesischen Schriftstellers, der Ort, wo „Himmel und Erde sich treffen, wo ... Wind und Regen sich sammeln und Yin und Yang in Einklang sind". Hier lebte der Kaiser, dessen Aufgabe nach Ansicht des konfuzianischen Weisen Mengzi es war, „in der Mitte der Erde zu stehen und das Volk innerhalb der vier Meere im Gleichgewicht zu halten".

Im 13. Jh. n. Chr. fielen die Mongolen, angeführt von dem berühmten Dschinghis Khan, nach China ein. Sein Enkel Khubilai verlegte die Hauptstadt des Mongolenreichs nach Peking, das damals *Dadu* („Große Hauptstadt") genannt wurde. Von hier aus konnten die Mongolenarmeen auch das südliche China erobern. Marco Polo, einer der ersten westlichen Chinareisenden, kam 1274 an den Hof Khubilais. Seine Beschreibung des glanzvollen Palastes, dem Vorläufer der Verbotenen Stadt, in dem Zauberer goldene Tabletts und Becher durch den Raum schweben ließen, brachte ihm den Spitznamen *Il Milione* („Erzähler von Millionen Lügen") ein.

Nachdem die Mongolenherrscher durch die Ming-Dynastie abgelöst worden waren, entstand die Verbotene Stadt, wie wir sie heute kennen. Kaiser Yongle (1403 – 1424) legte den Grundstein wahrscheinlich genau an der Stelle, wo Khubilais Palast gestanden hatte. Eine Million Arbeiter benötigten 16 Jahre, um ihn fertigzustellen. Im Lauf der Jahrhunderte wurde er durch Erweiterungen, Umbauten und Renovierungen verändert und spiegelt nun verschiedene Epochen chinesischer Geschichte wider.

Die riesige Anlage mit ihren Höfen, Gärten und rund 9900 Räumen erstreckt sich über 720000 m². Traditionsgemäß arbeiteten die Regierungsbeamten im südlichen Bereich, und die kaiserliche Familie wohnte im nördlichen Bereich der Palaststadt, die durch das wunderschöne Tor der Himmlischen Reinheit getrennt waren. Außer dem Kaiser durfte kein erwachsener Mann das von Eunuchen streng bewachte Wohngebiet betreten.

Der Zugang zum Palastgelände erfolgte damals wie heute durch das wuchtige Tor des Mittags, von dem aus der Kaiser die Paraden seiner Armee abnahm. Trommel und Glocke, die jedesmal, wenn der Kaiser durch das Tor schritt, erklangen, schweigen heute, wenn die Besucher hindurchgehen. Hinter dem Tor fließt das Goldwasser, ein bogenförmiger, von fünf Marmorbrücken überspannter Kanal.

Ankunft von Gästen in der Verbotenen Stadt, dargestellt auf einem chinesischen Gemälde des ausgehenden 15. Jh. (linke Seite). *Elegante goldene Dächer schmücken die wohlproportionierten Säle und Paläste, die alle nach Süden ausgerichtet sind und wie auf Wolken zu schweben scheinen.*

Der Kindkaiser Pu Yi inspiziert seinen Hofstaat in dieser Aufnahme aus Bernardo Bertoluccis Film Der letzte Kaiser *(1988). Nach der Revolution von 1911 durfte Pu Yi noch bis 1924 in der Verbotenen Stadt* (unten) *bleiben. 1967 starb dieser letzte Vertreter der Qing-Dynastie.*

Die Verbotene Stadt

Dahinter erhebt sich auf einer dreistufigen Terrasse die Halle der Höchsten Harmonie, das wichtigste Zeremonialgebäude. In ihr befand sich der Mittelpunkt der chinesischen Welt, der Drachenthron, von dem aus der Kaiser, umgeben von bronzenen Weihrauchgefäßen und vergoldeten Säulen, als Sohn des Himmels regierte. Wichtige festliche Anlässe wie die Wintersonnwende, das Neue Jahr oder der Geburtstag des Kaisers wurden in dieser Halle begangen.

Der Drachenthron in der Halle der Höchsten Harmonie stand nicht nur im Zentrum des Kaiserpalastes, der Kaiserstadt und der Hauptstadt, sondern war, nach chinesischer Denkart, auch der Mittelpunkt der Welt.

Hinter der Halle der Höchsten Harmonie liegen die Halle der Mittleren Harmonie und die Halle der Erhaltung der Harmonie, wo Bankette für fremde Würdenträger gegeben wurden. Noch weiter im Norden befindet sich eine ebenso angeordnete Gruppe von drei Palästen, wovon der Palast der Himmlischen Reinheit und der Palast der Irdischen Ruhe die Gemächer des Kaisers bzw. der Kaiserin enthielten.

Zwischen diesen Palästen lag die Halle der Berührung von Himmel und Erde, die die Einheit von Kaiser und Kaiserin (und daher von Himmel und Erde), des Männlichen und des Weiblichen (Yin und Yang) symbolisierte. Hinter den Palästen lag der Kaiserliche Blumengarten, dessen Wasserbecken, Steingärten, Pavillons und alte Pinien und Zypressen eine willkommene Abwechslung zu der Flucht von Gebäuden boten.

Außer Palästen und Hallen gab es in der

Nach der Vertreibung Pu Yis (1924) verfiel die Verbotene Stadt immer mehr (unten). *Jetzt ist sie ein öffentliches Museum und wird restauriert, so daß sie allmählich wieder in altem Glanz erstrahlt.*

Verbotenen Stadt Tempel, Gärten, Bibliotheken, Theater und Unterkünfte für die Tausende von Dienern, Eunuchen und Konkubinen, die im Palast lebten. Die von Eunuchen beschützten und bedienten Konkubinen stiegen im Ansehen, wenn sie dem Kaiser einen Sohn gebaren. Wenn der Kaiser eine dieser Damen in sein Schlafzimmer beorderte, mußte sie all ihre Kleider ablegen (damit sie keine Waffe verstecken konnte) und wurde, lediglich in ein gelbes Gewand gehüllt, auf dem Rücken eines Eunuchen zum Kaiser getragen.

Das Ende einer Ära

Nach fast 5 Jahrhunderten ging das Reich der Gottessöhne mit dem Ausbruch der Chinesischen Revolution von 1911 zu Ende. Der 4jährige Pu Yi mußte auf Geheiß der Führer der jungen Republik abdanken, doch bis 1924 durfte er noch im Kaiserpalast wohnen. In der Folgezeit waren die Palastgebäude dem Verfall überlassen.

1949 kamen die Kommunisten in Peking an die Macht, und die geschlagenen Nationalisten zogen sich nach Taiwan zurück, wohin sie viele Schätze aus der Verbotenen Stadt mitnahmen. Heute ist die Stadt keineswegs mehr „verboten", sondern ein öffentliches Museum: der Wind des 20. Jh. hat die Tore des hochheiligen Bezirks kaiserlicher Macht weit aufgestoßen.

Eine der letzten Taten der Kaiserinwitwe Cixi (1834 – 1908) (links) *war 1908 die Ernennung des 3jährigen Pu Yi* (oben) *zum Kaiser. Die ehemalige Konkubine von Kaiser Xianfeng (1850 – 1861) war die graue Eminenz hinter Tongzhi (1862 – 1874) und Guangxu (1875 bis 1908).*
Engstirnig und autokratisch beherrschte sie China fast 50 Jahre lang und widersetzte sich allen Reformbestrebungen. So verwendete sie Mittel, die für die Modernisierung der chinesischen Marine gedacht waren, einfach dazu, sich einen prunkvollen Sommerpalast zu bauen.

Helsingör

„In Dänemark gibt es ein altes Schloß . . . und darunter sitzt im tiefen, dunklen Keller . . . Holger Danske . . . aber im Traume sieht er alles, was oben in Dänemark geschieht.“

Aus *Holger Danske* von Hans Christian Andersen

Nördlich von Kopenhagen steht auf einem ins Meer hinausragenden Landvorsprung eine große Festung, deren mächtige Mauern von verblüffend eleganten, kupfergedeckten Türmchen verziert werden. Im Lauf der Jahrhunderte war die Kronborg königliche Residenz, Kaserne, Gefängnis und, in jüngster Zeit, Museum. Ihre Berühmtheit verdankt sie aber zwei großen legendären Gestalten. Die eine ist Hamlet, Prinz von Dänemark, dem Shakespeare zu Unsterblichkeit verhalf. Shakespeare nannte die Burg zwar *Elsinore* (engl. für „Helsingör“), was eigentlich der Name der ihr zu Füßen liegenden Stadt ist.

Die andere Heldengestalt, die jetzt Besucher zur Kronborg lockt, ist Holger Danske, einer der zwölf Ritter oder Paladine Kaiser Karls des Großen (742 – 814). Wie König Artus schläft Holger nur, und in der Stunde wirklicher Gefahr wird er aufstehen und sein Land verteidigen.

Der Hamlet der Legende

Die Geschichte von Prinz Hamlet, der vortäuscht, wahnsinnig zu sein, während er Rachepläne gegen den Mann schmiedet, der seinen Vater umgebracht, seine Mutter geheiratet und sich der Königskrone bemächtigt hat, scheint keine speziell dänische, sondern eine alte skandinavische Sage zu sein. Das erste schriftliche Zeugnis davon liefert der dänische Geschichtsschreiber Saxo Grammaticus (12. Jh.), der sie in Jütland ansiedelt. Saxos „Amleth“ gewinnt die Krone zurück und fällt in Jütland im Kampf.

Helsingör war im elisabethanischen England der bekannteste dänische Ort. 1585 war hier ein eindrucksvolles neues Schloß fertiggestellt worden. Es ist also nicht verwunderlich, daß Shakespeare, der seinen *Hamlet* 15 Jahre später schrieb, es zum Schauplatz des Dramas wählte.

Die weißen Sandsteinmauern der Burg erheben sich über einer im Mittelalter noch einsamen und verlassenen Landzunge, die dort in den Sund hinausragt, wo er zwischen Dänemark und Schweden am schmalsten ist. Hier hatte Erik von Pommern, König von Dänemark, Schweden und Norwegen, die Zitadelle Krogen erbauen lassen, um von allen vorbeikommenden Schiffen den Öresundzoll erheben zu können. Über ein Jahrhundert später

Die prächtige Kronborg, mit deren Bau 1574 begonnen wurde, bewacht den schmalen Sund zwischen Dänemark und Schweden. Als „Helsingör“ machte Shakespeare sie zum Schauplatz seines Hamlet.

Die Kronborg (oben), *hier auf einem Stich um 1696, wurde unter Christian V. (1670 – 99) auf ihrer dem Festland zugewandten Seite durch trutzige Wälle und Mauern verstärkt.*

Hamlet, der legendäre Prinz von Dänemark, wurde so (rechts) *in einer Handschrift aus dem 16. Jh. dargestellt. 1939 verkörperte der große britische Schauspieler John Gielgud* (ganz rechts) *Shakespeares melancholischen Dänenprinz in einer Inszenierung auf der Kronborg. Zum ersten Mal wurde* Hamlet *im „wahren" Helsingör im Jahre 1816 aufgeführt.*

mußte Friedrich II., der mit Schweden im Krieg lag, beweisen, daß er Herr des Sunds war. Er begann 1574 mit dem Ausbau von Krogen und taufte es in „Kronborg“ um.

Dank der Zolleinnahmen wurde die Kronborg zum schönsten Renaissanceschloß Nordeuropas. Sie beherbergte eine Militärgarnison, war aber auch königliche Residenz. Die Innenräume waren prachtvoll möbliert und mit Kassettendecken, bemalten Vertäfelungen und Gobelins mit der Darstellung von über hundert historischen oder legendären Dänenkönigen versehen.

Im 16. Jh. war man aber weniger von der Pracht des Schlosses beeindruckt als von seinen riesigen Bronzekanonen, die der Zollforderung Nachdruck verliehen. Den Seefahrern war die Kronborg ein vertrauter, wenn auch nicht unbedingt willkommener Anblick, denn hier mußten alle Schiffe vor der Ausfahrt aus dem Sund anlegen und den Zoll entrichten.

Shakespeares Helsingör

Bei Shakespeare steht die trutzige Festung auf einem steilen Felsen über dem Meer (*Hamlet* I, IV). Er muß die wahren Gegebenheiten jedoch gekannt haben, denn er hat das Stück einmal mit seiner Schauspielertruppe in der Kronborg vor dem königlichen Hof aufgeführt. In seiner dichterischen Phantasie verlegte er aber die Burg und Saxos Geschichte in eine Renaissancewelt, in der das politische Ränkespiel in Gängen, Gemächern und hinter Zinnen seinen Lauf nahm.

Seit Ende des 18. Jh. machten sich viele ausländische Reisende, insbesondere Deutsche und Engländer, nach Shakespeares Helsingör auf. Einige waren enttäuscht, denn die ursprüngliche Anlage war 1629 fast völlig abgebrannt, und so fanden sie nur die von Christian IV. wiederaufgebaute Kronborg vor, die zwar fast genauso aussah wie die alte, aber nicht dieselbe Ausstrahlung hatte wie Hamlets Helsingör.

Ende des 18. Jh. versuchte man, die verlorengegangene Romantik durch die Schaffung eines „Allegoriengartens“ auszugleichen. Darin konnte man an einer Eremitenklause und einem durch eine zerbrochene Säule bezeichneten Scheingrab vorbei zum Himmelreich wandern. Bald nannte man den Garten „Hamlets Garten“, und viele Touristen glaubten, er liege hier wirklich begraben. 1857 erhielt ein geschäftstüchtiger Däne die Erlaubnis, „Hamlets Grab in einer der Sage entsprechenden Weise herzurichten“. Er verfrachtete die zerbrochene Säule an einen anderen Ort und erhob für die Erinnerungsstätte eine Besichtigungsgebühr!

Jetzt gibt es kein Hamletgrab mehr in Helsingör. Die heutigen Besucher kommen, um das Schloß mit seinen kupfergedeckten Türmen und die hübsche Stadt mit den kopfsteingepflasterten Gassen und alten Häusern zu besichtigen. Doch sieht man das Schloß vom Meer aus, so wird man unwillkürlich an Shakespeares Helsingör erinnert, hinter dessen mächtigen Mauern sich Mord und Intrigen abspielten.

Im tiefen, dunklen Keller der Kronborg sitzt der dänische Nationalheld Holger Danske und schläft. Doch wie wir aus Hans Christian Andersens Märchen wissen, wird er sich erheben, sobald Dänemark wirkliche Gefahr droht. In der französischen Literatur ist der „Ogier le Danois“ genannte Holger ein Paladin oder Ritter Kaiser Karls des Großen und lebte 200 Jahre lang mit „Morgan le Fay“, der Fee Morgana, in Avalon. Diese massige, finstere Gestalt (oben) *schuf 1906 der dänische Bildhauer Hans Peder Pedersen-Dan.*

Der Tadsch Mahal

„Als ich ihn sah, wurde mir klar, daß ich noch nie gewußt hatte, was vollkommene Proportionen sind.“

Eleanor Roosevelt
über den Tadsch Mahal

Seit über 300 Jahren begeistert die Schönheit und Harmonie des an den Ufern der Yamuna in der nordindischen Stadt Agra gelegene Tadsch Mahal alle Besucher. Wenn Gefühle zu einem Bauwerk werden können, dann ist das hier gelungen, denn der Tadsch ist Marmor gewordener Ausdruck der tiefen Verehrung eines Mannes für seine geliebte Frau: Shahjahan, der 5. Großmogul von Indien (1628 – 58), ließ dieses einzigartige Mausoleum für seine Frau Mumtaz Mahal errichten, nachdem sie viel zu früh im Kindbett gestorben war.

Shahjahan war, wie seine Vorgänger, ein Mann der Tat und zugleich Förderer der Künste, besonders der Architektur. Er war auch ein begabter Heerführer: er hatte die Zwanzig kaum überschritten, da erwarb er sich schon die dankbare Bewunderung seines Vaters, des Kaisers Jahangir, indem er mit den Regierungstruppen aufständische Stämme niederschlug.

Angeblich lernte Shahjahan seine spätere Frau, die damals noch Arjmana Banu Begam hieß, kennen, als sie in einem Basar billigen Schmuck verkaufte. Für eine Frau persisch-adeliger Abstammung scheint dies eine seltsame Beschäftigung zu sein, doch es handelte sich nicht um einen gewöhnlichen Basar, sondern um einen traditionellen Bestandteil der islamischen Neujahrsfeiern: junge Damen vom Hofe konnten so wertlosen Tand zu exorbitanten Preisen an adelige Herren verkaufen und dabei mit ihnen flirten.

Die „Krone des Palastes“

Ob diese Episode wahr ist, sei dahingestellt – ihre Hochzeit feierten die beiden jedenfalls am 30. April 1612, einem von den Astrologen bestimmten Tag, in märchenhaftem Glanz. Ganz Agra stand kopf. Während des Tages füllten farbenfrohe Prozessionen die Straßen, und in der Nacht beleuchtete buntes Feuerwerk den Himmel. Die junge Braut – 19 Jahre war sie erst alt – erhielt bald einen anderen Namen: Mumtaz Mahal, „Krone des Palastes“, und davon ist „Tadsch Mahal“ abgeleitet.

Shahjahan und Mumtaz waren allen Berichten zufolge das ideale Paar. In seiner Gemahlin hatte der Kaiser eine Frau von natürlichem Charme gefunden, die gleichzeitig würdevoll, warmherzig, intelligent und verschwiegen war. Die intrigante Art ihrer einflußreichen Tante Nurjahan, der Frau des Großmoguls Jahangir, hatte sie nicht geerbt. Shahjahan konnte mit seiner Königin alle

„Eine makellose Perle auf azurblauem Grund" ist der Tadsch Mahal, ein Wunder an Zartheit und Symmetrie und das berühmteste Mausoleum der Erde. Der Mogul-Kaiser Shahjahan (rechts) *ließ es im 17. Jh. für seine Frau Mumtaz Mahal* (ganz rechts) *erbauen, die im Kindbett gestorben war. 20000 Männer vollendeten dieses Juwel der Moguln-Baukunst in 22jähriger Arbeit.*

Staatsgeschäfte besprechen, sie um Rat fragen und ins Vertrauen ziehen. Und wenn der Kaiser in den Kampf zog, bestand Mumtaz darauf, ihn zu begleiten.

So geschah es, daß Mumtaz beim Dekkhan-Feldzug etwa 800 km südlich von Agra mit ihrem 14. Kind (von den anderen hatten nur 7 überlebt) niederkam. In den Morgenstunden des 7. Juni 1631 starb sie, nachdem sie das Kind zur Welt gebracht hatte. Kurz vor ihrem Tod soll sie ihren verzweifelten Gatten noch gebeten haben, ihr ein Mausoleum zu bauen, dem an Schönheit nichts gleichkäme. Mit dem Tadsch Mahal ist ihm das gelungen.

Shahjahan konnte den Verlust seiner Frau nicht verwinden. Öffentliche Auftritte wurden abgesagt; er weigerte sich, königliches Ornat anzulegen, kostbare Speisen zu sich zu nehmen oder auch nur Musik zu hören; oft brach er unvermittelt in Tränen aus; sein Haar ergraute plötzlich; er nahm an keinen Feldzügen mehr teil, blieb statt dessen in seiner Hauptstadt und überließ anderen das Militärkommando. Zwei Jahre lang soll er so getrauert haben.

Mumtaz zum Gedenken

Des Kaisers einziger Trost scheint es gewesen zu sein, sich sofort in den Bau des Mausoleums an den Ufern der Yamuna zu stürzen. Architektur hatte ihn schon immer begeistert, und nun fand er eine Möglichkeit, seine Trauer in schöpferische Energie umzusetzen. Er soll selbst Entwürfe begutachtet haben, die ihm in Form von Holzmodellen vorgestellt wurden.

Es ist ungeklärt, ob nur *ein* Architekt für die endgültigen Pläne verantwortlich war, weshalb auch die Legende angezweifelt werden muß, derzufolge der Kaiser diesem Architekten den Kopf abschlagen ließ, damit er kein zweites so glanzvolles Bauwerk entwerfen könne. Mit Sicherheit aber nahm Shahjahan selbst entscheidenden Einfluß auf die endgültigen Pläne.

Die Bauarbeiten zogen sich über 22 Jahre hin, wobei ununterbrochen 20000 Arbeiter und Handwerker beschäftigt waren. Der weiße Marmor wurde im ungefähr 160 km entfernten Jodhpur gebrochen und von Elefan-

Der weitläufige rechteckige Vorhof des Tadsch Mahal (unten) *eröffnet einen herrlichen Blick auf das Mausoleum. Der etwa 30 m hohe Bau wird von mehreren Kuppelpavillons bekrönt. Die ursprüngliche Silbertür, die nach dem Zusammenbruch des Moguln-Reiches von Hindus geraubt worden war, wurde durch eine Messingtür ersetzt.*
Nicht minder reizvoll ist der Blick vom gegenüberliegenden Ufer der Yamuna auf das Kuppelgrab (rechts). *Beide Stiche datieren aus dem 19. Jh.*

ten und – wie ein Europäer bezeugte – „kraftvollen Gespannen von Ochsen und grimmigen Büffeln mit großen Hörnern, die riesige, stabile Karren zogen ...“ herbeigeschafft. Edelsteine aus dem In- und Ausland wurden verwendet: Lapislazuli aus Ceylon, Malachit aus Rußland, Karneol aus Baghdad, Türkis aus Tibet.

Nichts war zu teuer. Der englische Reisende Peter Mundy beobachtete 1632 die Anfangsarbeiten, die „mit außerordentlicher Sorgfalt ausgeführt“ wurden und bei denen „Gold und Silber wie gewöhnliches Metall, Marmor wie bloßer Stein eingeschätzt“ wurden. Schmiede begannen mit den Flügeln des großen silbernen Eingangstors – die später von Hindus gestohlen werden sollten. Maurer, Zimmerleute, Kalligrafen, Mosaikenleger und andere Handwerker schufen in gemeinsamer Anstrengung ein Bauwerk zum ewigen Gedenken an eine Frau.

Ein Wunder an Symmetrie

Der Tadsch Mahal und die umliegenden Gebäude wurden 1653 fertiggestellt. Der heutige Besucher wird aus dem Halbdunkel des Torbogens in eine Welt aus weißem Marmor ent-

Im Inneren des Grabmals stehen Seite an Seite die Kenotaphe von Mumtaz und ihrem liebevollen Gatten. Man sagt, die Moguln bauten wie die Riesen und vollendeten ihr Werk wie die Goldschmiede. Die Blumenintarsien (oben) *im weißen Marmor der Kenotaphe bestehen aus 60 verschiedenen Edelsteinen.*

Die zeitlose Schönheit der Silhouette des Tadsch (rechte Seite) *wird schon seit über 300 Jahren bewundert. Für den englischen Schriftsteller Rudyard Kipling war das Mausoleum „die Verkörperung alles Reinen, Heiligen und Traurigen. Darin lag das Geheimnis dieses Gebäudes."*

rückt, ganz wie Shahjahan vor über 300 Jahren. Außen nehmen die erhabene Symmetrie des Gebäudes und die Reinheit seiner Farben den Betrachter sofort gefangen. Die geraden Linien des zentralen Wasserbeckens führen das Auge unweigerlich zu der quergelagerten Terrasse aus Sandstein und Marmor, auf der sich der achteckige Baukörper in schöner Harmonie mit Bögen, Kuppeln und vier Minaretten erhebt.

Im sich wandelnden Licht der Sonne nimmt der weiße Marmor unterschiedliche Färbung an. In der Morgen- und Abendröte erglüht er sanft in Violett-, Rosé- und zarten Goldtönen, und im frühmorgendlichen Nebel scheint das Gebäude ätherisch im Himmel zu schweben, als habe der Nebel selbst die Form dieses berühmtesten aller indischen Baudenkmäler angenommen.

Noch unwirklicher wirkt der Tadsch Mahal im Vollmondlicht, wenn die eisfarbene Kuppel, die sich sanft im gekräuselten Wasser des Mittelbeckens spiegelt, aussieht, als strahle sie selbst Licht aus.

Wie der Besucher sich auf den von dunkelgrünen Zypressen begleiteten Wegen dem Bauwerk nähert, bemerkt er, daß seine weißen Marmorflächen in Wirklichkeit reich verziert sind. Blütenmotive und Arabesken sind in den Stein eingelegt, und Sprüche aus dem Koran in fließender Kalligrafie schmücken die Türbögen. Über all dem erstrahlt die große Kuppel wie eine Riesenknospe im Sonnenschein.

Die königlichen Kenotaphe

Das Aufstreben des Mausoleums und die Harmonie werden durch zwei rechts und links stehende Sandsteinmoscheen noch betont. Die Moschee zur Rechten ist eigentlich nur aus Gründen der Ästhetik da, denn sie kann nicht als Gebetsraum genutzt werden, da sie nicht nach Mekka ausgerichtet ist. Die Symmetrie wird nicht nur in den Gebäuden, sondern auch in den kühlen, ornamentalen Gärten gewahrt, die von den beiden langgestreckten Wasserbecken in vier Teile geteilt werden (im Islam eine heilige Zahl), und die Spiegelung des Tadsch im Wasser erzeugt eine weitere, vertikale Symmetrie.

Im Inneren des Mausoleums herrscht, im Gegensatz zum blendend hellen Licht draußen, eine gedämpfte Atmosphäre, da das Sonnenlicht durch Gitterfenster und einen von komplizierten, filigranen Mustern durchbrochenen Marmorwandschirm, der die Kenotaphe von Mumtaz und Shahjahan umgibt, ge-

filtert wird. Der ursprüngliche, reich mit Edelsteinen besetzte Wandschirm aus Gold wurde zum Schutz vor Dieben entfernt. Der neue, elfenbeinfarbene, spitzenartig durchbrochene Schirm umhüllt die Kenotaphe aus solidem, kühlem Stein mit femininer Weichheit. Die Leichname des Königspaares liegen in der Krypta unter den Kenotaphen, welche nur eine symbolische letzte Ruhestatt der beiden Liebenden sind.

Die Einlegearbeiten im Marmor der Kenotaphe, das „Pietra-dura-Werk“, sind zu Recht berühmt. Dafür wurde zunächst die gewünschte, meist geometrische oder florale, Form in den Marmor eingeschnitten, in die man dann nach Farbe und Beschaffenheit ausgewählte Edel- und Halbedelsteine einsetzte, die exakt in der passenden Form zugeschnitten waren. Dafür war großes Können nötig, denn eine einzige Blume konnte aus bis zu 60 verschiedenen Teilchen bestehen.

Niedergang und Wiederherstellung

Mit dem Niedergang des Moguln-Reiches im 18. Jh. verlor auch der Tadsch seinen Glanz und verfiel immer mehr. Als Indien im 19. Jh. britische Kolonie war, wurden hier manchmal Feste unter freiem Himmel gefeiert, und die Nachtluft war erfüllt von der Musik der Regimentskapellen auf den Terrassen.

Zwei Briten werden oft – mehr oder weniger schmeichelhaft – mit dem Tadsch in Zusammenhang gebracht. Der eine ist Lord William Bentinck, 1828 – 35 Generalgouverneur von Indien, der das Mausoleum zerlegen und die Teile in England versteigern lassen wollte. Zum Glück verlief eine Versuchsversteigerung von Marmor aus dem Roten Fort so wenig erfolgreich, daß er seine Pläne aufgab. Der andere ist Lord Curzon, 1898 – 1905 Vizekönig von Indien, ein begeisterter Konservator, der sich um die Erhaltung der indischen Kulturdenkmäler sehr verdient gemacht hat. Er veranlaßte die Restaurierung des Tadsch, damit dessen Pracht auch noch der Nachwelt erhalten bleibe.

Das Leben Shahjahans nahm ein trauriges Ende. 1658 bestieg sein ränkevoller Sohn Aurangzeb den Thron und hielt seinen Vater fürderhin im Roten Fort gefangen. Von hier aus blickte der alte Kaiser in den Jahren bis zu seinem Tod, 1666, immer wieder sehnsüchtig über die Yamuna zur Silhouette des Grabmals seiner Frau hinüber. Schließlich wurde er im Tod wieder mit ihr vereint und ruht nun an ihrer Seite unter der großen Marmorkuppel.

Lord Curzon, 1898 – 1905 Vizekönig von Indien, war wesentlich an der Restaurierung von Shahjahans großem Bauwerk beteiligt, das hier (oben) *auf einer Aufnahme vom Ende des 19. Jh. zu sehen ist.*

Die weiße Kuppel des Tadsch (rechts), *eine „emporsteigende Marmorblase", wie Mark Twain sie beschrieb, vom Roten Fort her gesehen. Von hier aus blickte der von seinem Sohn gefangengehaltene Shahjahan an seinem Lebensabend immer wieder zur Ruhestatt seiner geliebten Mumtaz.*

Neuschwanstein

„Wie im Traum ich ihn trug,
wie mein Wille ihn wies,
stark und schön
steht er zur Schau;
hehrer, herrlicher Bau!"

Wotan nach dem Bau der Walhalla in Wagners Oper *Das Rheingold*

Auf dem hohen Felsenturm des Juchten thront über der Pöllatschlucht in der majestätischen Umgebung der Bayerischen Alpen das märchenhafteste Schloß der Welt. Von weitem sehen seine elfenbeinfarbenen Türmchen vor dem Hintergrund der dunklen Fichten so unwirklich und zart aus wie Zuckerbäckerei. Das Märchenschloß Neuschwanstein wurde 1869 von König Ludwig II. von Bayern (1845 bis 1886) begründet. „Mittelalterlicher" als jeder Bau des Mittelalters ist Neuschwanstein der wahr gewordene Traum eines Mannes.

Der Traum hatte in Ludwigs Kindheit begonnen. Als er sechs war, spielte er gerne mit Bausteinen, mit denen er nach Ansicht seines Großvaters Ludwig I. „erstaunlich gute Gebäude" machte. Außerdem schauspielerte und verkleidete er sich gern.

Die Sommermonate verbrachten er, seine Eltern und der jüngere Bruder Otto auf Hohenschwangau, einem einstigen Adelssitz, den sein Vater, König Maximilian II., 1833 erworben hatte. Als Maximilian die mittelalterliche Burg wieder aufbauen ließ, zeigte sich seine romantische Ader: er beauftragte keinen Architekten, sondern einen Bühnenbildner mit den endgültigen Plänen. Die Wände ließ er mit Motiven aus mittelalterlichen Heldensagen bemalen, insbesondere aus der des Schwanenritters Lohengrin, der einst hier gelebt haben soll.

Der Schwanenritter

Lohengrin wurde eine wichtige Gestalt in Ludwigs Phantasiewelt. Aus den Wandgemälden wußte er, wie Lohengrin in einem von einem Schwan gezogenen Boot auf der Schelde zu Prinzessin Else von Brabant nach Antwerpen gekommen war; wie er eingewilligt hatte, ihr Gemahl zu werden, unter der Bedingung, daß sie ihn nie nach seinem Namen oder seiner Herkunft frage; wie sie in der Hochzeitsnacht ihr Versprechen gebrochen und er ihre Frage beantwortet hatte, woraufhin der Schwan wieder erschien, und Lohengrin genauso geheimnisvoll verschwand, wie er gekommen war.

Als Kind hatte Ludwig ein Bild von Lohengrins Burg Schwanstein gemalt, dem jetzigen

Das Märchenschloß Neuschwanstein ließ der romantische und exzentrische König Ludwig II. in den Bayerischen Alpen erbauen. Den Ort beschreibt er als „einen der schönsten, die es je gegeben hat". Ludwigs Wunsch, nach seinem Tod die von ihm gebauten Schlösser, die er als Heiligtümer betrachtete, zu zerstören, wurde nicht befolgt. So konnte Walt Disney, ein anderer Schöpfer märchenhafter Königreiche, sein Schneewittchenschloß für den Film nach dem Vorbild von Neuschwanstein bauen.

Ludwig war besessen von der Lohengrin-Sage, weshalb er auch Richard Wagner abgöttisch verehrte. Zwischen dem König und dem Komponisten (rechte Seite) *entwickelte sich eine künstlerische Zusammenarbeit. Ohne Ludwigs Unterstützung hätte Wagner weder* Tristan, *noch den* Ring, *noch* Parsifal *verwirklichen können. Das Wandbild* (unten) *über dem Ofen des Salons von Neuschwanstein zeigt die Ankunft Lohengrins in Antwerpen. Ludwigs Vorliebe fürs Theatralische führte dazu, daß er eines Tages diese Szene auf dem hinter dem Schloß gelegenen Alpsee aufführen ließ. Sein Vetter glitt als Lohengrin in einem von einem künstlichen Schwan gezogenen Boot über das Wasser, während ein Orchester die entsprechenden Melodien von Wagner spielte.*

Hohenschwangau seines Vaters, und oft zeichnete er sein Lieblingstier, den Schwan. Später sollte er sein eigenes Schwanstein erbauen.

Ludwig war als Knabe scheu und empfindsam, und er hatte eine blühende, romantische Phantasie. Er war noch keine dreizehn, da begeisterte er sich schon für das Werk des Komponisten Richard Wagner (1813–83). Seine erste Wagner-Oper durfte er allerdings erst im Februar 1861 hören – den *Lohengrin.* Ludwig war so überwältigt von Musik und Schauspiel, daß er seinen Vater plagte, eine Sondervorstellung nur für ihn zu veranlassen.

1864 starb Maximilian, und Ludwig übernahm mit 18 Jahren die Krone. Fünf Wochen später schickte er schon nach Wagner, was der Beginn einer bemerkenswerten künstlerischen Zusammenarbeit werden sollte. Ludwig war für Wagner nicht nur Mäzen, sondern auch Ratgeber, Kritiker und sogar Inspiration. Obwohl der König selbst nicht musikalisch war (sein Klavierlehrer sagte, er habe „nicht die geringste Begabung") verehrte er Wagner, weil dessen Opern seine innere Traumwelt wahr werden ließen.

Aus demselben Grund schwärmte Ludwig für märchenhafte Schlösser und stürzte sich in aufwendige Bauprojekte, über denen er seine Regierungsgeschäfte vernachlässigte und die königlichen Einkünfte mehr als erschöpfte. Um Ludwigs Treiben ein Ende zu setzen, ließen seine Minister ihn 1886 schließlich als geistig verwirrt erklären und von Neuschwanstein in das kleine Schloß Berg bringen. Nur zwei Tage später fand man seine Leiche und die seines Wärters Dr. Gudden im Starnberger See.

Aller Wahrscheinlichkeit nach hat sich Ludwig umgebracht – die Verzweiflungstat eines Mannes, dessen Leben man seines Sinns beraubt hatte. Als seine Base Kaiserin Elisabeth von Österreich, die ihn besser kannte als irgend jemand sonst, von seinem Tod erfuhr, sagte sie: „Der König war nicht verrückt; er war lediglich ein Exzentriker, der in einer Traumwelt lebte." Seine Träume wurden zum Geschenk an seine Nachwelt.

Lohengrins Schloß

Neuschwanstein war der erste von Ludwigs Bauten. Im Frühjahr 1867 hatte er die berühmte gotische Wartburg bei Eisenach in Thüringen besucht, die auf einem Felsen über dem Wartburgtal thront. Die Burg entsprach seiner Vorliebe fürs Theatralische und Romantische, und er wollte auch so eine haben. So schrieb er ein Jahr später an Wagner: „Ich habe die Absicht, die alte Burgruine Hohenschwangau bei der Pöllatschlucht neu aufbauen zu lassen im echten Styl der alten deutschen Ritterburgen.“ Am 5. September 1869 erfolgte die Grundsteinlegung für den Palas dieses neuen Schwanstein.

Dem Beispiel seines Vaters folgend beauftragte Ludwig den Dekorationsmaler Christian Jank mit der Entwurfsarbeit. Dieser ersann märchenhafte Gebäude für den König, und eine Unmenge von Malern und Handwerkern ließen die Räume, die zum Großteil Schauplätze aus Wagners Opern *Lohengrin, Tannhäuser* und *Parsifal* sind, Wirklichkeit werden.

In erster Linie war Neuschwanstein das Schloß des Lohengrin. Der fünfstöckige Palas ist im romanischen Stil erbaut, den Ludwig als der Sage historisch entsprechend empfand. Seit seiner Kindheit scheint sich der König mit dem Ritter identifiziert zu haben, und noch als Erwachsener gefiel er sich in der Lohengrin-Verkleidung, zumindest hat man ein entsprechendes Kostüm in seinem Besitz gefunden.

Szenen aus dem *Tannhäuser*

Der Schloßhof von Neuschwanstein entstand in Anlehnung an das Bühnenbild des Hofs von Antwerpen im 2. Akt einer tatsächlichen Aufführung des *Lohengrin.* Die Idee zum Sängersaal stammt aus dem *Tannhäuser.* Tannhäuser war ein Minnesänger des 13. Jh. Der Sage nach gelangte er ins unterirdische, von der Göttin Venus regierte Reich der Liebesfreuden im Venusberg, den man im Hörselberg zwischen Eisenach und Gotha sah. Eine Szene seines *Tannhäuser* hatte Wagner in den Festsaal der Wartburg verlegt, weshalb Ludwig auf Neuschwanstein auch einen solchen Saal haben wollte.

In späteren Jahren gestaltete der König das Lohengrin- und Tannhäuserschloß zur Gralsburg des Parzival um. Ludwig kannte die Sage von diesem Ritter der Tafelrunde, der den heiligen Gral gesehen hatte, von Kindesbeinen an. In einem Brief regte er Wagner 1865 zu einer Oper an.

Das Bühnenbild zum *Parsifal* bestand in Ludwigs Phantasie schon lange vor dessen erster Aufführung. Seine Vorstellung von der Halle des heiligen Grals nahm im Thronsaal zu Neuschwanstein Gestalt an, und 1883/84 wurde der Sängersaal mit Szenen aus der Parzivalsage bemalt. Parzival war der Vater Lohengrins – die Geschichte des Schwanenritters umspannt also das gesamte Neuschwanstein.

Als Ludwig nach Schloß Berg gebracht wurde, war Neuschwanstein noch unvollendet. Für ihn war es ein heiliger Ort. Wahrscheinlich konnte keiner außer Wagner seine Vision einer in luftiger Höhe gelegenen Gralsburg nachvollziehen. Sie war Bestandteil der seelenvollen Phantasiewelt mit all ihren Helden, die die beiden miteinander geschaffen hatten. „Wenn wir beide längst gestorben sind“, schrieb Ludwig an Wagner, „wird unser Werk der fernen Nachwelt noch ein leuchtendes Beispiel sein ...“

In seiner Jugendzeit durchstreifte Ludwig, der ein fescher junger Dandy war, mit Vorliebe diese Berglandschaft (rechts) *zu Fuß oder zu Pferde. In späteren Jahren – er hatte sich äußerlich stark verändert und war zu einem rechten Eigenbrötler geworden – wagte er sich nur noch nachts in seine geliebten Alpen.*
Vom Schloß aus hat man eine herrliche Aussicht. Ludwig konnte vom Balkon des Thronsaals über den Alpsee und die welligen Hügel bis zu den zerklüfteten Gipfeln des Tannheimgebirges blicken.

Der Sängersaal, wo alljährlich im September Wagner gespielt wird, gibt eine Vorstellung vom Überschwang und Prunk der im ganzen Schloß herrscht. Wohin man auch blickt, bieten sich Meisterwerke des Kunsthandwerks, der Bildhauerei, Malerei und Holzschnitzerei dem Auge. 14 Holzschnitzer allein brauchten 4,5 Jahre, um das königliche Schlafgemach zu vollenden, und für den erlesenen Mosaikboden des Thronsaals wurden 2 Millionen Steinchen verlegt. Doch auch in praktischen Dingen war Ludwig seiner Zeit voraus: das Schloß besaß eine gut geplante Küche, Zentralheizung und einen Aufzug.

Der Triumph des Geistes

*„Vieles Gewaltige gibt's. Doch nichts
Ist gewaltiger als der Mensch."*

Sophokles (495 – 406 v. Chr.)

„Kein Mensch ist eine in sich abgeschlossene Insel."

John Donne (1572 – 1631)

Die großen Gebetsstätten und Baudenkmäler der Welt sind sichtbare Zeugnisse der Kreativität und Religiosität des Menschen. Die Ausstrahlung mancher anderen Orte ist oft weniger greifbar. Manchmal beruht sie auf festverankertem Gemeinschaftsgeist, der auch schwere Zeiten und Widerstände überdauert hat. Dies ist der Fall in Oberammergau, dessen Einwohner schon seit Jahrhunderten an ihrem Gelübde zur Aufführung der Passionsspiele festhalten, was oft nicht leicht war. Und die kretischen Freiheitskämpfer im Kloster Arkadi nahmen lieber gemeinsam den Tod auf sich, als ihre Freiheit aufzugeben, und wurden so zu einem Vorbild für spätere Generationen.

1941 mußten die Menschen in Coventry die Zerstörung ihrer Stadt und der mittelalterlichen Kathedrale miterleben. Trotz ihrer Verzweiflung waren sie zu Vergebung und Versöhnung fähig, und es gelang ihnen, ihr Gotteshaus wieder aufzubauen. Ebenfalls im Zweiten Weltkrieg errichteten italienische Kriegsgefangene auf einer der Orkney-Inseln mit einfachsten Mitteln eine eindrucksvolle Kapelle. Sie steht heute noch und ist ein bewegendes Zeugnis der Fähigkeit des Menschen, sich auch in widrigen Umständen zu behaupten.

An all diesen Orten gelang es dem Menschen, über die Mächte der Finsternis zu triumphieren und sein Schicksal selbst in die Hand zu nehmen. In diesem Sinne strahlt von ihnen große Hoffnung aus.

Oberammergau

„Willst Du wissen, was die Passionsspiele für den Ammergauer bedeuten? Alles! Er lebt und stirbt dafür.“

Anton Lang, langjähriger Christusdarsteller (1900, 1910 und 1922), in seinen *Erinnerungen*

In einem friedlichen Tal hoch oben in den Bayerischen Alpen liegt die Ortschaft Oberammmergau. Von der Bergeshöhe des Kofel aus betrachtet, hat die Siedlung nichts Außergewöhnliches. Zwei der vielen Häuser, die sich um die Ufer der Ammer scharen, stechen allerdings wegen ihrer Größe ins Auge: die Kirche und das Theater. Beide haben über die Jahrhunderte hinweg eine wichtige Rolle im Dorfleben gespielt, und heute noch zieht das Festspielhaus alle 10 Jahre wie ein Magnet Tausende von Menschen aus der ganzen Welt hierher. Sie kommen, um das vielleicht gefeiertste Schauspiel aller Zeiten zu sehen: die Passionsspiele, mit denen Oberammergau schon gleichbedeutend geworden ist.

Die regelmäßige Darstellung der Leidensgeschichte Christi geht auf den Dreißigjährigen Krieg zurück, als die Auseinandersetzungen zwischen der katholischen Liga und der evangelischen Union ganz Europa in einen Krieg bisher ungekannter Grausamkeit stürzten, der allgemeine Verwüstungen, Hungersnot und Pest im Gefolge hatte.

Die Ausbreitung der Pest

Im katholischen Bayern begannen 1627 die schlimmsten Pestjahre, und als die Seuche immer näher kam, beschlossen die Dorfältesten von Oberammergau, keinen mehr in ihre Gemeinde hineinzulassen. Wachen wurden im Umkreis des Ortes aufgestellt, und nachts brannten Leuchtfeuer, die jeden Eindringling sofort verraten hätten. Einer kam trotzdem durch: Caspar Schisler, der im benachbarten Eschenlohe Knecht war und unbedingt zur Dorfkirchweih zu Hause sein wollte. Er brachte die Pest mit sich und steckte seine Familie und das ganze Dorf an.

Bis Oktober 1632 hatte die Seuche schon 84 Erwachsene und unzählige Kinder dahingerafft. 1633 versammelten sich die verzweifelten Überlebenden in der Dorfkirche und gelobten feierlich, auf alle Ewigkeit jeweils einmal in 10 Jahren das Spiel vom Leiden Christi aufzuführen, wenn nur Gott dem Sterben ein Ende machte. Und das Wunder geschah: es gab keine weiteren Toten – und die Oberammergauer haben ihr Gelübde bis zum heutigen Tag gehalten.

Nur der feste Gemeinschaftsgeist hat es den Dorfbewohnern ermöglicht, die Spiele seit über 350 Jahren aufrechtzuerhalten. Dabei setzten sie sich über Verbote, Widrigkeiten und alle mögliche Kritik hinweg und hielten sogar über Kriege an ihrem Gelübde fest. Der Deutsch-Französische Krieg von 1870 und die

Oberammergau zieht alle 10 Jahre Tausende von Besuchern an, die die berühmten Passionsspiele miterleben wollen. Trotz Verboten und anderer Widrigkeiten finden die Spiele hier seit über 350 Jahren statt.
Lebende Bilder bereichern die Handlung des Spiels. Das Letzte Abendmahl (rechts) *ist bis ins Detail dem berühmten Gemälde von Leonardo da Vinci nachempfunden.*

beiden Weltkriege führen zu unterschiedlich langen Unterbrechungen. Am schlimmsten war der 2. Weltkrieg, der die Aufführung von 1940 verhinderte und eine 10jährige Pause verursachte. Doch als die Spiele 1950 wie der Phönix aus der Asche auferstanden, kamen über eine halbe Million Zuschauer.

Nicht nur die Aufrechterhaltung der Passionsspiele an sich kostete viel Energie, sondern auch die einzelnen Aufführungen konnten zur Kraftprobe werden. Die ersten fanden in der winzigen Dorfkirche statt, doch vom 17. Jh. an spielte man im Freien vor der beeindruckenden Alpenkulisse. Als Hans Christian Andersen 1860 teilnahm, mußte er in strömendem Regen sitzen. Erst seit den 30er Jahren unseres Jahrhunderts waren die Schauspieler nicht mehr Wind und Wetter ausgesetzt. Der Chor ist aber nach wie vor den Unbilden der Witterung ausgeliefert, weshalb seine Mitglieder oft Ölzeug unter ihren Kostümen tragen.

Das Stück beginnt mit dem triumphalen Einzug Jesu in Jerusalem und endet mit seiner Himmelfahrt. Es ist mit lebenden Bildern biblischen Inhalts durchsetzt, die oft berühmte Gemälde zur Grundlage haben. Das Letzte Abendmahl z.B. folgt bis ins Detail dem Gemälde von Leonardo.

Kinderparts werden seit langem mehrfach besetzt, seit 1980 auch Erwachsenenhauptrollen. Eine Saison währt 6 Monate, die einzelnen Aufführungen sind sehr anstrengend.

Die Krone, die Anton Lang als Jesus 1922 trägt, ist aus Dornen der Gegend geflochten; heute werden sie aus dem Heiligen Land herbeigeholt. Der Christusdarsteller muß besondere Strapazen erdulden, denn 28 Minuten hängt er fast frei am Kreuz!

Jede dauert von 9 Uhr morgens bis 17.30 Uhr nachmittags mit einer dreistündigen Unterbrechung und steht am Ende langer, kraftraubender Vorbereitungsarbeiten. Vor jedem Passionsspieljahr bestimmt die Gemeinde ein Komitee, das die Schauspieler rechtzeitig auswählt, damit diese sich Bart und Haare wachsen lassen können – die Frauen lassen ihr Haar oft Jahre vorher nicht mehr schneiden.

Ein spirituelles Ritual

Den Text für das erste Passionsspiel lieferten Mönche aus dem nahegelegenen Augsburg. Im Lauf der Zeit wurde er gekürzt, erweitert, überarbeitet und zweimal völlig neu geschrieben. Die gegenwärtig verwendete Fassung wurde 1810 geschrieben und vom Oberammergauer Pfarrer Alois Daisenberger für die Spiele von 1850 überarbeitet. Der Vorwurf des Antisemitismus, der 1960 und 1970 erhoben wurde, führte zu weiteren Veränderungen, um die Juden in geschichtlich adäquaterem Licht zu zeichnen.

Ganz wie im Mittelalter spricht das Stück sehr einfach und direkt die Gefühle an. Jede neue Generation wird hineingeboren, das Passionsspiel liegt den Oberammergauern im Blut. Für sie ist es nicht nur ein Theaterstück, sondern ein Ritual von tiefer spiritueller Bedeutung, das die Gemeinde formt und zusammenhält. Die Passionsspiele *sind* Oberammergau.

Als Darsteller kommt jeder in Frage, der in Oberammergau geboren wurde oder lange genug hier ansässig war. Die Fotografie von der Kreuzabnahme Christi entstand bei den Passionsspielen von 1900. Das schauspielerische Können ist nicht so wichtig wie Durchhaltevermögen und das passende Aussehen. Außer für das Blut Christi darf keine Schminke verwendet werden. Wenn jemand einer Rolle nicht mehr entspricht, weil er z. B. grau geworden ist, muß er zurücktreten. Auf Betreiben der Frauen von Oberammergau wurde die Vorschrift gelockert, derzufolge verheiratete Frauen und solche über 35 vom Spiel ausgeschlossen waren. In der Vergangenheit hatte das oft zum Aufschieben von Hochzeiten geführt. Für die 1990er Spiele wurde im Bruch mit der bisherigen Tradition eine verheiratete Frau für die Rolle der Jungfrau Maria ausgewählt.

Das Oberammergauer Theater von 1860 (linke Seite) *bot weder Schauspielern noch Zuschauern Schutz vor der Witterung. 40 Jahre später hatte man zwar den Zuschauerraum überdacht, doch die Bühne lag immer noch völlig offen. Für die Spiele von 1930 und 1934 wurde das Theater vergrößert und die Hauptbühne mit einem Glasdach versehen. So waren die Schauspieler im Trockenen, und der wundervolle Blick auf die Bayerischen Alpen im Hintergrund blieb unverstellt.*

Kloster Arkadi

„Die Flamme, die in dieser Krypta entzündet wurde und die das ruhmreiche Kreta von einem Ende zum anderen erhellte, war göttliches Feuer – ein Feuer, in dem die Kreter für die Freiheit ihr Leben ließen.“

Gedenkinschrift im Pulvermagazin des Klosters

In einem heroischen Augenblick der jüngeren griechischen Geschichte drängten am 9. November 1866 von den Türken belagerte kretische Männer, Frauen und Kinder in einen alten Weinkeller des Klosters Arkadi. Die Lage war hoffnungslos. Die siegessicheren türkischen Truppen waren bereits in das Kloster eingedrungen und standen vor dem Tor des Weinkellers. Der Schlachtruf der Kreter „Freiheit oder Tod“ sollte auf die Probe gestellt werden, denn die Fässer, zwischen denen sie standen, waren nicht mit Wein, sondern mit Schießpulver gefüllt.

Es gibt eine Lithographie, die den tragischen Augenblick darstellt: Männer, Frauen und Kinder kauern dicht an dicht in dem dunklen Gewölbe, während ihr Führer Konstantinos Giaboudakis breitbeinig über den Pulverfässern steht, die Pistole schon im Anschlag, um sie alle in die Luft zu sprengen. Durch seinen Schuß wurde Arkadi für die Kreter zu einem Symbol des Heldenmuts, der Opferbereitschaft und des Freiheitsstrebens.

1866 war das Kloster zum Mittelpunkt eines Aufstands gegen die Türken geworden, die seit etwa 200 Jahren über Kreta herrschten. Der türkische Befehlshaber Mustafa Pascha hatte gedroht, das Gebäude dem Erdboden gleichzumachen, wenn die Anführer der aufständischen Kreter nicht herauskämen.

Ein Opfer für die Freiheit

Die zahlenmäßig unterlegenen Kreter schlugen sich tapfer, aber am 9. November drangen die Türken in das Kloster ein. Wie vorher verabredet, stürzte wer immer konnte in das Pulvermagazin. Und als die nichtsahnenden Türken dessen Tür belagerten, richtete Giaboudakis seine Pistole auf die Fässer und drückte ab. Wie eine spätere Volksballade erzählt, erbebte die Erde unter der mächtigen Detonation, und die kretischen Berge hallten von ihr wider. Das Blutbad war fürchterlich: über 800 Kreter kamen zu Tode, und auf türkischer Seite waren die Verluste noch viel größer.

Die mutige Selbstaufopferung machte weit über die Grenzen der Insel hinaus großen Eindruck, und die Kreter erwählten diesen Tag zu

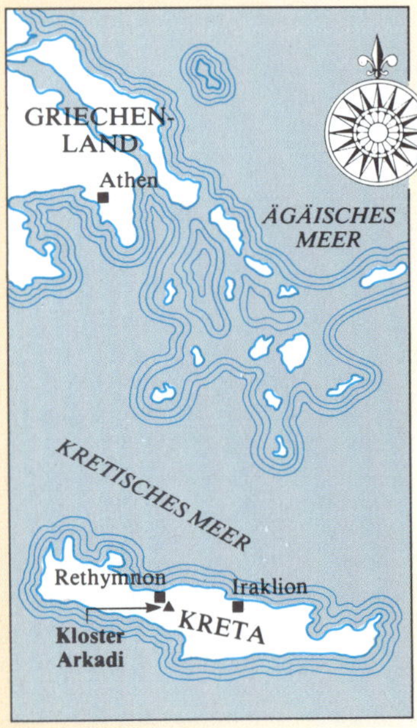

Das Kloster Arkadi bei Retimnon im Norden von Kreta ist das heiligste Kloster der Insel. 1866 wurde es zum Mittelpunkt eines Aufstands gegen die herrschenden Türken. Die zahlenmäßig weit unterlegenen Kreter zogen es vor, sich in die Luft zu sprengen, als sich dem Feind zu ergeben. Ihre mutige Tat gab ihren Landsleuten neue Kraft und Kreta gewann Unterstützung in der ganzen westlichen Welt. Die Klosterkapelle (oben und rechts) *aus dem 16. Jh. ist eine Mischung unterschiedlicher Stilrichtungen.*

ihrem Nationalfeiertag. Zum ersten Mal wurde die Welt auf die „kretische Frage" aufmerksam. Hilfsgüter und Spenden kamen vom griechischen Festland und aus Rußland, die Briten sandten ein Schiff mit Waren und Freiwilligen, und auch in den USA sprach sich der Senat öffentlich für die Unterstützung der Kreter aus.

Auch weltbekannte Persönlichkeiten wie Garibaldi und Victor Hugo unterstützten die Sache der Kreter. Obwohl es noch 30 Jahre dauern sollte, bis die Türken die Insel endgültig verließen, hatte Arkadi Kreta und seinen Freiheitskampf auf die politische Landkarte gesetzt.

Ein Hafen der Ruhe

Angesichts der heiteren Gelassenheit, die das Kloster heute, umgeben von idyllischem Hügelland, ausstrahlt, fällt es schwer, sich die Ereignisse von 1866 vorzustellen. Spuren haben sie aber hinterlassen: Kugeleinschläge in der Tür des Refektoriums; ein türkisches Geschoß, das in eine mächtige, alte Zypresse eingewachsen ist; unter dem heftigen Beschuß eingestürzte Mauern. Das offensichtlichste Mahnmal ist die Windmühle vor dem Haupteingang an der Westseite: sie wurde in ein „Beinhaus" verwandelt und birgt die aufgefundenen Schädel der Kreter, die in der Explosion umkamen.

Trotz dieser Kriegsrelikte dominiert der spirituelle Charakter des Klosters. Wahrscheinlich wurde es schon im 5. Jh. n. Chr. von dem byzantinischen Kaiser Arcadius gegründet, die meisten Gebäude stammen aber aus dem 16. Jh. Die Mönche hätten sich keinen besseren Platz für ihr Kloster wünschen können: es liegt auf einem Plateau zwischen sanft ansteigenden Hügeln und ist von schimmernden Olivenhainen, Eichen und Orangenbäumen umgeben.

Der erste Eindruck von dem Kloster ist der einer langen, sandfarbenen, von kleinen, dunklen Fensteröffnungen durchbrochenen Wand. Der Zugang erfolgt über die wiederhergestellte Westpforte, durch die einem die reichverzierte, bernsteingelbe Fassade der Kirche wie eine aufgehende Sonne entgegenleuchtet.

Die Klosteranlage ist leicht zu überschauen. Der Innenhof wird von einem rechtwinkeligen Bau umrahmt, in dem sich, wie in einer Bienenwabe, kleine, dunkle, schmucklose Räume aneinanderdrängen: Mönchszellen, Vorratsräume, Keller. Wie die von Weinranken übersponnenen Kreuzgänge und Pergolen spenden sie den wenigen hier noch lebenden Mönchen willkommene Kühlung.

Katzen, Hühner, Bienenstöcke und eine alte Weinpresse erinnern daran, daß das Kloster neben den geistlichen Dingen auch die häusliche Versorgung und die Gastfreundschaft bis heute nicht aus dem Auge verliert.

Arkadi ist vieles: In erster Linie ist es ein Ort der geistlichen Kontemplation und Gelehrsamkeit, ein tätiges Kloster der griechisch-orthodoxen Kirche. Für Besucher ist es eine Ruheoase und ein geschichtsträchtiger Ort. Und für die Kreter ist es all dies und noch etwas dazu: das Symbol ihrer unverrückbaren Entschlossenheit, ihr Schicksal selbst in die Hand zu nehmen.

Zwei Jahre vor dem tragischen Ereignis besuchte der Schriftsteller Eward Lear Arkadi. Sein Aquarell (rechts) *geht auf eine damals gemachte Skizze zurück. Er lernte Abt Gabriel, den Anführer der Aufständischen, kennen, den er als „sehr vergnügten, herzlichen Mann" beschrieb. Die beiden verstanden sich sehr gut, nicht zuletzt, weil sie beide schon das Heilige Land bereist hatten. Voll Behagen schilderte er die Gastfreundschaft: er bekam ein üppiges Abendessen aus Taubenbraten, Salaten, Kirschen, Bohnen, Käse und Honig serviert, dazu Wein und zum Abschluß Kaffee.*

Im Qualm des Geschützfeuers stürmen türkische Soldaten Kloster Arkadi, dargestellt auf einem am 26. Januar 1867, fast 3 Monate nach der Belagerung, in The Illustrated London News *erschienenen Stich* (links). *Mönche, Widerstandskämpfer, Frauen und Kinder hielten den 15 000 Mann starken türkischen Einheiten fast 2 Tage lang stand.*
Trotz ihres tapferen Einsatzes konnten sie nicht verhindern, daß die Türken in das Kloster eindrangen. Das tragische, aber heldenhafte Ende kam, als die Kreter sich ins Munitionslager zurückzogen und sich getreu ihrem Schlachtruf „Freiheit oder Tod" lieber in die Luft sprengten, als sich ihrem Feind zu ergeben.

Ein griechisch-orthodoxer Mönch steht ungerührt im Eingang der Klosterkirche (oben). *In dieser Kirche soll der Freiheitskämpfer und Abt Gabriel am Morgen des ersten Belagerungstages seine Landsleute mit den Worten: „Es gibt keinen Tod, meine Kinder. Laßt uns heldenhaft kämpfen und danach mit unbefleckten Händen vor unseren Gott treten. Lang lebe der Kampf. Lang lebe die Freiheit" angefeuert haben. Gabriel war angeblich auch der Anstifter des blutigen Endes. Er selbst fiel bereits, als er unerschrocken von einer Terrasse im Obergeschoß auf den Feind feuerte.*

Die Italienische Kapelle

„Nirgendwo in Großbritannien haben die beiden Kriege ein beredteres Zeugnis hinterlassen als auf den Orkney-Inseln."

Der Schriftsteller Ronald Blythe 1988

Auf der kleinen, sturmgepeitschten Insel Lambholm, die über einen Damm mit der Orkney-Hauptinsel verbunden ist, gibt es einen Fleck, der für alle Zeit an Italien erinnern wird. Dort steht die *Italian Chapel,* die „Italienische Kapelle", mit schlichter Betonfassade, von 2 Säulen getragenem Portikus und tonnenförmigem Kirchenschiff – ein eigenartiges kleines Bauwerk, das den Triumph der menschlichen Schöpferkraft und Erfindungsgabe über widrigste Umstände symbolisiert. Sie wurde nämlich im 2. Weltkrieg von italienischen Kriegsgefangenen erbaut, die sich in ihrem düsteren, kalten Gefängnis fern der Heimat einen Ort der Wärme und Schönheit schaffen wollten, um darin Gott zu verehren.

Das einzigartige Ergebnis ihrer Anstrengungen ist heute noch zu sehen: eine Kapelle, die Maria, der Friedenskönigin, geweiht ist, deren Bildnis an der Wand hinter dem Altar prangt. Das kleine Gotteshaus ist heute ein Wahrzeichen der Orkney-Inseln und ein Symbol der Hoffnung und Versöhnung.

Die Italiener waren 1942 hierhergebracht worden, um beim Bau der *Churchill Barriers* mitzuarbeiten, der Betondämme, die die in Scapa auf der Hauptinsel vor Anker liegenden britischen Kriegsschiffe vor deutschen U-Boot-Angriffen schützen sollten. Für die Männer aus Lager 60 standen der unablässige Wind und Regen und der Schlamm auf Lambholm in scharfem Kontrast zu der Hitze Nordafrikas, wo man sie gefangengenommen hatte.

Trotzdem machten sie sich mit Ausdauer und Phantasie daran, ihr freudloses Lager zu verschönern. Sie betonierten Wege, pflanzten Blumen und bauten ein Theater mit bemalten Kulissen. Auf Anregung des wohlwollenden Lagerkommandanten Major T. P. Buckland, des Geistlichen P. Giacobazzi und eines künstlerisch begabten Gefangenen namens Domenico Chiocchetti wurden auch Pläne für eine Kapelle gemacht.

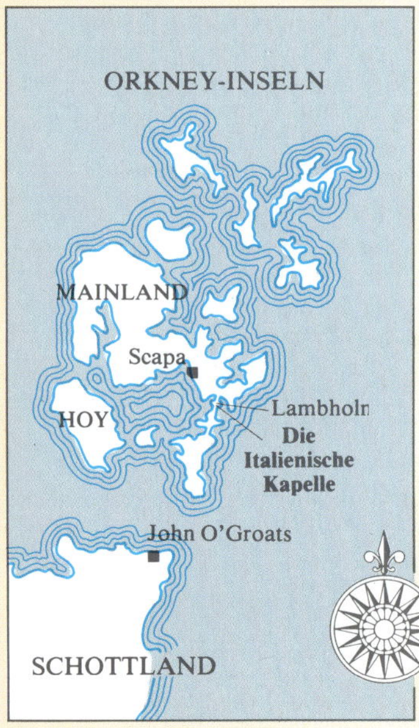

Ein erfindungsreiches Kunstwerk

Als Ausgangsbasis dienten zwei aneinandergesetzte Nissenhütten. Unter Chiocchettis Anleitung machten sich ein paar handwerklich geschickte Mitgefangene, darunter ein Schmied, ein Zementarbeiter und ein Elektriker, an die Ausgestaltung des seelenlosen Innenraums. Da die Arbeiter kaum Materialien hatten, verwendeten sie alles Brauchbare, das sie nur finden konnten, z.B. Treibgut oder Teile aus Schiffwracks.

Italienische Kriegsgefangene errichteten im 2. Weltkrieg auf der Orkney-Insel Lambholm die Italian Chapel *und zeigten, welche Schöpferkraft dem Menschen selbst unter schwierigsten Bedingungen innewohnt. Die Kapelle besteht aus zwei aneinandergesetzten Wellblechhütten, deren häßliches Äußeres sich hinter einer verzierten Betonfassade verbirgt. Die schöne Ausgestaltung des Innenraums* (rechts) *geht hauptsächlich auf den künstlerisch begabten Domenico Chiocchetti zurück. Nach Kriegsende stiftete Chiocchettis Heimatstadt Moena den Inselbewohnern ein Holzkruzifix* (oben, links vorne) *als Zeichen der Freundschaft.*

Die Italienische Kapelle

Der Altarraum und der Eingangsbereich (unten) *machen deutlich, mit wieviel Geschick und Talent Chiocchetti und seine Helfer aus zwei seelenlosen Blechhütten eine würdige Gebetsstätte machten. Ein beeindruckendes schmiedeeisernes Gitter umrahmt den Blick zum Altar, der von bemalten Fenstern mit der Darstellung des hl. Franziskus und der hl. Katharina von Siena flankiert wird.*
Das Wandgemälde hinter dem Altar zeigt die Mutter Gottes mit dem Jesuskind in einem Kranz von Engeln, die ein Band mit der Inschrift „Regina pacis ora pro nobis“ („Königin des Friedens, bitte für uns“) in Händen halten. Chiocchetti lehnte sich damit an ein Gemälde von Nicolo Barabino (1832 bis 1891) an, von dem er während des ganzen Krieges eine Reproduktion bei sich trug.

Bald war das Innere der Hütte fast nicht mehr wiederzuerkennen. Die Männer hatten es rundherum mit verputzter Pappe ausgekleidet und so bemalt, daß der Eindruck von Mauerwerk mit behauenen Sockelplatten entsteht. Altar und Altarbrüstung wurden zunächst in Lehm modelliert und dann in Zement gegossen. Ein Schmied fertigte die beiden schmiedeeisernen Kandelaber und den hübschen, verschnörkelten Lettner. Den Messing für zwei weitere Leuchter und das Holz und den Stein für Tabernakel und Fußboden hatte man aus einem versunkenen Schiff, ebenso die Fliesen hinter dem Altar; sie stammen aus den Toiletten.

Mit Pinseln, die Major Buckland unter einiger Mühe beschafft hatte, bemalte Chiocchetti die Fenster zu beiden Seiten des Altars mit den Figuren des hl. Franz von Assisi und der hl. Katharina von Siena, wobei er durch dunkle Konturen eine Bleiverglasung imitierte. Das Deckengewölbe im Chorraum versah er mit Fresken, auf denen die vier Evangelisten und Cherubim und Seraphin zu sehen sind.

Doch nicht nur im Innenraum wurde gearbeitet. Um das häßliche Äußere zu kaschieren, bauten Chiocchetti und ein Mitgefangener eine Fassade mit Portikus aus Zement und versahen sie mit gotischen Verzierungen, Glasfenstern und einem Medaillon mit einem in Ton modellierten Christuskopf über dem Eingang. In den leeren Glockenturm hängte Chiocchetti eine Pappglocke, die später durch eine echte aus einem Schiff ersetzt werden konnte. So schufen die Italiener mit sehr begrenzten Mitteln, aber großem Einfallsreichtum eine einzigartige Gebetsstätte. Als die Kapelle fertiggestellt war, feierten die Männer das Ereignis mit einem Gottesdienst, bei dem sie eine Aufnahme von Glockengeläut und Chor der Peterskirche in Rom abspielten.

Chiocchettis Rückkehr

Bei Kriegsende wurden die Italiener in ihre Heimat entlassen, doch die Italienische Kapelle blieb bestehen. Zu ihrer Erhaltung gründeten die Inselbewohner ein Komitee, das 1960 Chiocchetti einlud, noch einmal nach Lambholm zu kommen.

So konnte der Italiener seine geliebte Kapelle wiedersehen und sie mit der Hilfe eines Einheimischen instandsetzen. Berichte und Fotos darüber erschienen in den großen britischen und italienischen Zeitungen. Die Krönung von Chiocchettis Besuch war die feierliche Einweihung der Kapelle am Palmsonntag des gleichen Jahres.

Über 40 Jahre nach ihrem Bau steht die Kapelle immer noch und trotzt Wind und Wetter. Für manche Besucher stellt sie nur ein Kuriosum der Geschichte dar. Doch für andere ist sie ein sichtbares Zeichen der Fähigkeit des Menschen, dank seines Geistes über Widrigkeiten zu triumphieren.

Insassen aus Lager 60 posieren stolz vor ihrer geliebten Kapelle zum Gruppenfoto. Chiocchetti, der die künstlerischen Ideen hatte, steht ganz links außen.
In der Nähe errichteten die Gefangenen auch eine Betonstatue des hl. Georg, ein aussagekräftiges Symbol für den Triumph der Hoffnung über Trübsal und Verzweiflung. In den Sockel wurden italienische Münzen und eine Rolle mit den Namen der Gefangenen eingelegt.

Chiocchetti bei Instandsetzungs arbeiten am Portikus, 15 Jahre nach Kriegsende. Er war auf Einladung eines Komitees für die Erhaltung der Kapelle nach Lambholm zurückgekehrt. Zum Abschluß seines Besuchs wurde ein Einweihungsgottesdienst gehalten, der z. T. im italienischen Rundfunk übertragen wurde.

Die Kathedrale von Coventry

„Zum Ruhme Gottes brannte diese Kathedrale am 14. November 1940 und ist jetzt wiederaufgebaut 1962."

Inschrift auf dem Boden des Kirchenschiffs

In einer Nacht der Verwüstung gingen Ende 1940, zu Beginn des 2. Weltkriegs, die Stadt Coventry und ihre mittelalterliche Kathedrale in den Flammen von 40000 deutschen Brandbomben mit 500 Tonnen Sprengstoff auf. Das war der schwärzeste Augenblick in der Geschichte der Stadt, doch aus den Trümmern erstand eine neue Kathedrale, ein Symbol des Triumphs über Zerstörung und Hoffnungslosigkeit.

Um die Kontinuität zu versinnbildlichen, wurde der moderne Kirchenbau über einen offenen Verbindungshof direkt mit den Überresten der alten Kathedrale verknüpft. Die beiden Bauteile stehen in auffälligem Kontrast zueinander: die neue Kathedrale mit ihrem Flachdach und den geschlossenen Mauern wirkt sehr robust, während von der alten nur noch die leere, ausgebrannte Hülle steht. Der hoch aufstrebende gotische Turm blieb erhalten, doch vom übrigen Gebäude ist nur noch wenig zu sehen.

Am Abend des 14. November 1940 lagen die Häuser und Türme von Coventry noch friedlich im frostigen Mondschein. Doch um 7 Uhr wurde die Ruhe über der Stadt vom Heulen der Sirenen und dem unaufhörlich düsteren Dröhnen von Flugzeugmotoren zerrissen. Kaum 10 Minuten später regnete das ungeahnte Grauen des „totalen Kriegs" mit den Bomben deutscher Kampfflugzeuge auf die Einwohner von Coventry nieder. Bald war die Stadt ein flammendes Inferno, Mauern und Dächer fielen in Schutt und Asche. Innerhalb weniger Stunden wurden Tod und Leid ausgesät und Jahrhunderte englischer Geschichte ausgelöscht.

Nach dem Angriff

Coventry, ein wichtiges Zentrum der Rüstungsindustrie, war die erste Stadt, die in einem Luftangriff systematisch zerstört werden sollte. Die Deutschen betrachteten ihre

Die neue Kathedrale von Coventry stieg aus der Asche der mittelalterlichen St.-Michaels-Kathedrale, die zu Beginn des 2. Weltkriegs in einem Fliegerangriff zerstört wurde. Der neue Bau ist mit dem alten über einen offenen Hof verbunden und knüpft so symbolisch an die Vergangenheit an.

Als Symbol des Triumphs der Hoffnung über die Finsternis fällt ein mächtiger Strahl goldenen Lichts durch das Glasfenster der Taufkapelle, das von John Piper entworfen und von Patrick Reyntiens ausgeführt wurde. Davor steht das Taufbecken, ein Findling von einem Berg bei Bethlehem.

Die Pfarrkirche St. Michael (unten) *wurde Mitte des 12. Jh. in der Nähe des Standorts der ersten Kathedrale von Coventry erbaut, die das Prunkstück der Mönchsgemeinde der Stadt gewesen war, nach der Schließung des Klosters durch Heinrich VIII. im Jahre 1538 aber völlig verfiel.*
Fast 400 Jahre später, als 1918 die Diözese von Coventry begründet wurde, wurde St. Michael zur zweiten Kathedrale der Stadt.
22 Jahre danach fiel sie einem Bombenangriff zum Opfer.

unter dem Decknamen „Mondscheinsonate" geführte Mission als Erfolg; daraus entstand die Bezeichnung „coventrieren" für rücksichtslose, völlige Zerstörung.

Die mittelalterliche Kathedrale wurde von Bomben in Brand gesteckt. Vergebens versuchte man, das Feuer zu löschen und mußte das Gotteshaus seinem Schicksal überlassen.

Nachdem am nächsten Morgen um 6.15 Uhr Entwarnung gegeben worden war, hielt die Stadt den Atem an. Die Leute krochen aus den Trümmern hervor und mußten feststellen, daß fast die ganze Stadt dem Erdboden gleichgemacht worden war, bekannte Wahrzeichen nicht mehr existierten, die Straßen unkenntlich waren und St. Michael eine Ruine – außer dem Kirchturm stand fast nichts mehr.

Im schwarzen Qualm, der von den schwelenden Trümmern aufstieg, suchte sich eine kleine Gruppe einen Weg durch die Überreste der Kathedrale. Darunter waren Domprobst Richard Howard und der Steinmetz und Küster Jock Forbes.

In dieser Atmosphäre niederschmetternder Trauer, Verbitterung und Verzweiflung tat Jock Forbes etwas Unerwartetes: er zog zwei verkohlte Balken des abgebrannten mittelalterlichen Dachs hervor und band sie in Form eines Kreuzes zusammen. Dieses Kreuz stellte er dann in den Trümmern auf: als Zeichen der Vergebung und der Hoffnung gegenüber menschlicher Zerstörungswut.

Im gleichen Geiste hob Pastor A. P. Wale drei der vielen Nägel auf, die aus den brennenden Dachbalken gefallen waren, und befestigte sie kreuzförmig aneinander. Diese beiden schlichten, aber symbolträchtigen Handlungen wiesen den Weg, auf dem die Überlebenden von Coventry Zorn und Leid überwinden konnten. Zwei Monate später erhielt das verkohlte Kreuz einen bleibenden Platz hinter einem Altar, den Jock Forbes aus den Trümmern in der Apsis der Kirchenruine errichtete. Das Kreuz aus Nägeln wurde auf den Altar gesetzt. Die Wand hinter dem Altar erhielt die Inschrift „Father Forgive" („Vater vergib").

Aufstieg aus der Asche

Noch am Morgen nach der Bombardierung wurde der Entschluß gefaßt, eine neue Kathedrale zu bauen. Der Grundstein konnte aber erst 1956, 16 Jahre später, gelegt werden. In den Folgejahren nahm das von dem großen britischen Architekten Basil Spence entworfene Bauwerk immer mehr Gestalt an. 1961 wurde das Dach aufgesetzt. Ein Jahr später erschallte in der fertiggestellten Kathedrale bei der feierlichen Einweihung in Anwesenheit von Königin Elisabeth II. der Gesang von 7 Chören. Der Phönix war aus der Asche aufgestiegen.

Das massive, schmucklose Äußere der neuen Kathedrale rief zunächst heftige Kontroversen hervor. Die Genialität des Entwurfs liegt aber in der – faktischen und symbolischen – Verbindung des neuen Baus mit den Überresten der alten Kathedrale. Durch sie finden Jahrhunderte christlicher Tradition ihre Fortsetzung im Heute, und gleichermaßen erhält der neue Bau sein Fundament in der Vergangenheit.

Die offenen Ruinen der St.-Michaels-Kathedrale strahlen eine ganz eigene, melancholische Ruhe aus. Anziehungspunkt ist immer

THE DAILY MAIL, Saturday, November 16, 1940.

"KEPT ME GOING"

NO. 13,905

Daily Mail

FOR KING AND EMPIRE

SATURDAY, NOVEMBER 16, 1940

LATE WAR NEWS SPECIAL

NOT JUST A NAME—BUT A GUARANTEE

BRITAIN'S OFFER

Non-aggression P

THIS IS COVENTRY CATHEDRAL —GAPING WALLS . . . RUBBLE

ONLY the tower and steeple and a shell of the walls now remain ... this graphic picture tells how Coventry's beautiful 14th-century cathedral was shattered. Incendiary bombs struck. These were tackled—until a shower of other incendiaries came.

Greeks Encircle Koritsa

Axis Staff Talks

It was confirmed in Athens last night (says Exchange) that Koritsa has been surrounded by Greek troops. A Greek communiqué stated that 700 prisoners and ten heavy-calibre guns were captured during the day.

From TERENCE ATHERTON, Daily Mail Correspondent

GREEK-YUGOSLAV FRONTIER, Friday.

HEAVY gunfire and intense air activity along the entire front towards Koritsa at dawn to-day told that the Greek Third Army had received orders to take the offensive in a vital battle for this important Italian base in Southern Albania.

Reports received here indicate that bitter fighting has been going on all day and that operations are continuing.

In Retreat

Too Busy

'ROOM FOR 2' WINDOW CARDS

Homes for All in Smitten City

From Daily Mail Special Correspondent

COVENTRY, Friday night.

COVENTRY, hard-smitten by as heavy a night of bombing as even London has suffered, has shown itself to-night as a city of good Samaritans.

Throughout the suburbs and the city the well-to-do and the poor alike have thrown open their houses to the homeless.

Hundreds of men, women, and children whose homes were wrecked 24 hours ago have been welcomed to-night in those of people they had never seen before.

In working-class districts particularly I saw hastily scrawled notices in the windows of house after house: "Room for two," "Room for three," "Will take four children."

The Other War Goes On

London Fla... Heavy D...

'DICTATOR' TAKES CHARGE

ALL FED

RUBBLE HEAPS

Lord Dudley.

BACK Page, Column TWO

Nov. 23, 1940 — THE ILLUSTRATED LONDON NEWS — 659

THE NAZI RAID ON COVENTRY: THE SHATTERED RUIN OF THE CATHEDRAL.

CHURCHES are well recognised by the Germans, in pursuance of their ruthless warfare, as desirable objects of attack, dozens of sacred fanes in all parts of the country having been deliberately singled out as targets for their bombs. The utter and wanton destruction of Coventry Cathedral, the beautiful church dedicated to St. Michael, and the pride of Coventry, whose tower, surmounted by a graceful octagonal lantern from which a tall spire rises to 303 feet, only surpassed in height by those of Salisbury and Norwich Cathedrals, alone survives, has caused a wave of horror at such vandalism throughout the nation. St. Michael's, conceived as a great stone lantern, with 125 windows, or beacons of light, dated from the fourteenth century, was one of the noblest examples of the perpendicular style of architecture in England. It owed its existence, like Coventry city, to the former foundation of a Benedictine monastery by Earl Leofric and his wife Godgyfu, the famous Lady Godiva of legend, in 1043. The Cathedral, with its many windows, possessed much ancient and highly valuable coloured glass of the fifteenth century. A unique feature was the pentagonal eastern apse —shown in two photographs above, as it was and now ruined—built ...ll intents and pur... ...ceried glass, ... back... ...lled ...ows.

THE FOURTEENTH-CENTURY CHURCH OF ST. MICHAEL, RAISED TO THE STATUS OF A CATHEDRAL IN ITS OWN DIOCESE, AS IT APPEARED BEFORE THE NAZI RAID. (Frith, Reigate.)

...PENDICULAR PERIOD OF ARCHI... ...Y LOOKING EAST TO THE HIGH ... NOVEMBER 14. (T. Dixon-Scott.)

ANOTHER VIEW, AFTER DESTRUCTION, LOOKING EAST. THE VALUABLE FIFTEENTH-CENTURY GLASS IN TWO OF THE FIVE LARGE WINDOWS OF THE APSE WAS REMOVED EARLIER. (Fox.)

THE ILLUSTRATED LONDON NEWS

The World Copyright of all the Editorial Matter, both Illustrations and Letterpress, is Strictly Reserved in Great Britain, the British Dominions and Colonies, Europe, and the United States of America.

SATURDAY, NOVEMBER 23, 1940.

THE DEVASTATION OF COVENTRY BY NAZI AIR RAIDERS ON NOVEMBER 14: THE KING, WHO SPENT FIVE HOURS AMID ITS RUINS, INSPECTING THE SHELL OF THE NOBLE 14TH-CENTURY CATHEDRAL.

The King visited Coventry on Saturday, November 16, to view the devastation wrought by the German night air-raiders two nights previously. With Mr. Herbert Morrison, Minister of Home Security, for five hours his Majesty toured ruined streets in the centre of the city. Wherever he went the King was warmly cheered by suffering but undaunted crowds in the ancient city irrevocably associated with Lady Godiva and her ride. Above he is seen with the Provost, the Very Rev. R. T. Howard (on his Majesty's right), and Mr. Morrison, inspecting the Cathedral's ruined interior, of which other views appear on a later page.

Die Bombardierung von Coventry war für die Briten ein traumatischer Schock. Die Zeitungen, wie Daily Mail *und* The Illustrated London News, *dokumentierten die Folgen des grauenhaften Angriffs, in dem über 550 Menschen umkamen. Am 16. November, 2 Tage nach der Bombardierung, besichtigte König Georg VI. die Stadt und die Ruinen der Kathedrale.*

Das Nagelkreuz und das verkohlte Kreuz sowie die Inschrift „Vater vergib" im Chorraum der alten Kathedrale (rechte Seite) *sind eindringliche Zeichen der Entschlossenheit der Stadt, nach dem Bombenangriff Zorn und Trauer zu überwinden.*

Die riesige Bronzeskulptur (rechts) *von Jacob Epstein zeigt den hl. Michael, den Führer der himmlischen Heerscharen, im Triumph über den in Fesseln liegenden Teufel. Dies ist eines der Kunstwerke, mit denen die Kathedrale ausgestattet ist. Am auffälligsten ist Graham Sutherlands 24 m hoher und 11,5 m breiter Wandteppich* (unten). *Die sitzende Christusfigur darauf ist von Löwe, Ochse, Adler und Mensch, den Attributen der vier Evangelisten, umgeben.*

noch der Altar mit seiner Kopie von Jock Forbes' berühmt gewordenem verkohlten Kreuz und dem Nagelkreuz. Eine Treppe führt in die offene Vorhalle der neuen Kathedrale. Zunächst steht man ganz unter dem Eindruck ihres großen Südfensters, in dessen Scheiben die ätherischen Gestalten von Engeln, Heiligen und Propheten eingraviert sind.

Im Inneren schreitet man über den grauen Marmorfußboden des Kirchenschiffs. Schlanke, trägerartige Säulen steigen zur Decke empor, wo sie, in Rippen auslaufend, ein gleichmäßiges Rautennetz bilden, dessen Innenflächen von einem Fischgrätmuster aus Holzpanelen ausgefüllt sind. Die Stirnseite des Raums beherrscht Graham Sutherlands Wandteppich, der größte Gobelin der Welt, auf dem der siegreiche Christus dargestellt ist.

Doch vorher wird das Auge vom Blau, Rot, Grün und Gold des durch das Fenster der Taufkapelle rechts vom Eingang flutenden Lichts angezogen. Entworfen wurde dieses vom Boden bis zur Decke reichende Fenster von dem Maler John Piper. Das gelbe und goldene Glas in seiner Mitte erstrahlt selbst bei schwächstem Sonnenschein. Vor dieser Wand aus Licht und Farbe steht in schönem Kontrast das Taufbecken, ein nur grob behauener Felsbrocken von einem Berg bei Bethlehem.

Hinter dem Hochaltar hängt Sutherlands beeindruckender 24 m hoher und 11,5 m breiter Gobelin. Vor grünem Hintergrund und goldenen Bildeinfassungen sitzt der weiß gewandete Christus auf einem Thron. Sein Gesichtsausdruck ist mitleidsvoll und rätselhaft zugleich. Seine majestätische Gestalt ist von vier biblischen Symbolfiguren, den Attributen der Evangelisten, umgeben: Löwe, Ochse, Adler und Mensch.

Kunstschätze der Kathedrale

Sutherlands Gobelin und Pipers Fenster sind gigantische Kunstwerke. Es gibt aber noch andere, weniger auffallende, die genauso beeindruckend und bewegend sind: die 10 Fenster aus buntem Glas in West- und Ostwand werfen ihre exotischen Farben in die grauen Marmorseen des Fußbodens; der mattierte Bronzeambo, auf dem der ausdrucksstarke, in Bronze gegossene Adler der Bildhauerin Elizabeth Frink steht; Jacob Epsteins triumphale Michaelsskulptur an der Außenwand neben dem Fenster der Taufkapelle, die den Erzengel mit ausgebreiteten Armen in Siegerpose über dem in Fesseln geschlagenen Teufel zeigt; die elegante *Chapel of Unity* („Kapelle

FATHER FORGIVE

Vor der Einweihung der neuen Kathedrale im Jahre 1962 wurden innerhalb der Umfassungsmauern der alten noch Gottesdienste abgehalten, so auch die Trauerfeier (rechts) *für Bischof Dr. Neville Gorton, der als treibende Kraft hinter den Bemühungen um den Neubau der Kathedrale stand; er starb 1955.*

der Einheit"), die an ein Kreuzfahrerzelt erinnert; der nüchterne Altartisch aus Beton.

Im Südflügel steht das Kreuz, das ein tschechischer Kriegsgefangener während seiner Lagerhaft im 2. Weltkrieg anfertigte und der Kathedrale 1968 übereignete. Im Nordflügel befindet sich die bewegende Skulptur des Haupts Christi, die ein Amerikaner aus Teilen eines Autowracks formte, in dem drei Menschen zu Tode gekommen waren.

Die Gethsemane-Kapelle ist eines der versteckten Juwele der Kathedrale. Die Spitzen eines schmiedeeisernen Gitters in Form einer Dornenkrone bewehren den Eingang. Die Rückwand der Kapelle beherrscht ein großer Engel, dessen Heiligenschein mit Glassplittern durchsetzt ist, die aus dem gedämpft goldenen Mosaik herausfunkeln.

Ein Symbol der Vergebung

Die Kathedrale von Coventry ist mehr als eine Sammlung religiös inspirierter Kunstwerke. Das Gebäude ist durchdrungen vom Versöhnungswillen seiner Erbauer. In den Bau gingen Geschenke und Spenden aus unterschiedlichsten Ländern ein, darunter China, Kanada, Dänemark, Schweden und die UdSSR.

Den vielleicht eindrucksvollsten Akt der Hilfe und Freundschaft vollzog 1961 – 62 eine Gruppe junger deutscher Christen. Sie gaben ihre Berufe für ein halbes Jahr auf und verwandelten mit Spendengeldern, die sie in Deutschland gesammelt hatten, die alte Sakristei in das Internationale Zentrum, einen Treffpunkt für Menschen aller Nationen, die sich die Verbreitung des Weltfriedens zur Aufgabe gemacht haben.

Von diesem Geist ist auch die *Community of the Cross of Nails* (die „Gemeinschaft vom Nagelkreuz") durchdrungen, die weltweit tätig ist. Sie baute den Flügel eines Krankenhauses in Dresden wieder auf, der 1945 in einem Bombenangriff der Alliierten zerstört worden war. So ist und bleibt die Kathedrale von Coventry ein sichtbares Symbol der Versöhnung und Vergebung.

Ein schmiedeeisernes Gitter in Form einer Dornenkrone trennt die Chapel of Christ in Gethsemane (unten) *vom Kirchenschiff. Im Garten Gethsemane am Fuß des Ölbergs betete Jesus in größter Not zu seinem Vater und erfuhr Stärkung durch einen Engel, dargestellt an der Rückwand der Kapelle.*

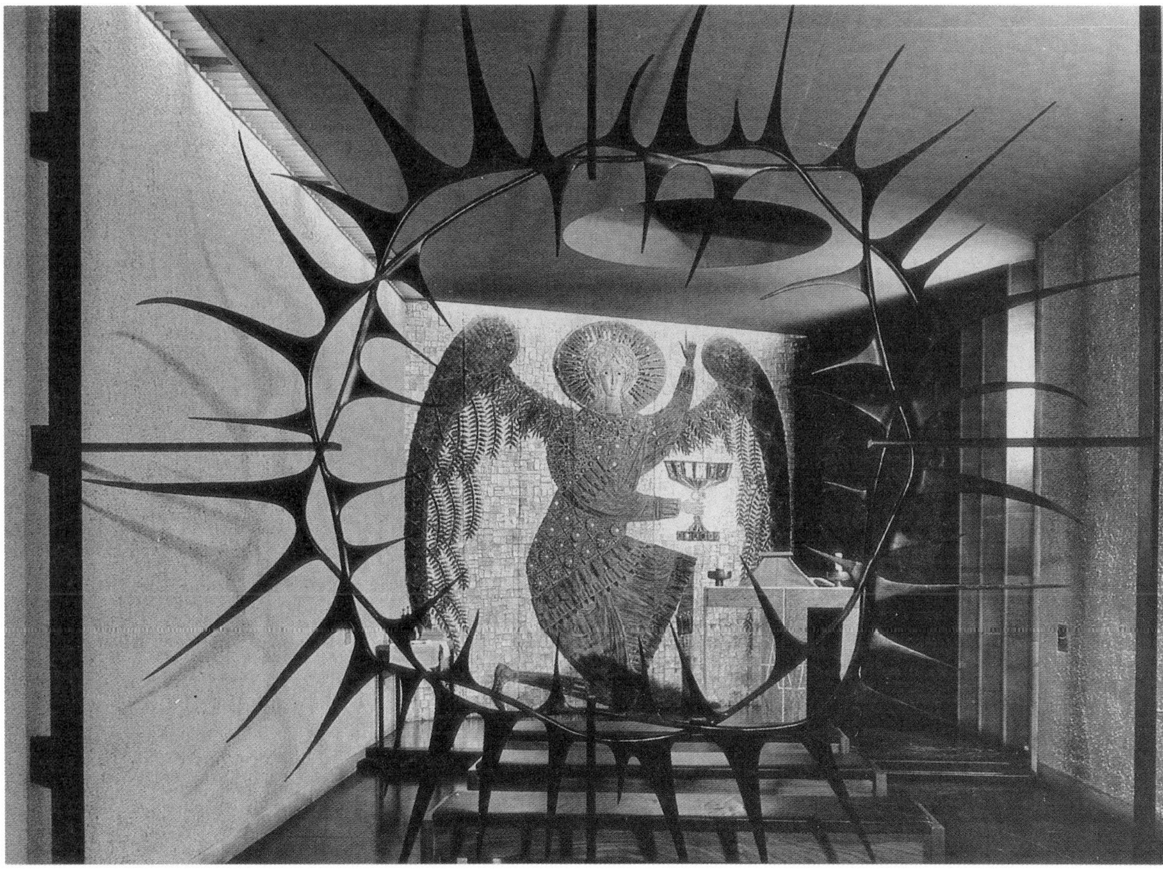

Kleiner Reiseführer

Praktische Informationen für Reise und Aufenthalt, über Sehenswürdigkeiten und Ausflüge werden nachstehend nach bestem Wissen gegeben. Öffnungszeiten und ähnliche Einzelheiten sollte man an Ort und Stelle selbst überprüfen.

THERA (ATLANTIS)
Ägäisches Meer

Es besteht ein regelmäßiger Schiffsverkehr von und nach Athen, außerdem eine tägliche Flugverbindung von der griechischen Hauptstadt nach Thera (Santorin).
Obwohl keine typische Ferieninsel, erwies sich Thera in den letzten Jahren anziehend für viele Gäste durch seine Ausgrabungen im Hinblick auf die Minoische Kultur sowie auf besondere geologische Erscheinungsformen.
Die Überreste der klassischen Stadt Thera auf einem Vorgebirge im Osten der Insel können noch immer besichtigt werden. Die moderne Stadt liegt an der Westküste. Wichtige ärchäologische Ausgrabungen begannen in Akrotiri im Südteil der Insel im Jahr 1967. Die hervorragenden Höhlenzeichnungen aus Minoischer Zeit sind heute im Archäologischen Nationalmuseum in Athen ausgestellt.
Der letzte schwerwiegende Vulkanausbruch war 1956, aber heiße Quellen bezeugen die bis heute andauernde Vulkantätigkeit.

CADBURY CASTLE (CAMELOT?)
Somerset, Großbritannien

Der angenommene Sitz von Camelot ist keine Burg, sondern eine Erdbefestigung aus der Eisenzeit auf einem Hügel westlich der Stadt South Cadbury. Cadbury Castle wird geschildert als die beste prähistorische Befestigung in Somerset, wenn nicht sogar in ganz England. Von ihrer Höhe hat man einen hervorragenden Ausblick auf die Umgebung. Das Gebiet ist geschichtsträchtig. In Athelney erinnert ein Obelisk an die Nachtwache, die König Alfred dort im Jahr 878 vor einer entscheidenden Schlacht gegen die Dänen hielt. Die nächste größere Stadt ist Yeoril, sie verfügt über gute Straßen- und Eisenbahnverbindungen.

GLASTONBURY (AVALON?)
Somerset, Großbritannien

Die Stadt Glastonbury in Mittel-Somerset ist durch ihre Straßen mit London und anderen Großstädten Englands verbunden.
Nach der Legende brachte Josef von Arimathäa nach Glastonbury den heiligen Gral, jenen Becher, aus dem Jesus beim letzten Abendmahl trank. Angeblich wurde er unterhalb von Chalice Spring vergraben, dem Hügel, der die Stadt überragt.
Wegen dieser Bezüge zur Artus-Sage ist die Stadt das Ziel so mancher Forscher und Liebhaber.
Knapp 2 Kilometer von dem Felshügel entfernt, finden sich Reste einer prähistorischen Stadtsiedlung. Waffen, Schmuckstücke und Keramikgegenstände, die hier ausgegraben wurden, sind im Stadtmuseum (Gerichtsgebäude) ausgestellt; Öffnungszeit täglich. Die Abteikirche, wo die Mönche 1191 das Grab von König Artus gefunden haben wollten, ist bis heute eindrucksvoll und erinnerungsträchtig, wenngleich kaum mehr als eine Ruine zu sehen ist. In der Nähe der Abtei wird ein Ableger des Original-Dorns von Glastonbury gezeigt, der nach der Legende vom Pilgerstab des Josef von Arimathäa stammt.

BERG ARARAT (AGRI DAGI)
Türkei

Die Hauptstraße kommt bei der Stadt Dogubayazit dem Berg am nächsten; Busverbindungen bestehen von Kars oder Van. Dogubayazit ist der beste Ausgangspunkt für eine Besteigung des Berges wie auch für einen Ausflug in seine Nähe, um seinen schneeglänzenden Gipfel zu bewundern.
Das Besteigen des Berges und das Erreichen des Gipfels ist eine Sache für erfahrene Bergsteiger. Pferde und Führer kann man in Jgdir, Aralik und Dogubayazit mieten. Campingausflüge in die tieferen Lagen können für Reisende arrangiert werden.
Bergsteiger sollten zuvor den Türkischen Bergsteigerclub in Ankara von ihrer Absicht unterrichten, um Rat und Hilfe, auch wegen der Behörden, zu erhalten. Östlich von Dogubayazit findet man einen wahren Märchenpalast, erbaut im 18. Jahrhundert: den Ischak Pascha Saray.

DER NIL
Ägypten

Ägypten verfügt über drei internationale Flughäfen: Kairo, Alexandria, Luxor, die von den wichtigsten Fluglinien angeflogen werden.
Auf sehr angenehme Art lernt man das besondere Klima dieses Flusses kennen, wenn man eine Feluke mietet, ein kleines Segelschiff in traditioneller Bauweise. Für eine längere Ausfahrt ist ein solches Vorgehen aber nicht zu empfehlen. Einheimische Spezialunternehmen bieten ganz unterschiedliche Kreuzfahrten auf dem Nil an, vor allem zwischen Luxor und Assuan. Die Einrichtungen an Bord solcher Schiffe sind unterschiedlich, ebenso die Dauer der Fahrt und die vorgesehenen Besichtigungen; in der Regel werden 50 – 100 Passagiere aufgenommen. Kürzere Ausflüge dauern gewöhnlich 5 – 7 Tage; die längere Fahrt zwischen Kairo und Assuan dauert 14 Tage, einige Tage Aufenthalt in Kairo inbegriffen. So kann man die Pyramiden von Gizeh, die Sphinx und das Ägyptische Museum besichtigen.
Luxor und Assuan selbst verfügen über bedeutende Sehenswürdigkeiten, vor allem Gräber und Tempel. Der nahegelegene (umstrittene) Assuan-Staudamm gehört zu den drei größten der Welt. Im Süden liegen die berühmten Tempel von Abu Simbel.

AYERS ROCK
Australien

Die nächstgelegene Stadt ist Alice Springs – ungefähr 450 Kilometer oder 6 – 7 Autostunden entfernt. Es gibt einen Landeplatz neben dem Touristenzentrum, er ist nicht nur von Alice Springs, sondern auch von Sydney, Perth und Adelaide erreichbar. Neuerdings wird für Touristen eine Buslinie angeboten, ab Perth quer durch die Wüste. Bei rund 2300 Kilometern Wegstrecke und 34 Stunden Fahrt wird das Fahrzeug von zwei Fahrern abwechselnd gesteuert. Die Fahrt wird in beide Richtungen jeweils einmal wöchentlich angeboten.

Ayers Rock liegt im Uluru Nationalpark, für den Eintrittsgeld erhoben wird. Die Besteigung des Felsens – 348 m hoch – ist sehr anstrengend, auch wenn ein Handlauf dabei hilft; das ist aber keineswegs die einzige Attraktion.

Es empfiehlt sich ein Aufenthalt von einigen Tagen, um die Umgebung kennenzulernen, am besten bei einer Exkursion, die von einem örtlichen erfahrenen Führer geleitet wird und bei der man die Tier- und Pflanzenwelt, erdgeschichtliche Besonderheiten und nicht zuletzt Leben, Geschichte und Mythen der Ureinwohner kennenlernt.

Ein Marsch rund um den Felsen dauert ungefähr 5 Stunden und erlaubt dabei auch, die Höhlenmalereien der Umgebung kennenzulernen. An bestimmten Stellen und zu bestimmten Zeiten ist der Blick auf den leuchtend roten Felsen besonders eindrucksvoll.

Etwa 30 Kilometer westlich liegt der Mount Olga, eine Felsenformation, die manche noch höher einschätzen als Ayers Rock selbst.

Das Touristenzentrum Yulara an der Grenze zum Nationalpark bietet alle gewünschten Annehmlichkeiten.

22 Kilometer von Ayers Rock entfernt liegt das sehenswerte Besucherzentrum. Dort ist ein Museum mit geologischen Funden und Zeugnissen der Tier- und Pflanzenwelt, lohnend ist gleichfalls der Besuch der Ureinwohner-Galerie.

DER FUJIYAMA
Hondo, Japan

Der höchste Berg Japans überragt den Fuji-Hakone-Izu-Nationalpark, man sieht ihn von den Hochhäusern Tokyos. Ein besonders schöner Blick bietet sich bei den 5 Seen an der Nordseite. An klaren Tagen spiegelt sich der Heilige Berg in der Oberfläche des Kawaguchi-Sees.

Das Seengebiet und der Berg selbst sind von der Hauptstadt Tokyo aus mit Bus- und Bahnlinien erreichbar. Der Ausflug ist das ganze Jahr über möglich, im Sommer muß man aber die Hitze und die Besuchermengen berücksichtigen. Besonders schön ist es im Frühling während der Kirsch- und Pflaumenblüte, oder im Herbst mit den vielfachen leuchtenden Farben der Natur. Der schneebedeckte Berggipfel ist nur für die Dauer von 2 Monaten zugänglich, die Saison beginnt am 1. Juli und schließt, ebenfalls mit besonderen Festlichkeiten, Ende August. Es werden jährlich mehr als 300000 Pilger aller Altersgruppen und Schichten gezählt.

Für den Aufstieg ist zweckmäßige Ausrüstung erforderlich: Wetterfeste Kleidung, kräftige Schuhe und Reiseproviant, denn erhebliche Wetterschwankungen sind nicht selten.

Der Aufstieg zum Gipfel dauert 7 – 9 Stunden; wer bei Station 5 beginnt, kann die Zeit halbieren. Dieser Ausgangspunkt wird durch Bus oder Bahn in 3 Stunden von Tokio aus erreicht.

Wer den Aufstieg abends beginnt, kann den Sonnenaufgang auf dem Gipfel erleben. Der Abstieg nimmt etwa 5 Stunden in Anspruch.

KAPPADOKIEN
Türkei

Die Provinzhauptstadt Kayseri (römisch: Caesarea) ist von Istanbul oder Ankara auf dem Luftweg erreichbar.

Die besten Zeiten für einen Besuch sind Frühling oder Herbst, aber auch im Hochsommer sind die Tagestemperaturen erträglich und die Nächte kühl.

Das hochinteressante Freiluftmuseum von Göreme, ein Höhepunkt der Sehenswürdigkeiten dieser Region, liegt etwa 90 Kilometer südwestlich von Kayseri. Viele Besucher nehmen wegen der zentralen Lage Ürgüp zum Ausgangspunkt.

Das Göreme-Tal liegt ungefähr 7 Kilometer nordwestlich von Ürgüp, der Museumsbereich ist ab 8 Uhr geöffnet und wird gegen Abend geschlossen; Parkplätze sind außerhalb. Man kann zur Abwechslung das Freiluftmuseum auch auf einem Maultier durchstreifen; die Tiere werden in der nahegelegenen Stadt Avcilar angeboten. Führer kann man in Ürgüp finden, die auch andere Ausflüge zusammenstellen und begleiten.

Etwa 50 Kilometer von Ürgüp entfernt, zeigen die unterirdischen Städte Derinkuju und Kaymakli erstaunliche Zeugnisse der Baukunst und Stadtarchitektur. Etwa 12 Meter unter der Erde erstrecken sich Straßen und Wege in 8 Etagen, sie führen zu Wohnquartieren, Kirchen, Kaufläden und Friedhöfen.

DER GANGES
Indien

Im Gegensatz zum Nil ist der heiligste Fluß Indiens nicht zum Tummelplatz von Ausflugschiffen geworden. Vielleicht den besten Eindruck von den Wassern der Göttin Ganga kann man sich in Benares verschaffen. Diese Stadt ist der größte Wallfahrtsort der Hindu, den jährlich mehr als 1 Million Pilger besuchen. Man erreicht sie auf dem Luftweg, mit der Bahn oder mit dem Auto von Delhi aus und findet in der Stadt Unterkünfte jeder gewünschten Art.

Die beste Reisezeit ist zwischen Oktober und März. Der indische Sommer mit seiner großen Hitze dauert von April bis Juni, Monsunzeit ist von Mitte Juni bis Ende September. Die mehr als 2000 Tempel in der Stadt sind Schiwa geweiht, einem der drei indischen Hauptgötter, der hier gelebt haben soll. Der höchste Wunsch eines Hindu ist es, in Benares zu sterben und auf den berühmten Ghats verbrannt zu werden; dann ist er befreit vom endlosen Rad der Seelenwanderung.

Unter den 65 Ghats, mächtigen Steinstufen am Flußufer, sind 5 besonders hervorgehoben; sie sollen von den Pilgern am gleichen Tag aufgesucht werden. Einer von ihnen ist der Dasawamedh Ghat, auf den fast alle Straßen der Stadt ausgerichtet sind. Der Manikarnika Ghat wird wegen seiner Scheiterhaufen auch „Brennender Ghat" genannt; für unvorbereitete und empfindsame Besucher ist er nicht zu empfehlen. Wer erstmals nach Benares kommt, wird die Ghats am besten gegen Abend aufsuchen, und dann einmal am frühen Morgen. Einheimische Pilger treffen vor Tagesanbruch ein, um gemeinsam den Sonnenaufgang zu erwarten.

DER HALEAKALA-KRATER
Hawaii

Eine gut ausgebaute Straße führt von Kahului, wo die meisten Besucher eintreffen, zu dem rund 65 km entfernten Krater. Der Haleakala-Krater liegt inmitten des gleichnamigen Nationalparks. Im Besucherzentrum am Parkeingang liegen Informationen über Fauna und Flora sowie über empfehlenswerte Besichtigungsstrecken bereit. Reizvoller als der Blick vom Besucherzentrum ist die Aussicht vom Red-Hill-Gästehaus auf dem Gipfel über den Krater hinweg.
Das Haleakalagebiet lernt man zu Fuß oder zu Pferd am besten kennen. Für einen umfassend informierenden Besuch sollte man sich 3 – 4 Tage Zeit nehmen; es werden aber auch kürzere, geführte Exkursionen angeboten. Es gibt einige Campingplätze und eine begrenzte Anzahl von Camping-Unterkünften. Letztere werden im Losverfahren drei Monate im voraus vermietet; Kontaktadresse: Haleakala Nationalpark Service, POBOX 537, Makawao, Maui, Hi 96768.
Ein kürzerer Weg führt am Kraterrand entlang, unter Führung kann man auch den Krater selbst betreten und auf dem „Sliding Sands Trail" in den Grund des Kraters hinabsteigen; Dauer der Exkursion ca. 4 Stunden.
Sonnenaufgang und Sonnenuntergang sind die beste Gelegenheit, um die überwältigende Schönheit des Naturwunders Haleakala zu erfahren.
Dieses Erlebnis läßt sich abrunden, wenn man den Rückweg – Dauer etwa 7 Stunden – auf einem Leihfahrrad zurücklegt.

DAS SHENANDOA-TAL
Virginia, USA

Die Fahrt von Washington nach New Market im Herzen des Shenandoa-Tals dauert 2 Stunden. Eine halbe Stunde von hier entfernt liegt die berühmte Skyline Drive, die etwa 180 Kilometer am Kamm der Blue Ridge Mountains den Shenandoa-Nationalpark durchquert. Von der Höhe aus bieten sich erstaunliche Ausblicke auf den Fluß und seine Umgebung. Das Tal ist ein wahres Paradies für Vogelfreunde, die ungestörte Vegetation entfaltet sich üppig. Das ist um so eindrucksvoller, wenn man weiß, daß dieses Gebiet im amerikanischen Bürgerkrieg nach dem Grundsatz der „Verbrannten Erde" von den Unionstruppen völlig verwüstet wurde.
Hier ereignete sich 1862 die „Valley Campaign" des Generals Stonewall Jackson; das ganze Gebiet ist übersät mit Zeugnissen, die an den Bürgerkrieg erinnern. In New Market erinnert die Hall of Valor an das Gefecht vom 15. Mai 1864, bei dem die Konföderierten einen ihrer letzten Siege errangen. Es bietet außerdem ein übersichtliches Panorama über den gesamten Bürgerkrieg.
Das Besucherzentrum in Lexington zeigt eine Dauerausstellung über das gesamte Gebiet und das historische Erbe. Robert E. Lee und Stonewell Jackson hatten Häuser, Colleges und Kirchen wie auch ihre letzte Ruhestätte in der Stadt. Jacksons Haus enthält noch heute zahlreiche persönliche Erinnerungsstücke.

DER HIMALAYA
Asien

Die Gipfel der berühmten Himalaya-Berge können nur erfahrene Bergsteiger erklimmen, aber Trekking ist in dieser Region für jedermann möglich und eine unvergeßliche Erfahrung. Dafür ist weder die Ausrüstung noch die Ausbildung eines Bergsteigers nötig. Wohl aber muß man sich auf das Unternehmen körperlich und geistig vorbereiten.
Trekking ist von den Jahreszeiten abhängig. In Kaschmir beispielsweise dauert die Saison von Mai bis Oktober. Ein Trek kann von einer anerkannten Organisation für Abenteuer- und Erlebnisreisen durchgeführt werden, wobei die Erlaubnis eines indischen Reisebüros vor Abreise notwendig ist. Man kann sich aber auch mit dem Amt für Trek-Exkursionen des jeweiligen Bundesstaates in Verbindung setzen, um die zuständigen Betreuer an Ort und Stelle zu erfahren.
Es ist wichtig, daß vor dem geplanten Trekking die Teilnehmer sich selbst gründlich informieren. Literatur: Garry Weare „Trekking in the Indian Himalaya" sowie an Armington „Trekking in the Himalayas" (Nepal), Verlag Lonely Planet.

ALTAMIRA
Spanien

Die nächstgelegene größere Stadt ist Santander (Provinz Cantabria) in Nordspanien. Von dort besteht eine regelmäßige Busverbindung nach Santillana del Mar (etwa 30 km); hier beginnt der kurze, gut gekennzeichnete Weg zu den Höhlen. Zur Zeit der Arbeit an diesem Buch waren die Höhlen für die Öffentlichkeit zugänglich, allerdings beschränkt auf 30 Besucher pro Tag. Schriftliche Gesuche sind 6 Monate im voraus zu richten an: Centro de Investigacion y Museo de Altamira, Santillana del Mar, E 39330 Cantabria (Spanien). Öffnungszeit der Höhlen von 10 – 14 Uhr im Winter, 10 – 13 Uhr im Sommer. Wer die Höhlen selbst nicht besuchen kann, findet im nahegelegenen Museum für Vorgeschichte bei freiem Eintritt fotografische Wiedergaben der Höhlenmalerein.
Einen Ausgleich für eine nicht erreichbare Besichtigung der Altamira-Höhlen bietet ein Abstecher (25 km) nach Puente Viesgo. Die prähistorischen Malereien in den dortigen Höhlen sind weniger bekannt, aber ebensogut erhalten wie in Altamira.

STONEHENGE
Wiltshire, Großbritannien

Salisbury ist die nächste größere Stadt bei Stonehenge und weist alle Einrichtungen auf, die der Tourist sich wünscht; sie ist mit Bahn oder Auto von London aus in knapp 2 Stunden erreichbar. Von hier aus gibt es dann Busverbindung zum Besichtigungsgelände.
Heute darf man nicht mehr frei durch das Gelände mit den aufragenden Steinen spazieren. Der Zugang führt durch

einen Fußgängertunnel unterhalb der Fahrstraße auf einen Rundweg, die Steine liegen hinter einer Einzäunung.
Das Gelände ist ganzjährig zugänglich (ausgenommen Weihnachten und Silvester), von 10 bis 18 Uhr im Sommer, 10 bis 14 Uhr im Winter.
Im Dämmerlicht ist der Eindruck der Steine und ihrer Schatten besonders eindrucksvoll.
Diese Anlage aus der Bronzezeit ist nicht die einzige im Gebiet von Salisbury; in Woodhenge gibt es Erdbauten aus dem Neolithikum, in Durrington Walls fand man eine kreisförmige Anlage. Es wird angenommen, daß es sich hierbei um zwei religiöse Stätten handelte.
Im Norden von Wiltshire, bei Avebury, befindet sich ein weiteres bedeutendes vorzeitliches Monument: der Avebury-Stone-Circle. Dieser Steinkreis hat einen Durchmesser von ca. 495 m und besteht aus rund 100 gewaltigen, aufrecht stehenden Steinen.

DAS GRAB TUTANCHAMUNS
Luxor, Ägypten

Bahn- und Straßenverbindungen führen von Kairo nach Luxor; hier ist der Ausgangspunkt nicht nur zum Besuch des Tals der Könige, sondern auch zu den großen Tempeln von Luxor und Karnak.
Im Winter ist das Klima angenehm, die Sommer sind heiß und für Gäste, die hitzeempfindlich sind, kaum erträglich. Man sollte für die Besichtigungen drei Tage vorsehen und über Mittag (12 bis 16 Uhr) im Hotel ruhen.
Den Nil überquert man mit Fähren, die regelmäßig verkehren. Es ist sehr zu empfehlen, den Ablauf der Besichtigungen im voraus zu planen. Eintrittskarten für die jeweiligen Sehenswürdigkeiten sollte man sich vor dem Aussteigen besorgen. Für den Ausflug zum Tal der Könige (10 km Entfernung) kann man Taxis, Pferde oder Fahrräder mieten. Autorisierte Führer für einen halben Tag, ohne die man nicht auskommt, mietet man im Hotel.
Tutanchamuns Grab liegt etwa in der Mitte des Tals der Könige; gegenüber befindet sich ein Rasthaus. Fotoapparate dürfen in die Grabanlage nicht mitgenommen werden, Taschenlampen und Ferngläser sind auf jeden Fall nützlich, auch sollte man sich mit bequemen, rutschfesten Schuhen ausrüsten. Menschen mit Atemschwierigkeiten können durch Sand und Staub beeinträchtigt werden.
Das Luxor-Museum zeigt verschiedene Beigaben aus Tutanchamuns Grab und eine kleine Sammlung ägyptischer Kunst. Der Großteil der Schätze, die hier ausgegraben wurden, befindet sich heute aber in Kairo im Antiken-Museum; es ist täglich geöffnet, schließt aber zur üblichen Essenszeit.

DELPHI
Griechenland

Fünfmal täglich besteht eine Busverbindung zwischen Athen und Delphi, die Entfernung beträgt ungefähr 160 km. In alten Zeiten machten die Pilger auf dem Weg nach Delphi in Levadia halt, um sich auf die Befragung des Orakels vorzubereiten. Pilger von heute benützen bis Levadia die Eisenbahn und für den Rest der Strecke den Bus.
Der Eingang zum heiligen Bezirk ist nur ungefähr eine Viertelstunde vom modernen Delphi entfernt, wo es Hotels und Gasthäuser, aber auch eine Jugendherberge und einen Campingplatz gibt.
Für den Aufenthalt sollte man 2 Tage vorsehen, um die Sehenswürdigkeiten und das Museum kennenzulernen. Für einen Blitzbesuch genügt auch ein Tag, aber man sollte nicht vergessen, daß das Gelände ungebahnt und die Wanderung anstrengend ist.
Das Archäologische Museum zeigt eine Fülle von Statuen; man meidet eher die Hitze des Tages und sucht das Museum am besten nach einem Rundgang durch das Gelände auf. Dann kann man sich die Kunstschätze an ihrem ursprünglichen, angestammten Platz besser vorstellen.

GOTLAND
Schweden

Die Provinzhauptstadt Visby liegt 40 Flugminuten von Stockholm entfernt; im November ist der Flug besonders eindrucksvoll, wenn der Himmel in dieser Weltgegend von besonderem Glanz ist. Man kann die Insel mit einem Fährschiff von der schwedischen Küste aus erreichen, und zwar von Nynäshamn aus, eine Autostunde von Stockholm entfernt. Zusätzliche Informationen vermittelt: Gotland Tourist Office, Norrmalstorg, Stockholm.
Der Nordostteil von Gotland und die Insel von Farö sind für Touristen nicht zugänglich; der Rest kann im Bus, Auto oder mit dem Fahrrad erkundet werden. Mit dem Rad ist es ein besonderes Vergnügen; vollständig ausgearbeitete Radtouren vermitteln örtliche Reisebüros.
Schätze aus der Wikingerzeit (Münzen, Schmuck, Edelsteine, Waffen) sowie Bildsteine und eine wertvolle Sammlung mittelalterlicher Kunst sind im Historischen Museum Fornsalen in Visby zu besichtigen.

SERPENT MOUND
Ohio, USA

Der Mound liegt an der Staatsstraße 73 in Adams County in der Nähe von Locust Grove.
Das Gelände kann täglich zwischen 9.30 und 17 Uhr besichtigt werden, von Ende Mai bis Anfang September (Labor Day). Außerhalb dieser Periode ist es nur an den Wochenenden geöffnet. Einen Rundgang mit Führer sollte man vorher verabreden.

PETRA
Jordanien

Von Amman, wo die meisten Besucher Jordaniens ankommen, liegt Petra auf dem Wüsten-Highway 3 Autostunden entfernt; beim alten Königs-Highway sind es 8 Stunden. Man kann den Ausflug im Mietwagen, Taxi oder mit einem Bus unternehmen. Die JETT-Bus-Company organisiert jeden Tag eine Rundfahrt, die Amman um 7 Uhr verläßt. Gute Reisebüros in Amman sind gern bei der Zusammenstellung einer Reiseroute und zweckmäßiger Transportmittel behilflich.
März bis Mai und September bis November sind die angenehmsten Reisezeiten. Von Dezember bis März können Nächte in der Wüste extrem kalt sein.

Das Besucher-Zentrum in Petra bietet Informationen, Beratung und vermittelt Führer. Für einen 3-Kilometer-Ritt durch die Schlucht von Petra kann man ein Maultier oder einen Esel mieten. Zur Übernachtung stehen ein Hotel und ein Campingplatz zur Verfügung; es ist aber verboten, ohne ausdrückliche schriftliche Genehmigung der zuständigen Behörde (Department of Antiquities) in Amman die Nacht im Freien in der Schlucht zuzubringen.
Zu unterschiedlichen Tageszeiten zaubert die Sonne ein überraschendes Farbenspiel auf die Wände und Fassaden. Das Schatzhaus etwa erstrahlt am späten Nachmittag in einer unwahrscheinlich kräftigen Pinkfarbe. Sonnenaufgang und Sonnenuntergang sind für hinreißende Fotos und Filmaufnahmen beliebte Gelegenheiten.

TIKAL
Guatemala

Ausgangspunkt für den Besuch von Tikal ist Flores, die nächstgelegene größere Stadt. Unterkunft gibt es in Tikal selbst, man sollte sie gleich bei der Ankunft an Ort und Stelle reservieren, wenn man es nicht vorzieht, zur Übernachtung nach Flores zurückzukehren.
Innerhalb des Nationalparks von Tikal befinden sich nicht nur Tausende von Ruinen alter Bauwerke, sondern auch viele seltene Tiere und Pflanzen. Wer die Tierwelt beobachten will, kann sich entsprechenden Exkursionen anschließen.
Mindestens zwei Tage Aufenthalt sollte man planen, um zumindest die wichtigsten Bauten zu besichtigen – und um den Sonnenaufgang von der Spitze einer Pyramide zu erleben. Mit Hilfe eines Führers wird man die verfügbare Zeit am besten nutzen.
Das Museum von Tikal verfügt über eine Fülle von Fundstücken, auch aus der weiteren Umgebung.
Die üblichen Vorsorge- und Vorsichtsmaßnahmen sind selbstverständlich auch bei der Reise nach Tikal zu treffen, zur Ausrüstung gehören Insektenschutzmittel, Moskitonetze, Taschenlampen und Wasserbehälter.

MACHU PICCHU
Cuzco, Peru

Der nächste größere Ort bei den Ruinen ist Cuzco, das täglich von Lima aus angeflogen wird. Kombinierte Flug-Exkursions-Tickets nach Machu Picchu werden vom Reisebüro in Cuzco verkauft, oft auch mit englischsprachiger Führung. Ein solches Angebot umfaßt die Rundfahrt mit Bahn bzw. Bus, Eintrittsgelder und Verköstigung. Der Zug verläßt Cuzco um 7 Uhr, die Fahrt über ca. 100 Kilometer dauert etwa 3 1/2 Stunden, Rückfahrt jeweils um 15 Uhr. Die beste Aussicht auf der Hinfahrt hat man von der linken Wagenseite aus (auf der Rückfahrt rechts).
Wer übernachten will, sollte für das Machu-Picchu-Hotel die Reservierung im voraus veranlassen; es ist das einzige am Platz. Unterkunft findet man außerdem in der Nähe in Aguas Calientes. Reservierungen für Hotels im Einzugsbereich der Ruinen sind vor allem im Juni nötig, besonders beim Inti-Raymi-Fest.
Wer unternehmungslustig ist und mehr Zeit aufwenden kann, wandert auf dem alten Inka-Trail bis zu den Ruinen. Diese Strecke von rund 100 Kilometern ab Cuzco nimmt 3 – 5 Tage in Anspruch; dafür stehen Führer und Träger zur Verfügung, deren Dienste man unbedingt in Anspruch nehmen sollte.
Machu Picchu ist für Besucher täglich von 7.30 – 17 Uhr geöffnet. Wer das Gelände bei Vollmond erleben will, wird mit einem Trinkgeld einen Wächter als Begleiter gewinnen müssen.
Von Juni bis September, während der Trockenperiode, kann man täglich mit etwa 1000 Besuchern rechnen. In der Regenzeit (Dezember bis März) sind die Ruinen aber genauso eindrucksvoll. Gepäck und Nahrungsmittel darf man nicht mit sich führen.
Zur Anpassung an das Klima und den Höhenunterschied ist es dringend zu empfehlen, nach der Ankunft wenigstens einen Tag in Cuzco zu verbringen.

TINTERN ABBEY
Wales, Großbritannien

Die Ruinen der alten Abtei liegen am Westufer des Wye, unmittelbar südlich des Dorfes Tintern Parva. Straßenverbindungen gibt es von London und allen größeren Städten.
Heute ist der Ort nicht mehr romantisch verklärt, aber immer noch ein beliebtes Ausflugsziel. Öffnungszeiten: täglich von Mai bis September von 9.30 (sonntags 14 Uhr) bis 19 Uhr, November bis Februar 16 Uhr. Im Besucherzentrum wird die Geschichte, Entwicklung und Wirkung des Ortes dokumentiert. Unterkunft findet man in Tintern Village und in der näheren Umgebung.
Heute bietet sich das Tal des Wye für angenehme Fuß- und Flußwanderungen an, flußabwärts von Glasbury ist der Wye auf ca. 160 Kilometer für jedermann befahrbar. Nach Tintern wird die Wirkung der Gezeiten auf den Fluß sehr stark, hier ist von Bootsfahrten abzuraten.
Zwei Wanderrouten werden empfohlen: der „Upper Wye Walk“ von Rhayader aus; oder der bekanntere, rund 50 Kilometer lange „Lower Wye Walk“ am Unterlauf des Flusses entlang, von Ross nach Chepstow.

DIE SHWEDAGON-PAGODE
Rangun, Birma

Birma kann man nur als Mitglied einer Reisegruppe, nicht als Einzelreisender, besuchen. Touristen-Visa werden für eine Woche ausgestellt, und zwar in Bangkok (Thailand). Kontaktadresse: Skyline Travel Service Company, Skyline Building, 23/13 – 14 Saladaeng Soi 1 Rama 4 Road, Bangkok 10500 Thailand.
Mindestens ein Tag ist erforderlich, um die Pagode kennenzulernen und bei verschiedenen Lichtverhältnissen unterschiedliche Eindrücke zu sammeln. Die günstigste Besuchszeit ist November bis Februar; anschließend, bis zum Beginn der Regenzeit (Mitte Mai bis Mitte Oktober), ist das Klima extrem heiß.
Die übliche Besichtigung beginnt beim südlichen Treppenaufgang, Schuhe und Strümpfe muß man am Eingang der Pagode ablegen. Nach dem Aufgang wenden sich die Besucher nach links und machen nach buddhistischer Gepflogenheit den Rundgang im Uhrzeigersinn. Wer die Treppen zu beschwerlich findet, kann einen Lift benutzen.
Die schönste Besichtigungszeit ist gegen Abend, wenn man mit bloßen Füßen über die angenehm warmen Steinböden

spaziert. Aber auch die Morgendämmerung ist eine empfehlenswerte Zeit.
Vor dem Verlassen der Pagode lohnt sich noch ein Besuch im Museum, das eine Sammlung von Kunstgegenständen und Andenken enthält, die von Gläubigen gestiftet wurden.

DIE HAGIA SOPHIA
Istanbul, Türkei

Der International Airport von Istanbul wird täglich aus aller Welt angeflogen. Reisende, die mit der Bahn, dem Bus oder Privatwagen anreisen, sollten sich vergewissern, ob sie Transit-Visa (z.B. durch Jugoslawien oder Bulgarien) benötigen.
In Istanbul herrscht Mittelmeerklima, ideale Besuchszeiten sind Frühling (April bis Juni) und Herbst (September bis November). Es ist sinnvoll, mit einer Woche Aufenthalt zu rechnen, um außer der Hagia Sophia auch andere Sehenswürdigkeiten der Stadt kennenzulernen, darunter das Archäologische Museum und den Topkapi-Palast.
Einen ersten Eindruck von der Stadt verschafft man sich am besten als Teilnehmer einer Stadtrundfahrt. Fähren sorgen für die Verbindungen zwischen den Stadthälften zu beiden Seiten des Bosporus. Empfehlenswert ist auch eine Besichtigungsfahrt zu Schiff; sie dauert 2 – 3 Stunden und führt bis an die südliche Schwarzmeerküste.
Die Hagia Sophia liegt in unmittelbarer Nähe des Topkapi-Palastes und der Blauen Moschee mit ihren Schätzen an Mosaiken und Textilkunst.
Die Kirche ist täglich geöffnet von 9.30 bis 17.30 Uhr, im Juli/August bis 19 Uhr (außer Montag).
Besonders eindrucksvoll ist der Zugang durch den Haupteingang, dafür sollte man sich Zeit lassen. Eintritt wird entrichtet für den Hauptraum der Kirche und zusätzlich für die Umgänge mit den Mosaiken.

DER POTALA
Lhasa, Tibet

Der gebräuchlichste und schnellste Weg nach Lhasa ist ein Flug von Chengdu, der Hauptstadt der chinesischen Provinz Sichuan; die chinesische Fluglinie CAAC bedient die Strecke täglich, der Flug dauert etwa 2 Stunden. In Tibet selbst kann man Auto mit Fahrer mieten, Fahrzeuge sind automatisch vorgesehen für Reisende des Tibet/China International Travel Service.
Die beste Besuchszeit sind die Monate April bis Oktober; Tibet ist frisch und trocken im Sommer und im Winter extrem kalt.
Nur ein recht kleiner Teil des Palastes ist für die Öffentlichkeit zugänglich, doch darf man sich dort frei bewegen. Öffnungszeiten täglich von 9 – 16 Uhr, außer sonntags.
Der Potala-Palast ist heute ein staatliches Museum, 35 Mönche verwalten und versorgen ihn; die Besucher sollten sich aber vor Augen halten, daß dieses Bauwerk immer noch für viele Tibeter ein Heiligtum ist. Die buddhistische Gepflogenheit, heilige Stätten im Uhrzeigersinn abzuschreiten, sollte der Fremde bei der Besichtigung unbedingt respektieren.
Zur Vermeidung von Unpäßlichkeit und gesundheitlichen Schäden sollten Besucher die Höhenlage berücksichtigen und mindestens am ersten Tag größere Anstrengungen vermeiden.

ASSISI
Italien

Assisi liegt rund 200 Kilometer nordöstlich von Rom. Frühling und Herbst sind die besten Besuchszeiten. In der Hauptsaison bevölkern Tausende von Besuchern die Stadt, im Sommer und in der ersten Maihälfte, wenn die mittelalterlichen Umzüge stattfinden, ist rechtzeitige Reservierung dringend geboten. Manche Klöster bieten für Gäste eine einfache, aber ansprechende Unterkunft. Das Fest zu Ehren des hl. Franziskus findet am 3./4. Oktober statt.
Ein Aufenthalt von wenigstens zwei Tagen ist anzuraten, um nicht nur die Stadt selbst, sondern auch die Umgebung mit ihren Erinnerungen an Franziskus kennenzulernen.
Außerhalb der Stadt, aber zu Fuß erreichbar, liegt das Kloster San Damiano, das Erinnerungen an die heilige Klara und ihre Gefährtinnen aufbewahrt.
Etwa zwei Kilometer von der Stadt entfernt liegt der bewaldete Hügel, wo Franziskus mit seinen Ordensbrüdern als Einsiedler lebte. Die Carceri-Klause am Fuß des Subasio-Berges ist kennzeichnend für den Geist franziskanischer Einfachheit.

DER MONT-ST-MICHEL
Frankreich

Nach dem Schloß von Versailles ist dies die zweitgrößte Touristenattraktion Frankreichs. In den Sommermonaten drängen sich hier täglich 7000 Besucher. In Gruppen zusammengefaßt, werden sie in Abständen von einer Viertelstunde durch die Sehenswürdigkeiten geschleust, der Rundgang dauert etwa 1 Stunde.
Wer sich mit dem architektonischen Reichtum befassen will, sollte ein bis zwei Tage bleiben und kann in Pontorsons (etwa 8 km entfernt) oder noch etwas weiter in Avranches, das noch nicht ganz so kommerzialisiert ist, Quartier nehmen.
Man kann den Berg als Insel erleben, auf allen Seiten von Wasser umgeben; das ist zweimal im Monat der Fall, ungefähr 36 Stunden nach Neumond und nach Vollmond. Das Bild des Klosterbergs in einer klaren Vollmondnacht ist unvergeßlich; wer den Reisetermin entsprechend im voraus planen kann, tut gut daran.
Man kann in der übrigen Zeit den Berg umwandern, muß dabei aber unbedingt die täglich wechselnden Zeiten von Ebbe und Flut beachten: Wattwanderungen sollte man nur unter kundiger Führung unternehmen, die Gefahren durch überraschend hereinbrechende Flut und Treibsand kann man gar nicht ernst genug nehmen.
Das Kloster ist täglich geöffnet von 9 bis 16 bzw. 18 Uhr, je nach Saison; Mittagsruhe zwischen 11.30 und 13.30 Uhr.

DIE ALHAMBRA
Granada, Spanien

Granada erreicht man auf dem Luftweg von Malaga, dem nächstgelegenen internationalen Flughafen; von hier sind es 2 Autostunden Entfernung. Auf dem

Landweg gelangt man über Frankreich oder Portugal in die alte Maurenstadt.
Der Palast ist das ganze Jahr über geöffnet, die Öffnungszeiten schwanken je nach Jahreszeit: von Juni bis September 9.30 – 20 Uhr, Oktober bis April 10 – 17 Uhr, im Mai 9.30 – 18 Uhr.
Der Palastbereich wird vom Granada-Tor aus betreten; auf der Anhöhe gibt es ausreichend Besucher-Parkplätze. Bei einem Aufenthalt von zwei oder drei Tagen kann man den ausgedehnten Palast und die Gärten in Ruhe kennenlernen und die Sierra Nevada immer wieder faszinierend am Horizont aufleuchten sehen. Ein empfehlenswerter Aussichtspunkt ist der Torre de la Vela (Wachturm).
Innerhalb der Palastanlage liegt das romantische, aber teure Hotel Parador Nacional San Francisco; die umgebauten Räume eines Klosters aus dem 15. Jahrhundert.

DIE VERBOTENE STADT
Peking (Beijing), China

Die Verbotene Stadt wurde als eine „faszinierende aber entmutigende" touristische Herausforderung bezeichnet. Gewiß gehört zum Besuch mehr, als im Laufe eines Tages die Haupthallen abzuschreiten, man muß viel sorgfältiger vorgehen, zumal chinesisches Denken und ihr Ausdruck in der Baukunst für uns doch außerordentlich fremd sind.
Man kann den Tag am besten nutzen, wenn man früh an Ort und Stelle eintrifft und auch zum Essen die Verbotene Stadt nicht verläßt. Offen ist die Stadt täglich von 8.30 – 16.30 Uhr; um 15.30 Uhr werden Kasse und Einlaß geschlossen.
Flugreisende planen am besten einen Zwischenstop in Hongkong und buchen dort den wesentlich billigeren Weiterflug nach Peking oder Schanghai zum Inlandstarif. Der Flug von Hongkong nach der Hauptstadt Peking dauert etwa 2 1/2 Stunden. Außerdem gibt es nach Peking gute Flugverbindungen aus der UdSSR und von Hongkong; im Sommer sollten sich Zugreisende vorher vergewissern, daß der Zug klimatisiert ist.
Eine reizvolle Variante ist eine Flugreise nach Hongkong und die Rückkehr nach Europa mit dem Transsibirienexpreß quer durch Rußland.
Frühling und Herbst sind für den Pekingbesucher die bevorzugten Jahreszeiten; zu Beginn des Frühjahrs muß man allerdings mit feinen Sandwolken rechnen, die der Wind von der Wüste Gobi herüberträgt.
Hotelunterkunft sollte man rechtzeitig im voraus buchen lassen; am Ort selbst sind der China International Travel Service (CITS) oder die Hotelreservierungszentren bei der Quartiersuche behilflich.

HELSINGÖR (ELSINORE)
Dänemark

Helsingör an der Nordostküste von Seeland ist knapp eine Autostunde von Kopenhagen entfernt. Fährverbindungen bestehen nach Helsingborg in Schweden, am Sund gegenüber.
Fahrradfahren ist eine beliebte Möglichkeit für Ausflüge in Dänemark, zumal ein ausgedehntes Radwegenetz auch für Sicherheit sorgt.
Reisebüros und Hotels in Kopenhagen informieren über organisierte Ausflüge zu „Hamlets Schloß". Eine siebenstündige Fahrt umfaßt außerdem die königlichen Schlösser Fredensborg und Frederiksborg. Von Mai bis September findet täglich eine fünfstündige Busfahrt nachmittags zur Kronborg statt. Am besten beginnt man die Besichtigung im Innenhof und erreicht von dort aus die wehrhaften Wälle. Das Schloß beherbergt auch das Dänische Marinemuseum. Für Holger Danske ist ein sehenswertes Denkmal errichtet.
Helsingör ist eine der ältesten dänischen Städte und heute ein beliebtes Ausflugsziel.

DER TADSCH MAHAL
Agra, Indien

Agra erreicht man auf dem Luftweg von Delhi in einer halben Stunde und in 1 1/2 Stunden von Benares. Bahnverbindungen bestehen mit Bombay, Delhi und Madras; eine Straßenverbindung (200 km) besteht mit Delhi.
Man erreicht Agra mit dem klimatisierten Luxuszug Taj-Express, Abfahrt Delhi 7 Uhr, Ankunft Agra 10.15 Uhr, Rückfahrt um 19 Uhr. Die U.P. State Tourism Development Corporation organisiert in Klima-Bussen die Fahrt zum Tadsch Mahal mit Reiseleitung.
Der Winter – ab Mitte Oktober bis zum März – ist die Hochsaison und aus Klimagründen die beste Reisezeit. Regenzeit herrscht von Mitte Juni bis Ende September. In den heißen Monaten März bis Mai sollte man die Besichtigung nur am frühen Morgen oder am späten Abend vorsehen. Unterkunftsmöglichkeiten in Agra sind reichlich vorhanden, trotzdem sollte man für die Hochsaison im voraus buchen.
Das Fort von Agra, geöffnet von Sonnenaufgang bis -untergang, wird von den Touristen zum ersten Eindruck gern aufgesucht. Der Tadsch Mahal ist offen von Sonnenaufgang bis 19.30 Uhr, zwischen 10 und 15 Uhr sind die Lichtverhältnisse ungünstig. Ein Museum dokumentiert die Geschichte des Mausoleums und enthält eine Sammlung künstlerischer Erzeugnisse aus der Moguln-Zeit.

NEUSCHWANSTEIN
Bayern

Neuschwanstein in den Bayerischen Alpen erreicht der Autofahrer auf der „Romantischen Straße" von Würzburg nach Füssen. Von München oder Garmisch aus gibt es regelmäßig Busreisen.
Hohenschwangau und Neuschwanstein sind ganzjährig geöffnet von 9 – 17.30 Uhr (April bis September), von 10 – 16 Uhr (Oktober bis März). Wenn man den Besuch der beiden Schlösser miteinander verbindet, macht man am besten einen Spaziergang von Hohenschwangau und erreicht in einer halben Stunde Neuschwanstein. Auch werden Kutschfahrten angeboten.
Im September finden im Sängersaal von Neuschwanstein regelmäßig Konzerte mit Werken von Richard Wagner statt.

OBERAMMERGAU
Bayern

Nordwestlich von Garmisch und benachbart zu Neuschwanstein, liegt Oberammergau im Tal der Ammer,

rund 100 Kilometer von München entfernt. Von Murnau aus ist es mit Bus und Bahn zu erreichen.
Die weltberühmten Passionsspiele finden alle 10 Jahre statt, und zwar von Ende Mai bis Ende September, Beginn am Vormittag um 9 Uhr, Ende um 17 Uhr, mit einer entsprechenden Mittagspause.
Wer sich eine Karte für die Spiele und Unterkunft im Ort selbst oder in angemessener Nähe sichern will, muß frühzeitig buchen; ein bis zwei Jahre im voraus wäre nicht übereilt. Auch in den Jahren zwischen den Spielen lohnt sich ein Besuch im Passionsdorf. Das Theater mit dem offenen Bühnenraum faßt 5200 Besucher und ist eine interessante architektonische Lösung, die Einrichtungen werden bei Führungen gezeigt; eine Dauerausstellung zeigt einheimische Werke der Holzschnitzkunst, die an der örtlichen Fachschule gepflegt wird. Berühmt sind die traditionellen Weihnachtskrippen aus Oberammergau.

KLOSTER ARKADI

Kreta – Griechenland

Von Heraklion, der größten Stadt der Insel Kreta, kann man das Kloster Arkadi mit etwas umständlichen Busverbindungen erreichen. Heraklion hat einen internationalen Flughafen und regelmäßigen Schiffsverkehr mit Athen.
Das Kloster kann zwischen 7 und 20 Uhr besichtigt werden; an den denkwürdigen Aufstand von 1866 erinnern Zeugnisse, die hier in einem Museum aufbewahrt und gezeigt werden.
In Rethymnon und im Kloster selbst finden jährlich vom 7. – 9. November Erinnerungsfeiern und Gedächtnisgottesdienste statt.

DIE ITALIENISCHE KAPELLE

Orkney-Inseln, Großbritannien

Die italienische Kapelle befindet sich auf der Insel Lambholm, die zu den Orkney-Inseln gehört. In der Nähe liegt der britische Kriegshafen Scapa Flow. Kirkwall wird regelmäßig von Birmingham, Manchester und den schottischen Flughäfen aus angeflogen, und im Rahmen der internen Inselflüge. Fährschiff-Verbindungen bestehen täglich zwischen Stromness und Scrabster. Öffentliche Verkehrsmittel fahren auf den Inseln nur selten.
Autofahrt ist auf dem Churchill-Barriers-Damm von Mainland nach Lambhohn möglich; bei den meisten organisierten Inselreisen wird die italienische Kapelle gezeigt; sie ist nie geschlossen.
Die Orkney-Inseln sind ein wahres Paradies für Vogelbeobachter, vor allem in den hellen Sommernächten, wenn unermeßliche Scharen von Seevögeln hier nisten.
Im Sommer ist das Klima verhältnismäßig mild, im Winter dagegen streng. Buchungen im voraus sind sehr zu empfehlen; Kontaktadresse: Orkney Tourist Organization, Broad St., Kirkwall. Kirkwall selbst ist sehenswert als eine der besterhaltenen mittelalterlichen Städte in Schottland.

DIE KATHEDRALE VON COVENTRY

Coventry, Großbritannien

Die Stadt ist von London und den wichtigsten englischen Großstädten über Schiene und Straße erreichbar.
Die Kathedrale ist geöffnet von 9 bis 17.30 Uhr im Winter, bis 19.30 Uhr im Sommer; während der Gottesdienste sind Besichtigungen unerwünscht.
Für Besucher stehen Führungen, eine Ausstellung mit einer Ton-Bild-Schau und auch ein Restaurant zur Verfügung. Die Umgebung von Coventry, insbesondere im Süden, ist von hohem geschichtlichem Interesse. Burgruinen wie Warwick Castle oder Kenilworth Castle, oder Leamington Spa mit seinen historischen Häuserreihen sind nur einige der sehenswerten Punkte für eine weitergehende Besichtigungsreise.

Personen- und Sachregister

Bei den Seitenangaben verweist **Fettdruck** auf ausführliche Behandlung, *Kursivdruck* auf Abbildungen und Bildunterschriften. Z: = Zitat

Q

R

S

T

Quellenangaben

Bildnachweis

l = links; *r* = rechts; *M* = Mitte; *o* = oben; *u* = unten

Schutzumschlag: Picturepoint; Innenbild: J. Allan Cash;

Rückseite: *ol* Robert Harding Picture Library; *or* Simon McBride; *Ml* Shostal Associates; *Mr* David Paterson; *u* Bavaria-Verlag;

2/3 Cotton Coulson/Susan Griggs Agency; 10 Museo del Prado/Aldus Archive; 11/12 Aldus Archive; 13*o* Sherard 446, Department of Plant Sciences, University of Oxford; 13*u* Aldus Archive; 14*o* Richard Ashworth/Robert Harding Picture Library; 14*u* Timothy Walker/Oxford Botanic Garden; 15 Bodleian Library, MS. Pers. d.29. fol. 21*r*; 16*o* Fitzwilliam Museum, Cambridge; 16*ur* Hope Collection Portrait/Ashmolean Museum, Oxford; 16*ul* Bodleian Library, Oxford, K.3.6.Art; 17 Bodleian Library, Oxford, Oxonia Illustrata, 1675; 18 Dr. Harold Edgerton, MIT; 19 J. Allan Cash; 20*o* Sir Gerald Hargreaves' „Atalanta"/Mary Evans Picture Library; 20*u* Hulton-Deutsch Collection; 21*o*/21*u* Aldus Archive; 22/23 Aspect Picture Library; 23 Bibliothèque Nationale, Paris/Robert Harding Picture Library; 24 Picturepoint; 25*o*/26*u* Mary Evans Picture Library; 26 The Metropolitan Museum of Art, The Cloisters Collection, Munsey Fund, 1932 and Gift of John D. Rockefeller, Jr., 1947; 27 Bodleian Library, Oxford, MS Douce 383, fol. 12v.; 28 Koningklijke Nederlands Akadamie van Wetenschappen/Robert Harding Picture Library; 28/29 Paul Broadhurst/Janet & Colin Bord; 29*o* British Library; Ms. 10294.94.90246/Robert Harding Picture Library; 29*u* Simon McBride; 30/31 Simon McBride; 32 Adam Woolfitt/Susan Griggs Agency; 33*l* Aldus Archive; 33*r* Simon McBride; 34/35 City of Manchester Art Galleries/Aldus Archive; 35 Heidelberg University Library, Cod.Pal.Germ. 60, fol.179v.; 38/39 Robert Harding Picture Library; 40 The Mansell Collection; 41 Mary Evans Picture Library; 42/43 Sonia Halliday Photographs; 44 Carol Matheson/Tony Stone Associates; 44/45 Richard Ashworth/British Library/Robert Harding Picture Library; 45 Tor Eigeland/Susan Griggs Agency; 46*o* Ancient Art & Architecture; 46*u* British Museum/Michael Holford; 46/47 Tony Stone Associates; 48/49 Spectrum Colour Library; 50/51 Weldon Trannies; 52 Mary Evans Picture Library; 52/53 Picturepoint; 53*o* J. Allan Cash; 53*u* B. Norman/Ancient Art & Architecture; 54/55 Tony Stone Associates; 55 Bridgeman Art Library; 56*o* The Mansell Collection; 56*u* Yukio Ohyama/Q Photo International/Motovun Tokyo; 56/57 Popperfoto; 58/59 H. J. Burkard/Image Bank; 59*l* Gerold Jung/Image Bank; 59*r* Sassoon/Robert Harding Picture Library; 60 Anthony Huxley; 61 Robert Harding Picture Library; 62/63 Colin Jones; 64 Shostal Associates; 64/65 Colin Jones; 65 Raghubir Singh/The John Hillelson Agency; 66/67 Dario Perla/International Stock Photography; 67*l* W. E. Townsend/Bruce Coleman; 67*r* Wilson North/International Stock Photography; 68 Hulton-Deutsch Collection; 69*o* Mary Evans Picture Library; 69*u* Pacific Marianist Archives; photograph by Brother Bertram; 70/71 Colorific!; 71 Virginia Division of Tourism; 72*l* Library of Congress; 72*r* Cook Collection, Valentine Museum, Richmond; 73 Kent & Donna Dannen; 74/75 David Paterson; 76*l*/76*r* Royal Geographical Society; 77 Zefa Picture Library; 78 Aldus Archive; 78/79 Chad Elders/International Stock Photography; 83*r* Michael Holford; 84*o* Instituto Amatller de Arte Hispanico/Arxiu Mas; 85*o* Jean Vertut; 86/87 International Stock Photography; 88*l* British Library, Egerton MS 3028 f.30; 88*r* Janet & Colin Bord; 89*o* Hulton-Deutsch Collection; 89*u* Mary Evans Picture Library; 90/91 William MacQuitty; 92 Photograph by Harry Brown/Griffith Institute, Ashmolean Museum, Oxford; 93*l* Times Newspapers; 93*r* John Frost Historical Newspaper Service; 93*u* Photograph by Harry Brown/Griffith Institute, Ashmolean Museum, Oxford; 94*o* William MacQuitty; 94*u* J. Allan Cash; 94/95 William MacQuitty; 95 William MacQuitty; 96/97*o*/97*u* Photograph by Harry Brown/Griffith Institute, Ashmolean Museum, Oxford; 98 Ancient Art & Architecture; 98/99 Zefa Picture Library; 100*o* Bildarchiv Preußischer Kulturbesitz; 100*u* British Museum; 101*o* Popperfoto; 101*u*/102 Zefa Picture Library; 103 Ancient Art & Architecture; 104 Ecole Française d'Archéologie, Athens; 105*o*/105*u* The Mansell Collection; 106/107 Axel Poignant Archive; 108 Antikvarisk-Topografiska Arkivet; 109*l* Aldus Archive; 109*r* Antikvarisk-Topografiska Arkivet; 110/111 Shostal Associates; 112*o* Ohio Historical Society; 112*r* National Anthropological Archives, Smithsonian Institution; 113 Ohio Historical Society; 114 John Lewis/Historisches Museum, Baasel/Aldus Archive; 114/115 K. Goebel/Zefa Picture Library; 116/117 J. Allan Cash; 117 J. Allan Cash; 118 Scottish National Portrait Gallery; 118/119 Peter Clayton; 119 James Swinson/Das Photo; 120 J. Allan Cash; 121*o* The Mansell Collection; 121*u* J. Allan Cash; 122/123 Susan Griggs Agency; 124*o*/124*u*/124/125 British Library; 126/127 Susan Griggs Agency; 127 Peabody Museum, Harvard University, Photograph by Hillel Burger; 128 Michael Freeman/Bruce Coleman; 129*o*/129*u* B. Norman/Ancient Art & Architecture; 130/131 John P. Stevens/Ancient Art & Architecture; 132 Photograph by E. C. Erdis, Peabody Museum, Yale University & 1913 National Geographic Society; 132/133 Photograph by Hiram Bingham, Peabody Museum, Yale University & 1913 National Geographic Society; 133 Photograph by Hiram Bingham, Peabody Museum, Yale University, 1913 National Geographic Society; 134/135 Landscape Only; 136 The Tate Gallery, London; 136/137 Mary Evans Picture Library; 137*o* National Portrait Gallery; 137*u* Mary Evans Picture Library; 138/139 Roy Miles Fine Paintings, London/Bridgeman Art Library; 142/143 Mark Godfrey/The John Hillelson Agency; 144*o* Robert Harding Picture Library; 144*u* Popperfoto; 145 Popperfoto; 146/147 Tony Stone Associates; 147 Robert Harding Picture Library; 148/149 Robert Harding Picture Library; 149*o* „British Romantic View of the First Anglo-Burmese War"/Richard M. Cooler; 149*u* Popperfoto; 150 Shirley Heaney/Horizon; 151 Erich Lessing/The John Hillelson Agency; 152*o* Farrell Grehan/Susan Griggs Agency; 152*u* The Mansell Collection; 154/155 Hutchison Library; 155 Paul Ricketts/Horizon; 156 Musée Guimet, Paris/Michael Holford; 157 Musée Guimet, Paris/Michael Holford; 158 Scala; 159 Ed Rooney/Tony Stone Associates; 160/161 Popperfoto; 162 Scala; 163 Dennis Stock/Magnum; 164 Scala; 165*o* The Mansell Collection; 165*u* Hulton-Deutsch Collection; 166 Musée Condé de Chantilly/Giraudon; 166/167 Shostal Associates; 168 Dr. Georg Gerster/The John Hillelson Agency; 169*o* Mary Evans Picture Library; 169*u* Bibliothèque Municipal Edouard le Héricher, Avranches; 170 R. Everts/Zefa Picture Library; 171 Adam Woolfitt/Susan Griggs Agency; 172 Popperfoto; 173*o*/173*u*/174*l*/174*r* Adam Woolfitt/Susan Griggs Agency; 175*o* reproduced by permission of the Provost and Fellows of Eton College; 175*u* Arxiu Mas; 176 Popperfoto; 177*o* The Mansell Collection; 177*u* Popperfoto; 178/179 Marc Riboud/The John Hillelson Agency; 179 Anthony Huxley; 180*o*/180*u*/181 Hulton-Deutsch Collection; 182 British Museum; 183*o* Angelo Novi/Recorded Releasing; 183*u* Zefa Picture Library; 184*o* Popperfoto; 184*u* Hulton-Deutsch Collection; 185*o* The Mansell Collection; 185*u* Michael Durazzo/The John Hillelson Agency; 186/187 Kotoh/Zefa Picture Library; 188*o* National Museum, Copenhagen; 188*u* Royal Library, Stockholm; 188*r* Theatre Museum, Victoria & Albert Museum; 189 Arne Magnussen/Nordisk Pressefoto; 190/191/191*l*/191*r* Roland & Sabrina Michaud/John Hillelson Agency; 192 Mary Evans Picture Library; 192/193 Hulton-Deutsch Collection; 194*o*/194*u* Picturepoint; 195 Adam Woolfitt/Susan Griggs Agency; 196 Hulton-Deutsch Collection; 196/197 British Library; 197 Picturepoint; 198 APA Photoagency; 199 Rainer Binder/Bavaria-Verlag; 200 Bildarchiv Huber; 201*o* Josef Albert/Bavaria-Verlag; 201*u* The Mansell Collection; 202 Tony Stone Associates; 202/203 Shostal Associates; 206/207 Bildarchiv Huber; 207 Bavaria-Verlag; 208*o* The Mansell Collection; 208*u* Mary Evans Picture Library; 209 The Mansell Collection; 210 J. H. Lelievre/Explorer; 211 Robert Harding Picture Library; 212/213 Illustrated London News; 213*o* Carlos Navajas; 213*u* Ashmolean Museum, Oxford; 214/215/216*o*/216*u* Charles Tait; 217*l* By courtesy of the Orkney Library – Photographic Archive; 217*r* Charles Tait; 217*u* By courtesy of the Orkney Library – Photographic Archive; 218 R. Bond/Zefa Picture Library; 219 Sonia Halliday Photographs; 220 Coventry Cathedral; 221*u*/221*M* Illustrated London News; 221*o* John Frost Historical Newspaper Service; 222*o* Northern Picture Library; 222*u* Sefton Photo Library; 223 Woodmansterne Picture Library; 224/225 Coventry Telegraph; 225 Coventry Cathedral.

Verlag und Autoren danken folgenden Personen und Organisationen für ihre Unterstützung beim Zustandekommen dieses Buches:

Judith Beadle
Faye Carney
Katie Fischel
William F. Romain
Royal Geographical Society
Dr. Chris Scarre
Zilda Tandy

Karten: Brian Mayor, Technical Art Services